U0547440

"变化的量"教学现场

"尝试与猜测"教学现场

"体积与容积"教学现场

"统计与生活"教学现场

"深度学习"教改项目汇报现场

"教师年度总论坛"汇报现场

与谢维和教授（左）在研讨现场

欣赏董文彬老师更多教学视频，请扫码关注！

"变化的量"教学实录　　"尝试与猜测"教学实录　　"体积与容积"教学实录

名师工程
优化教学系列

新课程·新理念·新教学
丛书编委会主任：马立 宋乃庆

数学的价值守望

董文彬的全人数学教学艺术

董文彬 著

献给怀揣梦想的数学教师、数学教育工作者和数学教学攀登者
献给数学教育研究平凡之路上的思想家和实践家
献给自己

西南师范大学出版社
全国百佳图书出版单位 国家一级出版社

图书在版编目（CIP）数据

数学的价值守望：董文彬的全人数学教学艺术／董文彬著. —重庆：西南师范大学出版社，2020.7
ISBN 978-7-5697-0182-1

Ⅰ.①数… Ⅱ.①董… Ⅲ.①小学数学课－教学研究 Ⅳ.①G623.502

中国版本图书馆CIP数据核字（2020）第128246号

名师工程系列丛书
编委会主任：马　立　宋乃庆
总策划：周安平
策　划：李远毅　卢　旭　郑持军　郭德军

数学的价值守望：董文彬的全人数学教学艺术

董文彬　著

责任编辑：李青松
封面设计：天之赋设计室
出版发行：西南师范大学出版社
　　　　　地址：重庆市北碚区天生路1号
　　　　　邮编：400715　市场营销部电话：023-68868624
　　　　　网址：http://www.xscbs.com
经　　销：新华书店
印　　刷：重庆荟文印务有限公司
幅面尺寸：170mm×240mm
印　　张：18.25
插　　页：2
字　　数：330千字
版　　次：2020年8月　第1版
印　　次：2020年8月　第1次印刷
书　　号：ISBN 978-7-5697-0182-1

定　　价：54.00元

若有印装质量问题，请联系出版社调换
版权所有　翻印必究

《名师工程》系列丛书

学术指导委员会

主　任：顾明远

委　员：
陶西平	李吉林	钱梦龙	朱永新	顾泠沅	马　立
朱小蔓	张兰春	宋乃庆	陈时见	魏书生	田正平
张斌贤	靳玉乐	石中英	钱理群		

编撰委员会

主　任：马　立　宋乃庆

编　委：
卞金祥	曹子建	陈文	邓涛	窦桂梅	冯增俊
高万祥	郭元祥	贺斌	侯一波	胡涛	黄爱华
蓝耿忠	李韦遴	李淑华	李远毅	李镇西	李力加
李国汉	刘良华	刘海涛	刘世斌	刘扬云	刘正生
林高明	鲁忠义	马艳文	缪水娟	闵乐夫	齐欣
沈旎	施建平	石国兴	孙建锋	孙志毅	陶继新
田福安	王斌兴	魏群	魏永田	吴勇	肖川
谢定兰	熊川武	徐斌	徐莉	徐勇	徐学福
徐永新	严永金	杨连山	杨志军	余文森	袁卫星
张爱华	张化万	张瑾琳	张明礼	张文质	张晓明
张晓沛	赵凯	赵青文	郑忠耀	周安平	周维强
周亚光	朱德全	朱乐平			

《名师工程》系列丛书

征稿启事

《名师工程》系列丛书是西南师范大学出版社策划、组织出版的大型系列教育丛书。丛书以新课程下的新教学为背景，以促进施教者的教育能力为落脚点，以提高教育质量、提升教师水平为宗旨。

丛书首批推出的"名师讲述""教学提升""教学新突破""高中新课程""教师成长""大师讲坛""教育细节""创新语文教学""教育管理力""教师修炼""创新数学教学""教育通识""教育心理""创新课堂""思想者""名师名课""幼师提升""优化教学""教研提升""名校长核心思想""高效课堂""创新班主任""教育探索者""名师解码""名师教学手记""国际视野"等系列，共200余个品种，其余系列也将陆续出版。为了让广大教师有一个交流、借鉴的机会，同时也为了给广大教师提供更多、更好的图书，《名师工程》系列丛书编辑出版委员会特向全国教育工作者征集稿件。

稿件要求：

1. 主题鲜明、新颖，有独创性。
2. 主题以提升教育能力为主，也可适当外延。
3. 主题要有一定规模、有典型案例支撑。
4. 案例要贴近教育实际，操作性强。
5. 文章、书稿结构清晰，语言精彩。

书稿作者在选题确定之后，请及时与我们做好沟通，具体事宜确定好之后再进行创作；也欢迎用已经完稿的稿件投稿。一线教师如希望参与图书案例的创作，可联系我社策划机构，由策划机构备案，在适合的图书中参与创作。

真诚欢迎各位教师踊跃投稿。

联系方式：

西南师范大学出版社高教分社北京策划部
电话：010-68403096
E-mail: guodejun1973@163.com

自 序

空山问雪：一个人的教学史和数学精神史

我在童年的时候曾做过许多梦，梦想着自己有一天成为军人、领袖、科学家、医生、学者、作家、歌者、大学教授等，却从来没想过有一天自己会成为一名数学教师，从事数学基础教育。于是，常用很多人的话聊以自嘲：你怎么去做了小学数学教师？

几天前，在书房整理旧日书籍，在一本书中夹着一张已有些泛黄的纸页，上面赫然写有一行醒目的文字——"做学生一生不忘的、有思想的、有信念感的教师"，这是十年前我刚做教师时对自己立下的誓言，至今不敢忘记。是啊，到今天，我在基础教育的讲台上已走过了十个春秋，蓦然回望过去这十年从教成长路，就像一部个人教学的心灵史、研究史和数学教育精神史。问心境，千山之外，是否寸心如水？真可谓感慨万千。

2006年，我毕业于北京交通大学土木工程专业，因兴趣和志向都不在此领域，也深知自己不是做工程师的料，自然也无法继续工程师的梦，工作两年后便果断辞了职。大学毕业前后，我曾有四年多时间常常出入于北京大学、中国人民大学中文系的课堂，立志专职从事文学研究，其间，经历了两次跨学校、跨专业报考研究生的失利——每次的考分都只差那么一点，这似乎是我的命运。经历了一段迷惘彷徨的择业时光，还是只能向前，因为在偌大的北京，我身后空无一人。人生如是，生之蝼蚁，存之维艰，见证了现实世界就业竞争的残酷，还得寻个行当继续生存于人间。后来因迷恋青春华年，挚情校园生活，欲寻一片净土过渡，以期有朝一日再次卷土重来，继续读研去实现毕生理想，于是我抱着尝试的心态参加并顺利通过了北京教育学院高等教育学、心理学考试，同时基于理工科专业背景又顺利考取了数学教师资格证——我叩响了教育之门。起初，我是想去一所中学任教的。尽管我毕业于名校，北京交通大学理工科的专业底子也不算薄，但所学非师范，出身非科班，当教师完全可以说是半路出家，加之那时北京的中学招聘教师要求至少是硕士研究生，而我仅是大学本科毕业，又没有任何背景、关系和人脉，去中学应聘被拒之门外也就不足为奇了。无奈之下，我于2008年随遇而安到了北京市一所普通小学任教，就这样糊里糊涂地成了一名数学教师。不，更确切地说，是一名小学数学替补、代课教师，这就是我做教师的开始。

　　最初的日子里，我的教育生活过得平淡无奇，简单、宁静但也充实。没有人给予太多的指点，危机感时常扑面而来，整个人内心的感受是卑微的、孤独的。我和其他教师一样，也一直做着所有人都在做的最为平常朴素之事——备课、上课、批阅作业、对期待成功的学生差异辅导、象征性地写几句教学反思等。我的目标只有一个，那就是用尽一切办法让学生考出好成绩，以在学期末能收获好的学业质量。此外，我把业余零散的大部分时间交给了阅读，文学、史学、科学、教育等都是我的阅读对象。在每一个平静的周末，我都是先看教材，然后进行全新的课前思考，把所有的知识核心、目标设定、思维节点、学情预设、数学本质、策略灵感全部记录在教材上，再独立撰写教学设计。这就是我后来提出、实践和倡导的青年教师"批注式备课"的雏形，这样的自我锤炼慢慢地让我养成了独立思考的专业品质和创造意识。

　　2009年9月和2010年10月，我连续两年参加了北京市石景山区第七届、第八届"中小学教育教学设计与实践"大赛，一路坎坷，历尽艰辛，最终均获得课堂教学、教学设计一等奖。这两次赛课尽管只是闪亮的一瞬，但也着实帮助我克服了一些内心深处的自卑。之后，我又陆续发表了两篇教学短文，还有几篇论文分别获得了国家、市、区级课改一等奖，逐渐得到区域内小数界同行的认可，在圈内开始小有名气。面对教学上取得的一点点成绩，我没有得意忘形，相反，我变得更冷静、更沉着。我清醒地认识到，要想在教育事业之路上走得更远，就必须在课堂上继续下功夫。于是在接下来一段很长的时间里，我潜下心来放空并追问自己：我究竟要追求什么样的课堂教学和数学教育？什么样的课堂才是有个性、有创意、带有个人印记、成功的课堂？课堂教学如何除却浮华、繁复与躁气，回归素简之道和人与文化的本真？我的数学教育能给学生留下什么？学生应该学习怎样的数学？如何才能让学生把数学学得好玩、学得有趣、学得丰富多彩、学得广阔无边？我的课堂教学最终要给予学生什么：是一本数学教材，还是一个广阔的数学世界？我的数学课除了传授学生知识外，能否给学生带来新的发现、光明和期许？带着无数个问号，承袭着一直以来的阅读习惯，我尝试在前沿的数学专业书籍与核心期刊中寻求答案。

那时，我自己购买了一些数学教学专著，同时订阅了几种数学教育类期刊，包括《小学教学（数学版）》《小学数学教师》等，同时再加上学校图书馆订阅的十几种，我每个月大约能读到20多种教育类报刊。研学，然后知深浅。那个时期，我陆续接触到史宁中、张奠宙、郑毓信、马云鹏、曹培英、孙晓天、吴正宪、张丹、王永、华应龙等专家名师最前沿的理念和观点，虽似懂非懂，但于我热血沸腾。2009年10月的一个下午，我收到《小学教学（数学版）》第10期，封面人物是一位男教师，白色衬衣、紫条格领带、深色西裤，目光温和、从容、宁静、专注、波澜不惊，俊朗中透着匠气和智慧，给人一种清润的舒服之感。封面右下角用熟悉的白色字体赫然印着：封面人物·贲友林。贲友林，何许人也？翻到目录页，细看介绍：

贲友林，1973年生，本科学历，中学高级教师，现任教于江苏南京师范大学附属小学，苏教版小学《数学》教材编写组成员，"江苏省优秀教育工作者""江苏省青年教师新秀"。2001年参加全国小学数学优化课堂教学第五届观摩课评比并荣获一等奖；在全国29个省、市、自治区的教育报刊上发表文章600多篇，三次获江苏省"教海探航"征文评比一等奖。2007年，专著《此岸与彼岸——我的数学教学手记》由江苏教育出版社出版。近几年先后应邀到全国20多个省、市上课、做报告。

读完此段文字，很多荣誉、成果、职称、头衔都在我眼前悄然划过，印象深刻的唯独"在全国29个省、市、自治区的教育报刊上发表文章600多篇"这一句，我肃然起敬：他是怎么做到的？按已工作20年推算，每年至少发表文章30余篇！这是什么概念？这人得多勤奋啊？这是一种什么样的笔耕不辍的惊人毅力？这得在课堂上下多少功夫？这需要怎样的思考、实践、潜心钻研与精益求精？特别是在这个名利喧嚣的时代，这得需要怎样一种坐得住冷板凳、耐得住寂寞的法布尔精神的坚持？一连串的疑问如潮水般向我涌来。而后，一发不可收拾，我借助互联网寻求他所有的公开课视频以及他公开发表的文章，一节节课，一篇篇文，总能带给我力量。特别是他的首部个人专著《此岸与彼岸——我的数学教学手记》，这部30多万字的著作，让我深刻地体会到他令人震撼的教育世界和人生追求。

教师要有平凡生活中的英雄梦想。

从此，我走上了一条独特而可贵的教师自我专业成长之路——针对每一天的常态课写教学手记、教学反思，用文字、图片、音频、视频等全景式记录自己的数学教育生活，将易逝锁定为长存，将瞬间转变为永恒。同时，我对自己提出了更高的要求：用赛课的标准要求自己，把家常课当成公开课上，把公开课当成家常课上；把每一件简单的事做好就是不简单，把每一件平凡的事做好就是不平凡；敬畏课堂，善待儿童。于是，每一节课我都坚持反复慎思、设计、实践、反思、明辨、记录，我坚持每天写教学手记，咀嚼畅与憾，反思成与败，品味得与失。而每一次上课前后记录与写作的过程，都是与自己的内心对话、倾诉、碰撞、分享的过程，都是重塑内心的教育修行之路，那种美妙的感受不可言传，令我着迷。写作已然成为我介入教育世界的一个途径，从此太阳攀响群山的音阶。

教师要建立专属于自己的研究领域。

行走在数学课改之路上，数学教学仿佛是教师的两条腿。左腿是学科核心本质，右腿是儿童学习立场。如何让学生的数学学习从"知道"走向"发现"，从"习得"走向"创造"？如何让学生的获得从"有"走向"更有"，从"有意思"走向"有意义"？如何打开学生的思考，从"教为中心"走向"学为中心"？我开始重新认识儿童的数学学习。于是，2013年9月，我开始了一场静悄悄的课堂革命——基于儿童、基于学科、基于想象，在自己任教的班级进行我所提出的全人数学思想理念下的裂变课堂教学实践与研究。我开始重新学习、建立学科教学知识，认识、理解数学本质，把握、研究、创构教材，调查、分析、研究学生，然后带着设计与想象一次次地走进课堂进行实践。一次次地试，一次次地磨，一次次地思，一次次地改，让学生享受数学思考的乐趣，获得交流数学问题的解放感，体会数学化地刻画世界的过程，感受数学视界的美与理，尽力保证所有的学习活动都能促进学生的学习和生长，努力让每一个学生更加自信、更加有尊严、更加充满智慧、更加富有个性。很多时候，我们的课堂无人观摩、无人问津，主角是学生，配角是我，我们一起慢慢成长，经历着一次次师生共同取暖的寂寞修行。走进学生的视界，那是一次次坚苦的自我尝试和探索，亦是一次次除却蝉噪的自我蜕变。无数时光黯淡的日子里，独自辉映，自成人间。

　　就这样，从前期思考、调研、分析、设计到付诸实践，我一次次进行着全人数学裂变课堂的自我教改实验，我一次次创造着自己与自己的同课异构，日复一日，年复一年，我的课堂一天天地发生着静悄悄的变化。从为教师的设计，到走向为学生的设计，再到走向师生共同的设计，我开始一次次跳出来正视自己的教学，对自己的课进行深度的自我解剖，这个过程让我一次次走进学生，一次次读懂课堂，一次次看见自己，也一次次笃定探索与创新的脚步。我开始思考：数学教育的价值是什么？如何让学生的数学学习从"四基"走向高阶思维、能力和素养？如何从学科教学走向学科教育？如何从数学的核心素养走向全人的公共素养？如何从课堂教学走向数学育人？

　　与此同时，我从不忘记把上课前后的所思、所想、所见、所感记录下来写作成文，这其中包括酣畅、清醒、成功、兴奋、智慧、闪亮和幸福，也包括遗憾、迷茫、失败、糊涂、窘迫、黯淡和苦痛。无论是长篇的课堂实录，还是简短的课堂微言，或精致，或精彩，或败笔，或失误，或意外，或错误，就像一个磁场，内容涵盖数学教学的方方面面，有理论、有行动、有问题、有现象、有观点、有思考、有探讨、有建议，对于这种一个人教学视界里的静悄悄的沸腾我有了进一步反思、超越的想法，另辟蹊径、孜孜不倦地寻求创造课堂的另一种可能，这对我弥足珍贵。记录即成长，成长即美好。它告诉我该如何以自己的教学生命体验写专属于自己的教学史和数学教育史。

就这样，一段段文字记录下来，一篇篇文章写作下来，汇聚成教学成果，之后它们有幸见诸各大数学教育专业刊物，它们有了更广阔的平台，并有机会与喜欢它们的广大专家、名师、数学工作者、与我一样的一线教师等展开交流。

管建刚说："你的努力，一定有人看见。"

厚德载物，宁静致远。厚积薄发，水滴石穿。近年来，我在完成东北师范大学教育硕士研究生学业后，专注于"基于儿童立场关注数学本质的裂变课堂教学"研究和"小学数学主题作业与学科实践的优化设计"研究，加入教育部基础教育课程教材发展中心"深度学习"教学改进项目海淀区小学数学课题组，成长为海淀区数学骨干教师、海淀区数学学科兼职教研员，并获全国第九届小学教学特色设计大赛一等奖。这些进步与收获无不归功于过去这十年在教学中的摸爬滚打、潜心钻研和教学写作。如今，我发表的数学专业文章与获奖的教育教学论文已近百篇，撰文近百万字。

晏殊说："山长水远知何处。"

现实如铁，梦想如瀑。

十年饮冰，难凉热血。

悬针垂露，莫可回望。

十年间，我的勤勉带给我反思的力量，只有我懂它有多重，也只有我懂它有多珍贵。光阴流转，我从最初那个走上讲台就心怀忐忑的年轻人，成长为能够自如挥洒教学激情的中坚力量，课堂教学也已由最初的青涩走向成熟，并逐渐形成了属于自己的教学风格。这是一个教师成长蜕变的十年。风雨十载，在专业成长之路上，我历经坎坷，遍尝艰辛，如一首沧浪之歌。时间是贼，亦有黄金。如今十年过去了，十年的时间就如同隔桌而坐。一堂课，一碗米，一篇文，一个人。

教育，是一件空山问雪之事。

走惯了远路的三毛唱道："远方有多远？请你告诉我。"

我将我的教学研究集结起来，准备付印了，我不知道我是否很好地完成了它，好在于隐隐约约中我能够触摸到内心平静的门槛，就像听到雨声。教育，是一场令人迷恋的成长，如同全世界的雨飘落在全世界的草坪，然后汇入河流。清白的河流之上，由此岸到彼岸，我愿做那个摆渡者，从此觅向诗意的渡口，心青如春，恋课如林，山水冲淡，素年锦时，用一颗宁静之心做更好的数学教育，成就更好的学生，追寻更好的自己。

董文彬

二〇一九年四月于北京

前 言

全人数学：觅向儿童数学教育的裂变之路

2012年，也就是七年前，我应河南省教育学会小学实验研究专业委员会邀请，在焦作学术交流年会现场执教了"统计与生活"一课，引起强烈的反响与共鸣。课后，有教师直言他们被学生的表现征服了，啧啧赞叹"这节课上得漂亮"。有专家评课时称赞："你的数学课与众不同，有温度，有深度，素简中更有一种指向全人的裂变的诗意。"更有同行坦诚相问："这样的数学课该怎么形容？"我说那就叫"全人数学"吧。七年后，我的首部教育教学专著即将面世，我把这部著作命名为《数学的价值守望：董文彬的全人数学教学艺术》。

全人数学的价值守望具有双坐标数学教育的意义。第一，全人数学更强调儿童与数学的关系。基于儿童，就是要坚守儿童立场，遵循儿童的生长规律，关注数学教育对象的特点，关注儿童的知识基础、学习经验、思维层阶和情感态度，走近儿童，理解儿童。基于数学，就是要关注数学本质，遵循数学教育规律，努力把静态的、结论性的知识转变为动态的、有价值的问题或具有挑战性的核心活动任务，帮助儿童经历数学化的过程，让儿童走进数学，理解数学。第二，全人数学更强调数学的美与理的关系。追求指向全人的数学教学就是在科学的理性和艺术的感性中寻求融合点与平衡点，析数学之理、思维之理，赏哲律之美、文化之美，构建"学为中心"的曼妙灵动的对话课堂，感受数学思考的魅力，体会数学思维的价值，让儿童拥有美好的学习体验，感悟富有理性之美的数学，同时闪耀人文的光芒。第三，全人数学更强调数学的温度与深度的关系。数学的温度是指站在儿童的视角看待数学，让儿童用自己的方式自主地亲近数学、研究数学和用数学观察、思考与表达世界，进而让儿童的数学学习更生动、有趣、丰富、饱满、多元、完整地面向数学，回归世界。数学的深度即关注数学学科的本质特性，实现对数学学习自身的观照，在全景复现数学发现与创造的过程中，让数学回归儿童的生长经验，回归知识生成的本源。

在我的教育信念里，每一节数学课都关乎学生的未来。全人数学指向下的裂变课堂就是要为生长而教，为理解而学，不仅要关注学生在学习中的实际获得，是怎么获得的，还要关注学生在学习过程中的学习态度与价值观，从而促进学生获得积极的、全面的、生动的、和谐的发展。全人数学课堂着力于让数学学习在儿童场域中真实发生，不仅要关注学生关键能力和必备品格的形成，还要关注学生学科核心素养与整体公共素养的发展，进而使学生形成求知、求是、求真、求实的精神特质。全人数学课堂着力体现从学科教学的生长走向教育学意义的生成，让学生与数学完美邂逅，让数学学习成为师生共同行走与驻留的艺术。

我怀着对生命的尊崇、对全人数学和裂变课堂的敬畏，以热切而理性的思索努力追寻数学教育的本真：整体把握数学教育教学的本原特征，全面关注人的整体素养与整体能力的发展，指向全人——培养真正的人，培养真正的数学人，培养真正具有数学精神的人，培养具有客观的、和谐的、理性的、多方面精神生活的人。这是全人数学的最高境界，也是我的数学教育之梦。

这本书坚守和体现了上述全人数学的育人理念和价值追求。

这是一本以实践和反思为主的数学教育教学研究合集，从教师"行动＋反思"的视角，围绕小学数学教学中的核心问题，从对数学的本质认识与理性重建、教材创构与学情研析、课堂设计与教学案例三个板块着重介绍了一线教师如何在核心素养视域下构建以"学为中心"的裂变数学课堂，如何在全人数学理论和"深度学习"指向下进行基于儿童立场和数学本质的课堂寻变与教学改进，如何在自己的教育视界里进行儿童数学教育的研究实践，做数学教学的攀登者。该书对广大一线数学教师，特别是青年教师、数学基础教育工作者，具有积极影响和指导价值。

在这本书里，其实我想写我的教学史，我十年的成长史和数学教育史、精神史。这本书整整写了五年。在写作时，我没有忘记自己是一名教师，是一名心中有儿童、心中有数学的教师，是一名有教育情怀、有教育梦想的教师。在觅向儿童数学教育的素简之路上，我一步一步追寻着现实中的理想课堂，我追寻着儿童，追寻着数学，也追寻着自己。燃烧了理想的血，那种感觉总是令我着迷。我觉得很幸福，这已经足够。

董文彬

二〇一九年四月于北京

目 录

第一章 解构与生长：本质认识与理性重建

从度量的角度整体把握数的运算教学
　　——以"全景"视角观照小学数学运算课程 …………………… 3
估算：是要求还是意识
　　——关于估算及估算教学的思考 ………………………………… 17
运算：应从运算能力走向运算素养
　　——关于运算及运算教学的思考 ………………………………… 25
直观与抽象
　　——基于对图形及图形教学的本质认识与思考 ………………… 32
空间观念：基于对想象的认识
　　——关于空间观念及其教学的思考 ……………………………… 40
重识与重塑：图形教学应整体把握图形的核心本质特征
　　——以小学数学"圆"单元教学为例 …………………………… 56
飞翔和变形：在整体把握对应关系中发展空间观念
　　——以小学数学"圆柱与圆锥"单元教学为例 ………………… 64
问题引领让数学学习真实发生
　　——例谈儿童数学学习中问题意识的培育 ……………………… 73

第二章　审视与超越：教材创构与学情研析

理解与重构
　　——关于创造性使用和改编教材的几点思考 ………… 83

审视与超越
　　——例谈创造性使用教材的几点思考 …………………… 95

基于元素及关系视界下的审视与重建
　　——以"线与角"单元教学分析为例 …………………… 103

从知识点走向知识群
　　——"数据的收集整理"教材对比与教学思考 ………… 115

直观模型：沟通"量"与"数"的桥梁
　　——"小数除以整数"前测调研与教学思考 …………… 127

寻数史之源，叩核心本质
　　——"认识负数"前测调研与教学思考 ………………… 134

直面现实，从原点到远点
　　——"方程"前后测及其对教学的启示 ………………… 142

基于学生发展的核心概念建构路径
　　——关于"体积与容积"前测分析与教学思考 ………… 149

第三章　实践与反思：课堂设计与教学案例

从"数学思考"走向"哲学思维"
　　——"数与形"教学设计与思考 ………………………… 161

从解构到建构，把握数概念本质
　　——"分数的再认识"教学实践与思考 ………………… 174

探本溯源：作为关系的比
　　——"比的应用"教学实践与思考 ……………………… 183

变量世界，让思维方式发生深度转变和进阶
　　——"变化的量"教学实践与思考 …………………… 193
转换与对应，让想象飞翔
　　——"有趣的折叠"教学实践与思考 …………………… 209
看得见的生长，从已知到未知
　　——"涂色知多少"教学实践与思考 …………………… 216
转换维度，让空间观念自然形成
　　——"蚂蚁爬行最短路线问题"教学尝试与思考 ………… 226
退回原点：教学的另一种意义
　　——"尝试与猜测"教学实践与思考 …………………… 234
从头到尾思考，积累有序思维活动经验
　　——"我们一起去游园"教学实践与思考 ……………… 245
用数据说话
　　——"好玩的游戏：掷瓶盖是否公平"教学实践与思考 … 255

后　记………………………………………………………… 267

第一章

解构与生长：本质认识与理性重建

从度量的角度整体把握数的运算教学

——以"全景"视角观照小学数学运算课程

在小学数学课程中，有些学习内容因为承载着数学中永恒不变的核心本质思想而一直备受关注，如运算、度量等。但长期以来，不少教师因为惯性的思维认知而将这些核心内容的教学割裂开来，认为运算就是运算，更多的是"数与代数"领域的内容，度量就是度量，更多的是"图形与几何"领域的内容。其实，这些看似"天各一方"的核心内容之间是具有本质联系的，有时我们要跳出教材的编排顺序，跳出教与学的方式，去思考这些核心内容之间存在的本质联系，打通这些必然联系，这样才能从整体上理解数学课程理念，掌握数学课程目标，认识数学课程内容，设计教学内容主线，也才能最终从整体上把握小学数学课程的教学。

一、厘清认识

在从度量的视角整体审视运算教学的前期，我主要思考了以下两个问题。

（一）什么是度量

一提到度量，我们立刻会想到有关它的很多核心本质与永恒不变的东西，如两个核心要素（度量单位、度量单位的个数即度量值），三条基本性质（运动不变性、合同性、有限可加性），度量的本质是比，等等。而在小学阶段，有关度量教学的框架结构大致如图1-1所示。

度量总体上分为可直接度量和不可直接度量两部分，可直接度量包含工具度量、公式度量和转化度量。货币单位、质量单位、时间单位、长度单位、面积单位和体积单位等这些基本的度量单位的认识和建立可通过工具度量实现，角度、周长、面积和体积等这些度量值可通过公式计算来获

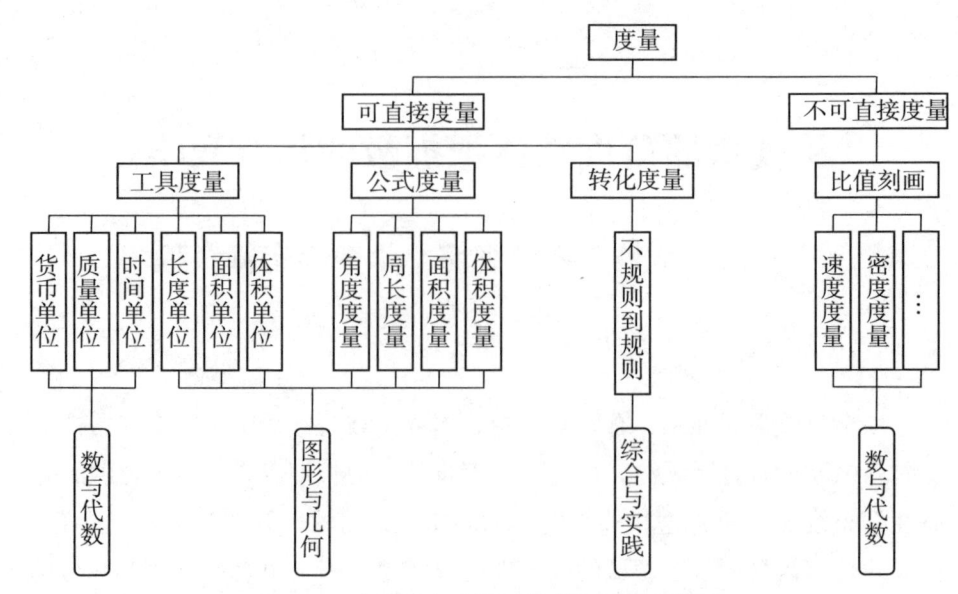

图 1-1 小学阶段度量教学整体框架结构图

取,这是度量教学的核心部分,多集中在"数与代数""图形与几何"两个领域(主要在后者)。有一些度量则不能通过工具或公式计算获取,而需把不规则的物体转化为规则的物体来度量,如用"水测法"度量一个土豆的体积等,在等量替换中保证两个量的守恒,这样的度量我们称之为转化度量,因一般通过实验进行,暂可纳入"综合与实践"领域。有一些量是不可直接度量的,需要通过两个可以直接度量的量的比值来间接刻画,如速度可通过路程与时间的比值来刻画,密度可通过质量与体积的比值来刻画等。

(二)度量与运算教学共通的核心主线是什么

吴正宪老师认为,小学数学中关于"单位"这件事无论怎么重视都不为过。度量内容的教学深刻体现了这一点。但无论怎样,度量教学的核心是让学生经历单位的产生和发展过程、单位的累加过程(即数出度量单位的个数),建立和形成单位的观念,积累关于度量的学习活动经验。无独有偶,在数与运算的教学中,建立计数单位的概念,感悟数及数的运算就是单位个数的运作变换过程(累加或递减),是教学的关键。由此可见,无论是度量教学还是运算教学,其核心都是"单位",其本质都是"单位的运作和转换"，"单位"成为核心词，贯穿于度量中的实际量（包含生活中的量、物理量、几何量）的单位和运算中的计数单位这两大核心内容的教学。既然如此，我们能否从度量的角度来帮助学生深化对数与运算的认识呢？能否从度量方面帮助学生体会单位化的思想，进一步理解数的运算的核心本质呢？

二、度量的基本思想在数的运算教学中的价值体现

数的运算主要是指加、减、乘、除四则运算，同时又可划分为整数、小数和分数三种不同数的运算。那么，度量的思想在这三类数的运算中是如何体现的呢？下面结合具体实例分别浅谈之。

（一）从度量的角度认识加减法

1. 整数加减法运算

举一个一位数加法的例子"8+6"，我们看下面的图示。

图 1-2

在这条简单的数尺上，数与格（点）一一对应，往右表示累加，得到"8+6"结果的操作就是基于这种"一一对应"数出计数单位的过程，从 8 开始，以"1"为单位，连续累加 6 次，就得到"14"这个结果。这个运算的过程就是计数单位累加的过程。

图 1-3

同样，还可以如图 1-3 运算"8+6"，10 格为 1 档，从 8 开始，以"1"为单位，先累加 2 次到"10"，遇"10"停顿，再累加 4 次，进入下一档，蕴藏"满十进一"，产生新的度量单位（计数单位）"十"。

照此，借助数轴，沿着数轴往右，可以 1 个 1 个地数，也可以 10 个

10 个地数，还可以 100 个 100 个地数……。在计数单位不断地累加中，就会产生"一""十""百"……更大的新的计数单位，方便和满足了数量级扩展后大数加减法的开展。

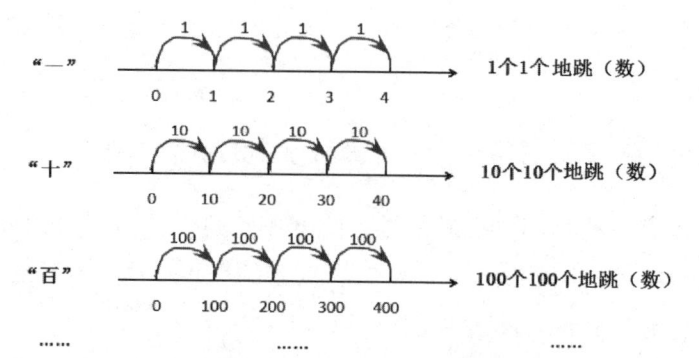

图 1-4　整数运算中更大度量单位的累加和产生

因为减法与加法是互为逆运算的关系，因此，从度量的角度认识减法也就不难了。以下图 1-5 是借助数尺或数线，梳理 20 以内、100 以内、10000 以内度量思想在整数加减法运算中的体现。

图 1-5　度量思想在整数加减法运作中的体现

我们聚焦其中一个减法的例子"239-118",如下图。

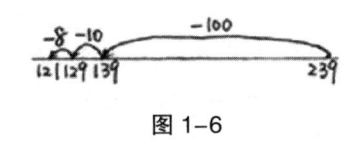

图 1-6

在这条数线上,往左表示递减,从 239 开始,先以"百"为单位递减 1 次,再以"十"为单位递减 1 次,再以"一"为单位递减 8 次,即得到"239-118"的结果(度量值)"121"。也就是在运算的过程中,先减几个百,再减几个十、几个一,这正是一种度量思想的体现,借此可从计数单位运作变换的角度帮助学生直观理解数的内部结构,进而理解运算的意义。

2. 小数加减法运算

由于小数和整数运算的核心本质是天然相通的,都是十进位值制,因此,从度量的角度理解小数加减法运算顺理成章。我们看下面的例子。

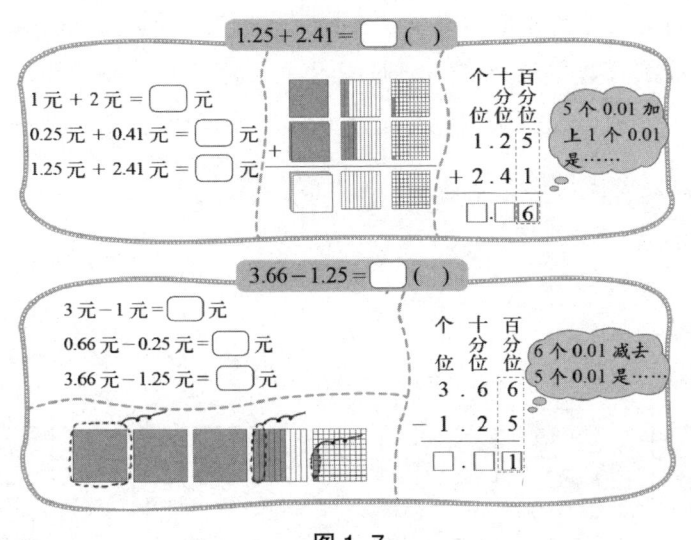

图 1-7

从上图不难看出,无论是元、角、分单位,方格纸直观模型,还是竖式的不同运算表征方式,其运算的本质都是相同计数单位(度量单位)累加或递减(数出度量单位的个数)的运作过程,只不过从整数到小数,度量单位、数量级向微观扩充而已。这也说明,从度量的角度去认识和理解,小数加减法与整数加减法是一脉相承的,小数运算可以看作整数运算

一种意义上的承袭。

3. 分数加减法运算

分数加减法的意义与整数、小数的加减法的意义是一样的，因此，分数加减法，特别是同分母分数加减法的运算也是相同分数单位的累加或递减，即相同度量单位的运作，这里不再赘述。但异分母分数加减法需要特别说明。

异分母分数加减法是小学数学中加减法运算的高级阶段，它与整数、小数的加减法运算有异也有同。"同"体现在只有度量单位（计数单位或分数单位）[①]相同后，度量单位的个数才能运作（累加或递减）。"异"体现在整数、小数因十进位值制都有明确的度量单位（计数单位），非常外显，而对于两个异分母分数来说，它们的度量单位（分数单位）取决于它们各自的分母，它们在进行加减法运算时首先需要一个对二者来说都能获取度量值的新的度量单位，即新的分数单位，而这个单位是相对内隐的。因此，通分的目的也就非常明确了，通分实际上就是在寻找一个新的分数单位，这个新的分数单位就像一把通用的"尺子"，以此为"标准"来度量两个异分母分数，把度量的结果进行运作（累加或递减），就是两个异分母分数的和或差。例如，运算 $\frac{1}{2} + \frac{1}{5}$，如图 1-8。

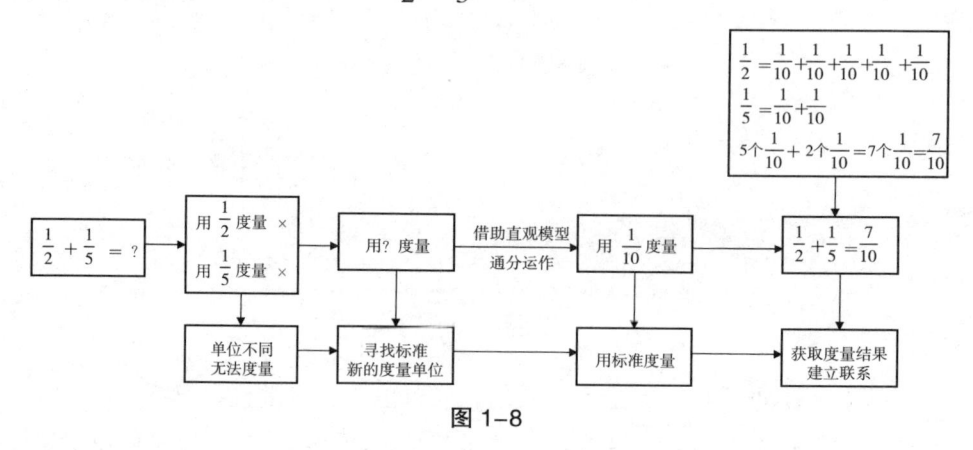

图 1-8

---

① 本文中，计数单位和分数单位都是运算中的度量单位。在整数和小数运算中，度量单位特指"计数单位"；在分数运算中，度量单位特指"分数单位"。

（二）从度量的角度认识乘除法

1. 整数乘除法

我们先来看一个一位数乘法的例子。

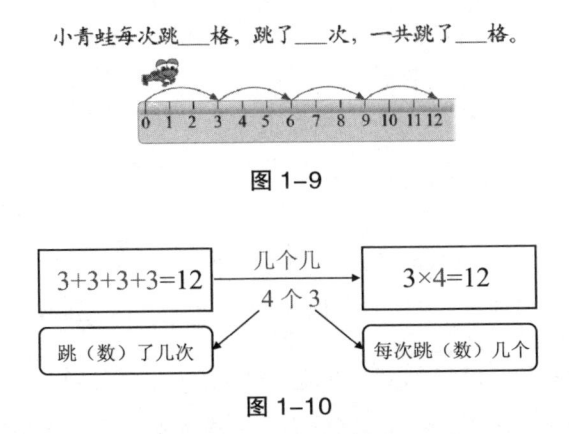

小青蛙每次跳___格，跳了___次，一共跳了___格。

图 1-9

3+3+3+3=12 →（几个几，4个3）→ 3×4=12

跳（数）了几次　　每次跳（数）几个

图 1-10

这是乘法中"几个几"意义的运算内容。结合数尺模型与算式表征，解决"小青蛙一共跳了多少格"就是求"4个3是多少"。其中的4表示跳了几次，3表示每次跳几格，可以看作以"3"为单位，度量了4次的结果，其本质都是对度量单位的运作，即对计数单位的累加（累积）。

我们再来看一个除法的例子。

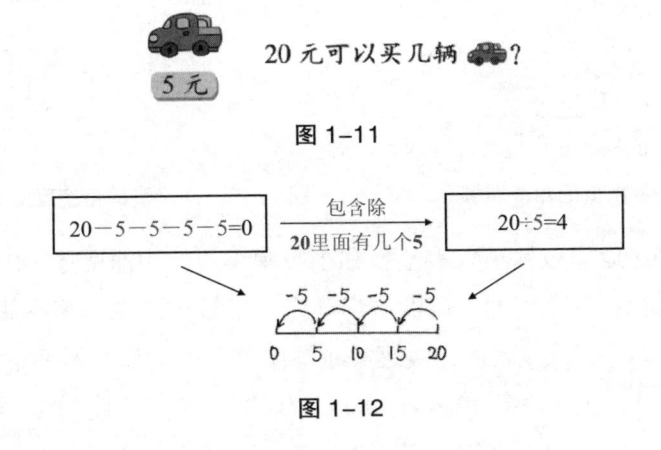

20元可以买几辆 🚗 ？
5元

图 1-11

20-5-5-5-5=0 →（包含除，20里面有几个5）→ 20÷5=4

图 1-12

这是除法中"包含除"意义的运算内容。解决"20元可以买几辆玩具车"就是求"20里面有几个5"。其运算的过程，即在数线上以"20"作

9

为起点，按照一定的"步伐"回到原点的过程。这个过程可以看作以"5"为单位去度量数"20"，正好度量了4次，把"20"度量完的过程。说到底，其本质还是对度量单位的运作，即对计数单位的处理（同数递减）。

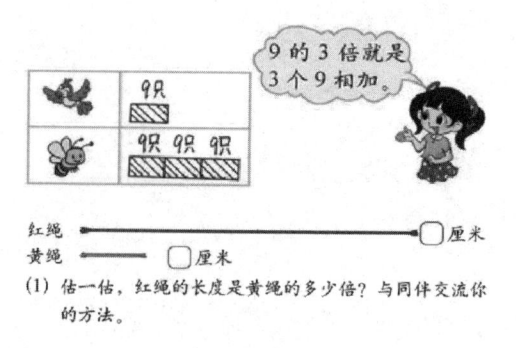

(1) 估一估，红绳的长度是黄绳的多少倍？与同伴交流你的方法。

图 1-13

关于乘除法中"倍"的意义的运算内容（如图 1-13），同样可以从度量的角度来认识和理解，可以看作以"一倍数"为标准单位，去度量"总数（量）"的过程，度量几次的结果或度量的次数就是乘除法运算中的度量结果"积"或度量值"商"。

2. 小数乘除法

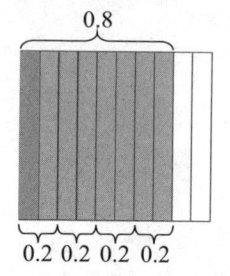

图 1-14　从度量的角度理解 0.2×4 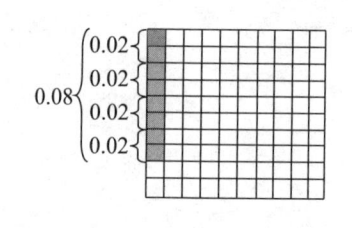　　图 1-15　从度量的角度理解 0.02×4

小数乘法运算包括小数乘整数和小数乘小数。如前所述，因小数和整数运算之间存在着天然的本质的必然联系，且这种联系是相通的，都是十进位值制，因此，从度量的角度理解小数乘整数的运算并不困难。

如图 1-14 中，运算 0.2×4，可以"0.2"为单位（图中 2 个小条）去度量并数出 4 次，即 0.2 连续累加 4 次，算式表征为 0.2×4=0.2+0.2+0.2+0.2，可获得运算的结果 0.8（图中 8 个小条）；从图中也可看出，用

"0.1"这个计数单位（图中1个小条）为标准去度量并数出8次，即0.1连续累加8次，算式表征为0.2×4=0.1×8=0.1+0.1+0.1+0.1+0.1+0.1+0.1+0.1，也可获得运算的结果0.8。

同样，如图1-15，借助方格纸运算0.02×4，可以"0.02"为单位（图中2个小方格）去度量并数出4次，即0.02连续累加4次，算式表征为0.02×4=0.02+0.02+0.02+0.02，可获得运算的结果0.08（图中8个小方格）；从图中也可看出，用"0.01"这个计数单位（图中1个小方格）为标准去度量并数出8次，即0.01连续累加8次，算式表征为0.02×4=0.01×8=0.01+0.01+0.01+0.01+0.01+0.01+0.01+0.01，也可获得运算的结果0.08。

由此可见，小数乘整数的运算，其本质还是小数计数单位的累加，即度量单位的运作。然而小数乘小数的运算遇到了与前述异分母分数加减法类似的问题，即寻找新的度量标准——新的计数单位的产生。例如，运算0.3×0.2，如图1-16。

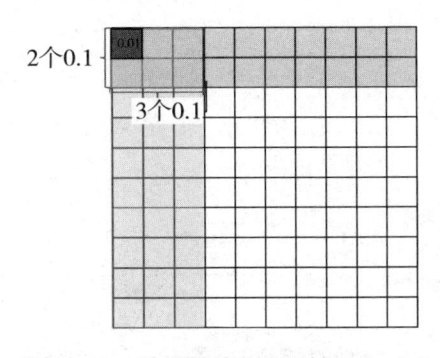

图1-16 从度量的角度理解0.3×0.2

运算0.3×0.2时，显然用"0.1"作单位去度量已行不通，这就需要寻找一个新的度量单位，即新的计数单位，而这个单位是相对隐性的，需要借助操作方格纸直观模型来实现。在方格纸上分一分，画一画，先表示出0.3，即把"1"平均分成10份（10个竖条），取其中3份（图中3个竖条），0.3×0.2就是0.3的$\frac{2}{10}$，即把0.3（图中3个竖条）再平均分成10份（图中30个小方格），取其中的2份（图中6个小方格）。这时，新的计数单位"0.01"（图中1个小方格）就产生了。用这个新的计数单位"0.01"（图中1个小方格）作为标准去度量运算的结果（图中6个小方格），需要数6次，算式表征为0.01×6=0.01+0.01+0.01+0.01+0.01+0.01。由此可见，小数乘小数的运算的核心，从度量的角度看，即新的更小的度量单位（计数单位）的产生，数度量单位（计数单位）的个数。说到底，度量单位（计数单位）的转换与运作依然是小数乘小数运算的本质。

下面举一个小数除以整数的例子来说明如何从度量的角度理解小数除法的运算。

"买3袋牛奶花了10.2元，每袋牛奶多少元？"

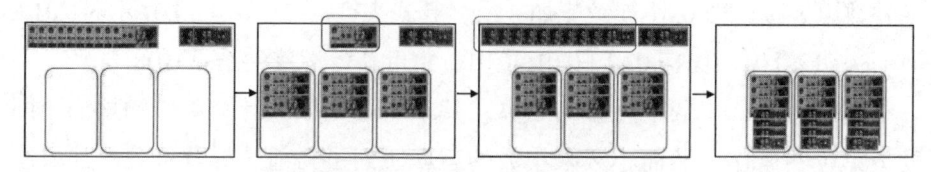

图1-17 借助人民币单位从度量的角度理解10.2÷3

借助人民币实物模型先表示出10.2，然后动手分，边分边用式子记录分的过程。在分的过程中遇到问题：先分完9张1元（9÷3=3元），剩下1张1元和一张2角没法直接平均分成3份，怎么办？此时必须转化单位，把"元"转化成"角"之后再分（1元=10角，10角+2角=12角，12角÷3=4角），最后获得运算结果（3元+4角=3.4元）。

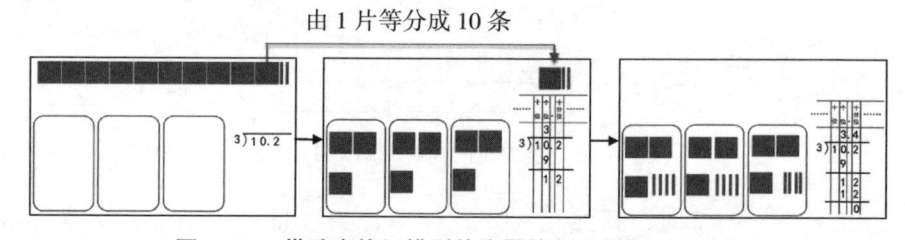

图1-18 借助方格纸模型从度量的角度理解10.2÷3

借助方格纸模型表示出10.2，先分完9个1（9÷3=3），剩下1个1和2个0.1没法直接平均分成3份，因此必须转化单位，把"1"转化成"0.1"之后再分（1=10个0.1，10个0.1+2个0.1=12个0.1，12个0.1÷3=4个0.1），最后获得运算结果（3+4个0.1=3.4）。

通过以上两个过程，从实物模型走向直观模型，从"计量"走向"计数"，体会小数除法与整数除法在算理方面的内在本质联系，即都是转化平均分计数单位的过程,当较大的单位不够分时,需转化为较小的计数单位继续分,最终获得运算结果。不难看出:小数除法的本质从度量的角度看,是计数单位的"逐级细分"过程,即产生新的更小的度量单位(计数单位);数度量单位(计数单位)的个数,即平均分的份数——除数。说到底,还是度量单位(计数单位)的转换与运作。

3. 分数乘除法

分数乘法包括分数乘整数和分数乘分数。分数乘整数的运算与小数乘小数的运算的意义相同,本质相通,只不过这里的度量单位由计数单位变成了分数单位,如图1-19。同样,分数乘分数的运算与前述小数乘小数(小数即十进分数)的运算的意义相同,本质相通,运算的核心也是寻找新的度量单位(新的分数单位),如图1-20。这里不再赘述。

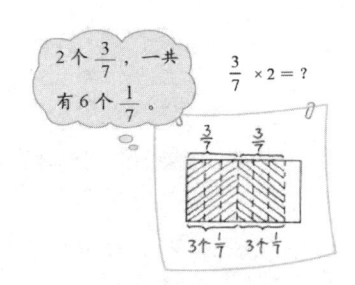

图 1-19　从度量的角度理解分数乘整数

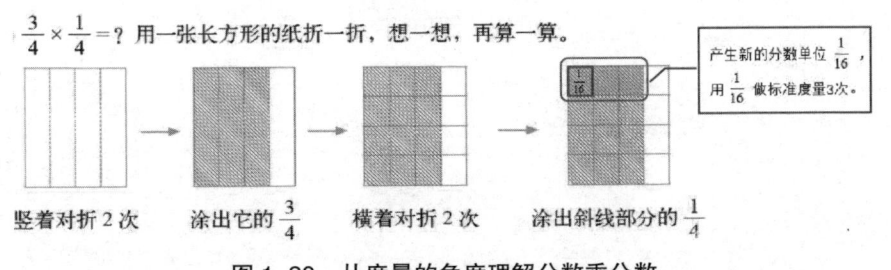

图 1-20　从度量的角度理解分数乘分数

分数除法包括分数除以整数、整数除以分数和分数除以分数。因篇幅所限,这里只探讨前两种。从度量的角度理解分数除以整数分为两种情况(如图1-21):一种是"$\frac{4}{7} \div 2$"这样的运算,用原分数的分数单位即可度量;一种是"$\frac{4}{7} \div 3$"这样的运算,用原有的分数单位无法度量,在运作的过程中必须产生新的分数单位"$\frac{1}{21}$",再去度量。

把一张纸的 $\frac{4}{7}$ 平均分成 2 份,每份是这张纸的几分之几?

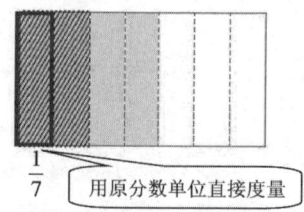

$\frac{1}{7}$　用原分数单位直接度量

把一张纸的 $\frac{4}{7}$ 平均分成 3 份,每份是这张纸的几分之几?

产生新的分数单位　$\frac{1}{21}$

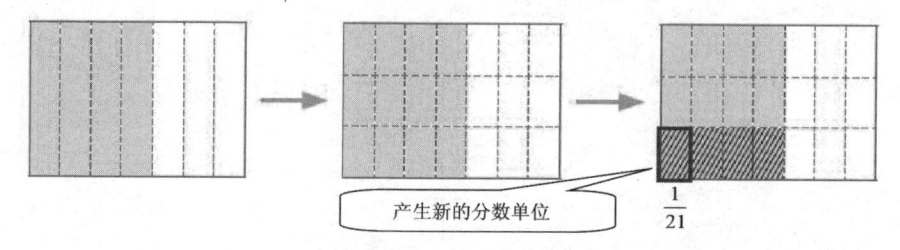

图 1-21　从度量的角度理解分数除以整数

下面以"$2 \div \frac{2}{3}$"的运算为例从度量的角度理解整数除以分数,如图 1-22。

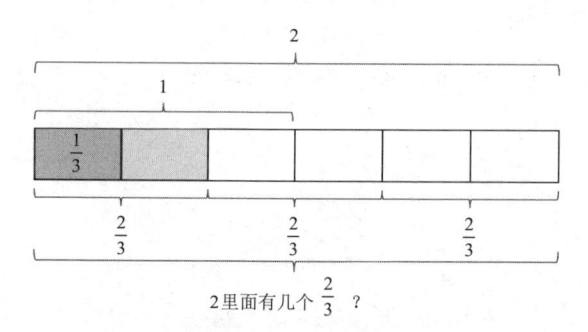

2　1　$\frac{1}{3}$　$\frac{2}{3}$　$\frac{2}{3}$　$\frac{2}{3}$

2 里面有几个 $\frac{2}{3}$?

图 1-22　从度量的角度理解整数除以分数

"$2 \div \frac{2}{3}$"表示"2 里面有几个 $\frac{2}{3}$",可用"$\frac{2}{3}$"作单位去度量"2",可度量 3 次,表示 2 里面有 3 个 $\frac{2}{3}$,度量值"3"即"$2 \div \frac{2}{3}$"的运算结果;也可用"$\frac{1}{3}$"作单位去度量"2",可度量 6 次,表示 2 里面有 6 个 $\frac{1}{3}$,度量值

"6"即"$2 \div \frac{1}{3}$"的运算结果，用"$\frac{1}{3}$"去度量"$\frac{2}{3}$"要量2次，因此可得"$2 \div \frac{2}{3}$"的运算结果为3。

三、从度量的角度整体把握数的运算教学的建议和思考

（一）从度量到运算，对数学核心思想承袭的深度重视

从度量到运算，"单位"与"单位的个数即度量值"是贯穿两大内容的共通的核心要素和教学主线。可以说，虽然领域不同，但运算教学是对度量教学中"度量思想"的深度承袭。从度量的角度认识数与运算，既是对数与运算的本质意义的深度认知与理解，更是对度量思想的再认识。从度量的角度认识数与运算，就要紧紧抓住"单位"这个核心知识，形成"牵一发而动全身"的效果。这样才能从整体上把握数学学科中最本质的知识和问题，也才能从整体上把握小学数学课程核心内容的教学。

（二）从抽象到直观，对几何直观模型选用的不可或缺

在数与运算教学中，建立计数单位的概念，感悟数及数的运算是单位个数的运作变换过程（累加或递减），是教学的关键。而"计数单位"的数学概念是抽象的，"单位个数的运作"的教学过程更是抽象的，我们需要找到适合学生的理解方式——变抽象为直观。因此，从度量的角度整体把握数与运算的教学，自始至终离不开几何直观模型的支撑。小棒、计数器、小方块、数线（数尺、数轴）、方格纸、点子图等都是小学阶段重要的几何直观模型，其中数线又因其自身的特性而备受推崇。它们同数与运算的学习一路相生相伴，能将抽象的数与运算变得简明、直观、可操作，因其便于数学理解而成为不可或缺的学习工具，但需适时、适当选用。

（三）从计量走向计数，对数与运算意义的本质回归

从度量的角度认识数与运算是深度学习的一种价值体现，其本质既是对计数单位、数位、十进位值制、整数、小数、分数等核心概念的认识，

也是丰富对加、减、乘、除四则运算意义的认识与理解。计数单位（分数中有分数单位）、十进位值制等核心概念恰恰是理解数与运算意义及算理最核心的东西，从度量的角度去认识数与运算正是对数与运算意义的本质回归。在实际教学中，因数与运算的概念具有高度抽象性，除了几何直观模型的必要支撑外，教师还需帮助学生在解决简单的实际问题中从计量走向计数，促进学生更深层次地从度量的角度认识和理解数与运算的学习。

估算：是要求还是意识

——关于估算及估算教学的思考

一、估算现实：要求大于意识

北京市海淀区教师进修学校小学数学教研室在"小学生学业水平测试"中做过一项关于"估算"的测查，测查题目及结果如下。

题目1：超市中甲种牛奶每箱69.5元，乙种牛奶每箱40.5元。买4箱甲种牛奶的钱可以买几箱乙种牛奶？（摘自2008年海淀区五年级学生学业水平调研）

题目2：一美元的硬币厚0.2厘米，圆形周长是8.3厘米。如果要把一美元的硬币放进下面的小猪储蓄罐中，能否放进去？请说明理由。（摘自2015年海淀区六年级学生学业水平调研）

开口是一个长3厘米、宽0.4厘米的长方形

图1-23

题目3：明明一家准备自驾到蓬莱游玩，在加油站加满了一箱油。根据图1-24中的信息，请你判断，到蓬莱这一箱油够用吗？写出你的思考过程。[摘自2015年海淀区七年级学生（经过一个暑期刚刚升入七年级但未开始七年级数学学习的学生）学业水平调研]

图 1-24

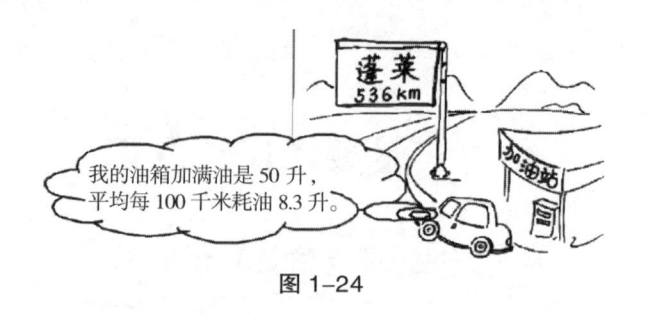

表 1-1 测查统计

题目	题型	估算分析人数占比 / %	典型行为 精确计算	典型行为 估算分析
1	现实问题	0.25	69.5×4=278(元) 一:278-40.5=237.5(元) 二:237.5-40.5=197(元) 三:197-40.5=156.5(元) 四:156.5-40.5=116(元) 五:116-40.5=75.5(元) 六:75.5-40.5=35(元) 答:可以买6箱乙种奶	69.5>70 40.5≈40 70×4÷40=7(箱) 但实际,甲种奶贵我的了,乙种奶价格便宜卷1箱。 7-1=6(箱) 答:能买6箱乙种奶。
2	现实问题	2.2	d:8.3÷3.14≈2.64(cm) 2.64cm<3cm 0.2cm<0.4cm 答:一美元硬币可以寒进去。 因为硬币的直径小于开口长,硬币的厚度小于开口的宽。	硬币 开口 厚 ←→ 宽 0.2<0.4 直径 ←→ 长 3>(8.3÷3.14)>2 小于长 答:能放进去。因为直径和厚度分别小于长和宽。
3	现实问题	26.5	536÷100×8.3=44.488(升) 44.488<50 说明够用	把536往大估成600 600÷100×8.3=49.8(升) 49.8<50 说明600km都够用,536km肯定够用。

测查结果表明,面对现实问题,从 2008 年到 2015 年,在教师课堂教学的持续关注下,用估算分析解决问题的学生由 0.25% 到 2.2% 再到 26.5%,所占比例呈上升态势;但从整体来看,自主运用估算分析问题的学生依旧占少数,这说明学生解决问题时自觉估算的意识还处于较低的水平。而更有趣的是,我也做过一个小调查,同样的问题,如果加上要求"估一估"或"大约"字样时,学生选择估算解决问题的人数占比就会有

一定提升。这反映了学生将估算视作一种要求，而没有形成自觉估算的意识。估算为什么在学生那里异化成为一种被动要求？学生的估算意识缺失的根源在哪里？下面从估算与估算教学两个角度试做分析。

二、估算本质：用高阶思维直观优化数量运算

（一）估算，是在问题情境中对数量运算的一种直观优化

谈估算，一般绕不开精算。史宁中教授明确指出："精算的本质是对数的运算，估算的本质是对数量的运算。"

《美国学校数学课程与评价标准》中指出：面对具体的问题情境，首先确定是否需要计算，然后再根据答案的性质来选择合适的计算方法。需要的是近似的答案，则通过估算解决问题；需要的是精确的答案，则通过心算、笔算、计算器或计算机获得答案。精算培养的是抽象能力，而估算培养的是直观能力。首先，我们要明确，估算不是估计，估算也是需要算的。其次，估算不能直接等同于近似计算，更不是精算后的四舍五入。讨论小学数学教育中的估算问题，必须要以适当的现实问题为背景，否则就丧失了估算教学的教育意义。

估算，可以说是在问题情境中对数量运算的一种直观优化。直观在哪儿？优化在哪儿？估算，通常是在面对具体的现实问题时，选择合适的解决方法，根据对数量运算的感觉，先思维判断、分析，后具体计算，最终获得问题的答案或结论。这里的计算往往是在头脑中对数量进行了一定的判断和加工后的优化计算，这种计算过程一般是相对简单的，能够利用口算或心算，直接在头脑中获得得数或结论。从这个角度看，估算的确是比精算简单。

如果把估算与精算进行比较，你认为哪种算法更简单呢？事实上，相当多的学生往往不喜欢估算而乐于用精算来解决问题。难道这是"舍易求难"？与精算相比，用估算解决问题的过程，涉及对实际问题中解决方法的审视，对现实问题中数量及数量关系的感觉、判断、分析、思考等，这一系列关于能否用估算解决、怎样用估算解决的从决策到行动的过程，富有一定的思维含量。而精算，只要方法确定，其程序化的操作是固定的，

计算时只要按程序进行，就能最后获得问题的结果。另外，用估算解决问题还有个估算策略的问题，需要选择合理的量纲，得到上界或者下界，即需要对给定的数量进行适当的放大或缩小，然后凑整计算，万一估算的方法不对，就会得到错误的结论。而用精算解决问题对学生来说更具一般意义和普适性。换句话说，估算在解决问题时相比于精算要付出更多的逻辑思维的代价。而学生更多时候宁可选择大量繁复的程序化的精算来掩盖自身思维层阶的缺陷或不足，也不选择使用估算解决问题，因为精算获得的答案和结论会让学生觉得心里更"踏实"、更"保底"，学生在心理上承受不起估算在解决问题中带来的"万一"。

说估算比较简单，往往是教师从自身的视角做出的判断，如果换作学生的视角来看，反而觉得精算更简单一些。由此可见，学生要建立和形成估算的自觉意识，倒有了些"柳暗花明你不走，山重水复闯进来"的味道。

（二）估算，是学生的思维发展到一定阶段的体现，具有过程性和阶段性

以学生学习"加与减"的实际问题为例。第一阶段，对数量的直观感知和判断。例如："合唱队原有52人，今年有9人毕业了，又新加入15人。合唱队人数比原来多了还是少了？"学生往往会根据对实际背景中的数量的直观感知，即根据"新加入的人数15人比毕业的人数9人多"，得出"合唱队的人数比原来多了"的结论。第二阶段，（在明确提示下）选择适当的单位先估算，再辅以精算验证。例如："原有400厘米的铁丝，做一个玩具自行车用去186厘米。估一估，剩下的铁丝还够再做一个同样的玩具吗？剩下的铁丝长多少厘米？"学生会根据对问题中数量的感知，估计400厘米铁丝使用后剩余的长度。做一个玩具自行车不超过200厘米，剩余的长度少说也有400-200=200（厘米），够做一个同样的玩具。在这个过程中，适当的方法是把186厘米看成200厘米，所以适当的单位是"200厘米"。第三阶段，了解什么样的情境需要估算，体会估算时获得上界或者下界。例如："学校组织一、二年级学生看电影，一年级有203人，二年级有278人。剧场有500个座位，估一估，剧场的座位够不够坐？"这个问题的核心是估计两个年级学生的总人数。具体说，就是估

计两个年级的学生总人数的上界（至多有多少人）：如果上界超过500人，那么剧场座位肯定不够。一年级不超过210人，二年级不超过280人，因为两个年级人数至多有210+280=490（人），不超过500人，所以剧场的座位够。这个阶段，学生需要对给定的数量适当放大或缩小，然后凑整计算，这是学生思维发展的高级阶段，体现出学生对数量运算的优化意识。第四阶段，逐步达到"自动化"水平，即面对一个具体的问题情境，会根据直觉和经验直接估算，自觉用估算的方法分析解决。这是一个动态的思维发展过程，虽然这几个阶段有时不能绝对地划分，而且对于不同的学生个体来说，他们对问题情境的感知、对数量运算的直觉是不同的，因此，各个发展阶段历经的时间长短也不尽相同。但是，教师需要深入认识的是：也许很多实际问题运用估算分析解决在教师看来应该是一种自动化的行为，对学生而言，却是一个漫长的发展结果。

由此来看"估算"，在教师的视角中，"估一估""用估算分析解决"应该成为学生一种接近自动化的行为，对学生而言，是需要发展之后才能达到的。学生不是"标准件"，教师要心向着学生，不能用自身的思维发展层阶代替学生的思维发展水平。估算意识的建立和形成，是学生自觉求估、求优意识的体现，其形成具有阶段性和过程性，不可能一蹴而就，需要循序渐进。

三、估算教学：用现实情境引发学生自主思考并解决问题

（一）估算教学，应全面而深刻地认识其教学价值

现实中日常估算的教学，一般未能从学生发展的角度认识其功能与价值，往往就估算而教估算，将估算教学定位于数学功能，即在实际背景下对精算结果的验证，或作为笔算具体方法的基础，或估计计算的结果并对结果的合理性做出解释，过于重视估算的数学功能，甚至异化成为估算技巧的传授。

从长远来看，一个数学能力仅限于精确计算的个体，日后将会被计算器、电子计算机取代。而在日常生产和生活中，估算被人们广泛应用。不难发现，解决实际背景下现实问题中估算的选择、判断、分析与实施，无

论是对学生的直观感知能力、判断能力、选择能力、分析能力，还是自觉的优化意识、应用意识以及数感的发展，都具有十分重要的意义。因此，我们要重新建立和认识估算的价值（更多的是生活价值）和现实意义。

首先，估算是一种解决问题的分析策略。我们从解决问题思维策略的视角重新审视和理解估算教学，即在理解运算的同时，形成解决问题的一种个性分析策略，体会解决问题的多角度思维路径，发展数学思维、应用意识和创新精神，关注学生数学关键能力的获得。比如，前面的"题目3"，如果用估算的方法解决，要先把536千米看成600千米，600÷100×8.3＝49.8（升）＜50（升），这里实际上是做出一个"假设"，即把536千米假设为600千米，原来计算油量的算式536÷100×8.3现在优化为600÷100×8.3。接下来要进行"对比"，原本是536千米，现在按600千米算，一箱油都够了，那么536千米肯定够。这个例子说明在估算过程中实际是应用了假设、对比和检验的策略。估算是一种个性分析的思维策略，这样从策略的视角去认识和审视估算的过程，发展了学生数学思维、理解、解释与应用的能力。

其次，估算最重要的是发展学生的数感。如前所述，估算的过程，就是在问题情境中对数量运算的一种直观优化。既如此，估算通过对数量、数量关系的估计、运算的直观感悟，必然在更大程度上会指向学生数感这一数学核心素养的发展。比如，前面的"题目2"，在判断出硬币的厚度0.2厘米小于储蓄罐开口的宽度0.4厘米之后，关键是对硬币的直径与开口长度的关系进行对比，进一步是对硬币周长8.3厘米与开口长度3厘米这两个数量关系的感悟，再进一步是对圆的周长8.3厘米与3π厘米或（$8.3÷\pi$）厘米与3厘米数量运算的直观感悟，把π估计成3算，即可明晰问题的结论。这个过程发展的就是数感，是对数量运算优化对比后的一种直观感悟。

（二）估算教学，应由学生自主完成估算的过程与数量运算的优化

不难发现，如果题目中出现"估一估""用估算解决""大约"等明确指令性的陈述要求时，学生才用或者用估算解决问题的比例会有一个提

升。这说明学生把估算视作一种要求而非自觉意识。对于问题是否需要估算分析解决，首先要让学生有自觉判断和甄别的机会。明确指令性的要求不能总是呈现在题目中而被学生过度依赖。不可否认，在估算学习的初级阶段，指令性要求是必要的，但估算教学的进程如果停留在这个阶段，学生被指令得太多，其自主估算的意识将逐渐减弱。估算，不应成为明确指令下的一种条件反射，而应是学生的思维达到一定水平和阶段后，自主完成估算的过程与数量运算的优化的表现。这样的估算学习才是有意义的。

在实际教学中，教师除了指导学生如何估算外，更重要的是给学生创设充分的独立思考、个性分析和交流分享的机会。教学中，在实际背景下面对要解决的实际问题，不同的学生会有不同的思考，进而呈现不同的算法，即一步一步精确计算解决和用估算分析解决，之后教师应组织学生交流，引导学生进行比较，实现对解决问题时数量运算的优化。估算优化的过程是由学生自主完成的，教师要让学生在对比和交流中感悟到，"哦，原来还可以这样估算解决"，"这样分析问题真是奇妙"，从而愿意并主动地应用估算的方法，调整并优化自己的思考。教师要不断创设这样的机会，使估算与精算在学生的互动中发生碰撞，让学生在碰撞中进行交流，在交流中进行对比，在对比中实现优化，在优化中自觉顿悟。这一过程是引导学生先思维判断，再具体计算的过程，这一过程也是学生估算意识自主形成、主动建构的过程。

当然，在教学中，除了关注学生感悟估算的必要性之外，还要帮助学生关注估算过程的合理性。比如，什么时候大估，什么时候小估，如何选择合理的量纲实现对实际问题的度量，怎样对给定的数量进行适当的放大或者缩小以获得上界或者下界，等等。要让学生对估算既"知其然"，也"知其所以然"，实现"识""法""理"的融会贯通。

(三)估算教学，应通过评价撬动课堂以促进学生估算意识的形成

首先，在关于估算的日常测查中，要有合适的实际背景，以现实问题解决和个性分析思考为核心进行评价。剥离了实际背景或问题情境后对裸计算题目进行估算，无异于纸上谈兵，同时也失去了估算的数学教育意

义。因此，在实际评价中，要创设合适的真实可感的现实问题情境来启发学生主动运用估算分析解决，以思维和能力为指向的评价必然会撬动课堂教学，必然倒逼教师在课堂上注重学生亲自经历"探索发现—分享交流—个性表达"的过程，帮助学生形成自觉估算的意识，以促进学生对数学问题的理解，展现不同学生解决问题的能力水平，使学生感受数学与生活间的密切联系，最终在尊重与理解中促进人的发展。

其次，评价题目要多一些对学生在解决现实问题时估算意识的关注，如去掉题目中明确的指令性要求，而在评价标准上对是否自觉应用估算分析解决问题有一个区分。精确计算与估算分析的思维水平等级是不一样的，评价题目应能体现不同学生的不同思维水平、不同能力层次。

总之，无论是对估算的认识与思考，还是对估算教学的审视与反思，我们都要明晰的是，估算不是一种要求，更不是一种负担，而是一种意识，是学生在实际背景中解决现实问题时对数量运算的直观优化与自然选择。估算意识的培养与估算能力的发展对于儿童数学教育来说都是十分重要的。估算意识，不应异化为一种被动的要求，更不应陷入"为了估算而估算"这种机械训练的窠臼，而应是"能估算自然估算"。

运算：应从运算能力走向运算素养

——关于运算及运算教学的思考

一、运算现实：技能大于理解

2018年7月，我们在五年级期末数学学业质量评价中做过一项有关"运算能力"的调研。调研题目及调研结果如下。

题目1：计算下面各题。

（1）$\dfrac{3}{4} - \dfrac{1}{2} + \dfrac{1}{5}$　　（2）$\dfrac{11}{12} - \left(\dfrac{1}{3} + \dfrac{1}{2}\right)$　　（3）$\dfrac{7}{15} \div \dfrac{7}{9}$

（4）$\dfrac{6}{25} \times \dfrac{5}{12}$　　（5）解方程：$6x - 6.8 = 11.2$　　（6）解方程：$\dfrac{1}{6} + x = \dfrac{11}{12}$

题目2：下面有（　　）个图能正确表示"$\dfrac{3}{4} \times \dfrac{1}{2}$"的意义。

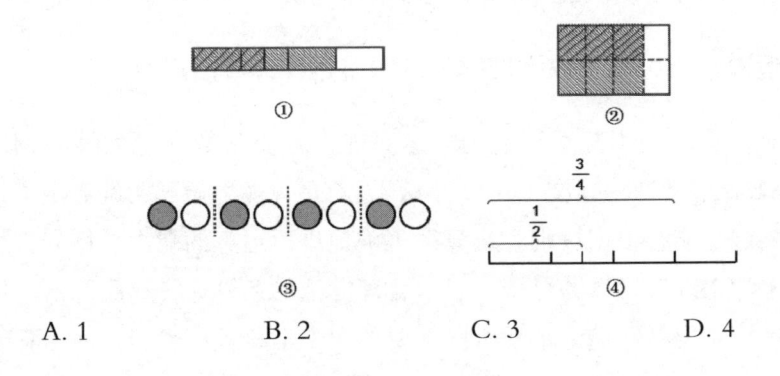

A. 1　　　　B. 2　　　　C. 3　　　　D. 4

表1-2　调研结果

题目编号		年级得分率 /%
题目1	（1）	98.57
	（2）	97.62

（续表）

题目编号		年级得分率 /%
题目1	（3）	99.39
	（4）	99.35
	（5）	98.34
	（6）	97.29
题目2		63.64

调研发现，对于像"题目1"这样的一组纯计算题，学生的正确率还是较高的，年级平均得分率达到了98.41%。但是，对于"题目2"，学生的表现就没有那么乐观了，年级得分率是63.64%。这说明，在解决纯计算这类单一程序性题目时，学生能够根据运算顺序和运算法则正确地进行运算，但相比之下，对于解决或解释运算意义和算理，学生并不能或者不能完全读懂其中不同的图形表征方式，说到底，学生不理解或不完全理解运算的意义、过程与算理。这种鲜明的反差反映了当下学生运算学习的一种现实，即运算技能大于运算理解，也就是运算素养的缺失。数学运算为什么在学生那里单纯异化为一种程序化的技能？学生的运算素养缺失的根源在哪里？下面从运算和运算教学（这里仅谈笔算）两个角度加以分析。

二、运算核心：基于数学理解下的数量运作的高阶思维

谈运算，首先绕不开运算能力，运算能力是小学数学十大核心词之一。《义务教育数学课程标准（2011年版）》对运算能力做了明确界定：运算能力主要是指能够根据法则和运算律正确地进行运算的能力。培养运算能力有助于学生理解运算的算理，寻求合理简洁的运算途径解决问题。由此可见，运算能力已经成为小学阶段重要的数学学科核心素养，而运算能力的形成与发展必然依托于具体的运算学习内容。

运算是指在明确运算对象的基础上，依据运算法则解决数学问题的过程。主要包括认识运算意义、明晰运算对象、理解运算算理、选择运算方法、获得运算结果、掌握运算模式、回归运算应用等。其中，算理的理解与算法的选择是运算的重心。算法就是运算的方法，解决"怎样

算""知其然"的问题，算理就是运算过程中的道理，是解决"为什么这样算""知其所以然"的问题。就运算本身来说，算法一般是多样化的，它展示出丰富多彩的思维表征过程，但算理可能是相同的，即运算的外在表征与内在本质之间紧密联系。在数学中，存在着很多这样的"同"与"不同"，"不同"背后的"同"一般才是数学的本质。因此，相比而言，算理应该是运算的重中之重。可见，运算是基于理解下的需要学生整体把握形成的一种数学高阶思维链条。运算学习的每一部分都需要源自学生对数与运算的理解，对运算与现实世界的关联的理解，对运算意义的理解，对运算方法及运算方法背后道理的理解。学生只有达成了这一系列的数学理解，才能真正形成运算的关键能力与必备素养。

而在现实中，一提及"什么是运算"，很多人特别是学生在意识中往往把它等同于计算，认为运算就是计算。这样的运算观导致的直接后果是学习者过于追求运算的结果而忽视运算的过程，只停留在运算方法的层面而忽视了运算意义、算理的探究。学生会想：只要按照相应的法则会计算题目，获得正确的计算结果就可以了，为什么还要弄明白"这样计算"背后的意义和道理？弄明白了"这样计算"背后的抽象的意义和道理又有什么用呢？只满足于计算是否正确，而不去分析理解运算内部的核心意义，势必会导致过于注重运算的技能而不重视运算的理解。看来，要让学生明白"计算≠运算""计算技能≠运算能力"还真不是件容易的事。

三、运算教学：从运算能力走向运算素养

（一）运算教学应从整体上综合关注学生的深度发展

如前所述，学生之所以会出现计算技能强、运算能力弱的现象，与现实中日常的运算教学有关。实际教学中，教师未能从学生深度发展的角度来认识运算的价值，往往就运算而教计算，过于追求技能、结果而不重视能力、过程，或者将运算教学的链条割裂，如"算理的理解"与"算法的掌握"停留于两张皮，或忽略解决实际问题背景下的数学化与运算抽象，或忽略运算表征的理解与现实生活原型的关联。举个关于"减法性质"学习的例子。比如，$79-26-14=79-(26+14)=39$，$57-(17+22)=57-$

17-22=18，以往的教学习惯是告知学生"见到连减就添括号，求所有减数的和；见到减去几个数的和就拆掉括号变成连减"。而遇到对于48-（25+17），99-46-28，52-（19+13），71-24-11这样的题目"还可以怎么计算"时；对于12÷（3×2）=2，12÷3÷2=2，45÷（5×3）=3，45÷5÷3=3，100÷4÷5=5，100÷（4×5）=5，26÷2÷13=1，26÷（2×13）=1这样一组题目"你发现了什么规律"时，曾经百发百中的做题质量往往失去了效力，有些学生就不会思考了。以往的目标是正确解题，学生没有经历过程也能把题做对，现在的目标是提高掌握能力，学生必须要经历探索、学会思考。从长远来看，一个仅仅计算技能很强的学习者日后必将被电子计算、人工智能所取代。因此，在学习环境日新月异变化发展的今天，我们有必要重新思考运算教学所承载的现实意义和教学价值。

首先，运算是基于数学理解下的一种思维能力和创新精神的体现。我们站在数学理解的视角重建运算教学，即在理解运算的同时，体会多样化的运算思维路径，发展多角度数学思考，这是运算学习能够带给学生在思维能力与创新意识层面最重要的功能价值。比如，前面的"题目2"，实际是用多种图形表征方式表达对分数乘分数运算意义的理解。这种理解需要学生去经历、去思考，去读懂条形图、长方形图、圆圈图、线段图。单位"1"整体从"个"到"群"，虽然表征形式不同，但都刻画了对"$\frac{3}{4} \times \frac{1}{2}$"运算意义的理解，即"（一个整体的）$\frac{3}{4}$的$\frac{1}{2}$是多少"，其实质都是对分数意义本质的再认识。这种数学理解的背后隐藏着的是一种高阶的思维能力和创新精神的数学基因。这样从思维的角度去重新审视运算，也培养了学生解释、刻画、表达与深度理解的能力。

其次，运算的核心本质是基于度量视界下度量单位的运作与转换。这一点必须要意识到，因为只有认识到运算的核心本质问题，才能从根本上理解运算的算理与算法、过程与结果、意义与程序之间的内在联系。从整数到小数再到分数，从加减法到乘除法再到混合运算，运算的过程无一不是度量单位的运作，即计数单位（分数单位）的累加或递减，不断数出度量单位的过程。有时为了满足单位运作的需求，需要寻找新的度量标准——新的度量单位（计数单位或分数单位），如运算 $\frac{1}{2} + \frac{1}{5}$，$0.3 \times 0.2$，$10.2 \div 3$，$\frac{3}{4} \times \frac{1}{4}$，$\frac{4}{7} \div 3$，等等。可见，在数的运算中，"单位"是运算的核心，在整数与小数的运算中，十进位值制又是运算的核心思想。理解了这种核心本质的东西，才可谓真正理解和掌握了运算。

（二）运算教学应基于从运算能力走向运算素养

运算能力是学生数学学习必备的关键能力与学科素养。如前所述，"计算≠运算"，"计算技能≠运算能力"，实际教学中，教师要转变运算教学的观念，在对运算教学的理解认识上发生变化，要摒弃诸如"看谁算得又对又快"的指令性要求，更要跳出计算技能的机械训练的泥淖，帮助学生在逐步形成运算能力的同时，进一步走向发展学生的运算素养。运算素养基于运算能力又高于运算能力，它需要学生在运算学习的过程中逐步达成运算的正确、合理、灵活、简洁。正确是运算的基础和运算的依据；合理是运算的标志，体现为清晰的算理；灵活体现为策略的多样和思维的灵活；简洁体现为运算的过程与结果高度的抽象和思维的浓缩。可见，运算素养是基于运算能力而指向运算思维的发展。

从运算能力走向运算素养，首先要落实在课堂场域中。在核心课堂学习活动中，一是要关注学生的学习过程，让学生亲自经历"探索—发现—交流—表达"的过程，把意义理解、动手操作和自主表达联系起来。二是要关注学生的思维路径，让学生亲自经历"观察—比较—分析—抽象—概括"的过程，借助生活情境和数学模型来思考运算。这些都有助于提高学生的运算能力，帮助学生从运算能力的形成走向运算素养的发展。

从运算能力走向运算素养，其次要落实在命题评价上。在运算的日常评价中，要以运算素养为指向，以解决问题和思维分析为核心进行测查。学生要解决的问题可以是现实生活的问题，也可以是数学内部的问题，但要以明理、思维、应用为主，评价题目应能体现不同学生的不同思维水平、不同能力层次，这样才能发展学生的运算能力乃至运算素养、应用意识和创新意识。

下面算式的结果在 $\frac{1}{2} \sim \frac{7}{8}$ 之间的是（　　　　）。

A. $\frac{1}{2} + \frac{7}{8}$　　B. $\frac{7}{8} - \frac{1}{2}$　　C. $\frac{1}{2} \times \frac{7}{8}$　　D. $\frac{1}{2} \div \frac{7}{8}$

本题测查学生对分数运算的理解掌握程度。此题有多种解决路径，学生既可以通过直接计算出四个算式的结果进行比较来解决问题，也可以合理利用运算的性质来解决问题。但重要的是这里面蕴藏着运算思维。

数 a，b，c 在数线上的位置如下图所示，c 点的位置有可能表示的是（　　）。

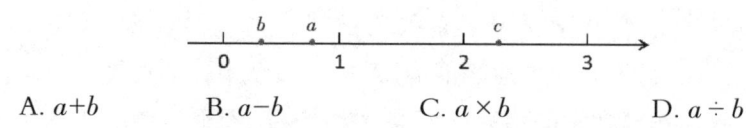

A. $a+b$　　B. $a-b$　　C. $a \times b$　　D. $a \div b$

这是对上一题的升级版评价设计，是对数的运算理解的测查。与上一题目不同的是，这里作为运算对象的数变成了抽象的字母，学生需要根据其在数线上的位置来感知、判断数的性质及具体大小，然后再运用策略寻求结论，或举例计算比较，或运用运算规律加以解决。这里除了对运算理解的评价外，还有对数感这一核心素养的测查。说到底，这样的命题评价的是学生的数学能力和思维层阶，是对运算素养的综合评价。

我们再来看两个例子。

（1）为了得到 $2 \div \frac{1}{3}$ 的结果，下面三位同学用不同的方法表达了自己的想法，想法合理的有（　　）。

淘气：$\frac{1}{3} = 1 \div 3$，$2 \div \frac{1}{3} = 2 \div 1 \div 3$

笑笑：$2 \div \frac{1}{3} = (2 \times 3) \div (\frac{1}{3} \times 3)$

奇思：

A. 淘气和笑笑　　　　　　　　B. 淘气和奇思
C. 笑笑和奇思　　　　　　　　D. 淘气、笑笑和奇思

这是对分数除法运算方法及背后道理的理解的测查。面对不同的运算方法和思维路径，学生是否能够完全读懂，每一种方法都是需要"讲道理"的，这又是对思维和能力的评价。

（2）以下问题中，能用算式 $\frac{1}{3} + \frac{2}{5}$ 解决的是（　　）。

　　A. 一瓶酸奶，第一次喝了这瓶酸奶的 $\frac{1}{3}$，第二次喝了 $\frac{2}{5}$ 升，两次共喝了多少升？

　　B. 一本书，第一天看了全书的 $\frac{1}{3}$，第二天看了剩下的 $\frac{2}{5}$，两天共看了全书的几分之几？

　　C. 一堆煤，第一次运走 $\frac{1}{3}$ 吨，第二次运走 $\frac{2}{5}$ 吨，两次共运走多少吨？

　　D. 某城市11月雾霾天天数占全月的 $\frac{1}{3}$，晴天天数比雾霾天天数多 $\frac{2}{5}$，雾霾天和晴天的天数共占全月的几分之几？

　　这是对分数加法运算解决问题的测查，包含了对分数意义的再认识，对数学运算模型的理解，对运算回归现实生活原型的关联思考，是在解决问题中对运算思维的评价。像这样，以命题评价为载体的运算评价，能够倒逼课堂教学，并撬动课堂运算学习中的活动设计、教学行为等，最终指向运算素养的形成和人的发展。

　　总之，无论是对运算本身的认识与审视，还是对运算教学的理解与内省，我们都要明晰的是，运算是基于数学理解下的一种思维能力和创新精神的体现，运算能力不等于计算技能，运算素养更要高于运算能力而指向运算的高阶思维。运算教学不能异化为一种程序化的计算技能，而应从运算能力的发展最终走向运算素养的形成。

直观与抽象

——基于对图形及图形教学的本质认识与思考

在小学阶段，图形及图形关系作为从物体的存在形式中抽象出来的基本核心概念，构成了小学数学中"图形与几何"领域重要的数学研究对象。无疑，要想认识图形就要深入理解图形的本质特征。由于图形是高度抽象的数学化概念，加之儿童认知思维的形象化，学习图形必然要经历从直观到抽象、从感性到理性、从经验到本质的认识过程。为帮助学生更深入地认识与理解图形，教师应在图形教学中基于对图形本身的认识，注重直观与抽象二者的结合，由表及里帮助学生直抵数学的核心本质。下面，我尝试结合北师大版教材的编排，谈谈自己的认识、探索与思考。

一、重新审视"点、线、面、体、角"的抽象性及其教学价值

为说明问题，关于"图形与几何"部分内容的学习，我尝试从"图形的认识""图形与测量""图形的运动""图形与位置"四个模块进行了梳理（如表1-3）。

在系统梳理与整体审视图形教学时，我主要思考了以下两个问题。

第一，为什么教材编排是从立体图形到平面图形再到立体图形展开的？

我们首先要明确的是，无论是图形与测量、图形的运动，还是图形与位置，都是在从不同的角度对图形进行刻画，是对图形本质特征的深入再认识。回到认识图形，北师大版教材从一年级上册开始，先认识长方体、正方体、圆柱、球这些立体图形，接着从一年级下册到四年级下册，进入对三角形、四边形、圆、线与角等平面图形的认识，从五年级下册到六年级下册，又进入对长方体、正方体、圆柱与圆锥的认识与研究。显而易

表 1-3 北师大版小学数学"图形与几何"内容统计

	图形的认识	图形与测量	图形的运动	图形与位置
一上	认识长方体、正方体、圆柱、球			
一下	认识长方形、正方形、三角形、圆			
二上		长度测量	感受轴对称、平移	
二下	认识角、直角、长方形和正方形、平行四边形、圆			
三上		周长、长(正)方形周长		观察物体
三下		面积、长(正)方形面积	认识轴对称、平移、旋转	
四上	线与角(线段、射线、直线、相交与垂直、平移与平行、旋转与角)			方向与位置(用数对确定位置)
四下	认识三角形和四边形			观察物体
五上		多边形面积、组合图形面积	轴对称和平移	
五下	长(正)方体的认识	长(正)方体表面积 体积与容积、长(正)方体体积		确定位置(极坐标确定位置)
六上	圆的认识	圆的周长、圆的面积		观察物体
六下	圆柱与圆锥	圆柱表面积、圆柱体积、圆锥体积	图形的旋转	

见，教材的编排是让学生经历从立体图形到平面图形再到立体图形展开学习的过程。教材为什么要这样编排？为什么要从认识立体图形开始进入图形的学习，而不是从平面图形开始？这着实值得思考。

我想，一来这与人们日常接触的现实生活情境有关，二来是由点、线、面、体、角这些基本几何概念的本质属性决定的。首先，在现实生活中，人们接触的物体都是立体的，而点、线、面、体、角这些"平直"的、最基本的思维对象是立体图形中高度抽象出来的概念。史宁中教授指出：这种抽象不仅舍去了物体的颜色、构成材料等物体的本质要素，还忽略了其所占的空间，这些抽象了的概念本身是不存在的，或者说只是一种理念上的存在，现实生活中根本找不到。因为这些概念源于立体图形，所以小学数学图形教学应该从认识立体图形开始。其次，由于点、线、面、体、角概念的高度抽象性，生活中最多只能找到现实原型，看得见，说不清，描述时又无法借用其他概念，对儿童来说认知难度较大，因此必须由更直观的立体图形开始，从整体到局部，在初步洞悉了各种立体图形特征的基础上，从一些常见又特殊的立体图形（如长方体、正方体）中再一点点抽象出点、线、面的基本概念。

第二，如何基于元素的抽象重新定位点、线、面、体、角的教学价值？

点、线、面、体、角因其自身存在的一些共同特点而对儿童造成难以跨越的认知障碍。确切来说，作为思维对象的点、线、面、体、角只存在于数学世界里，在现实中找不到，其思维特征体现为高度地抽象、概括。认识图形的最终指向是发展学生的空间观念，而发展空间观念首先需要能从较复杂的图形中分解出基本图形，并能分析其中的基本元素与关系。"图形与几何"领域空间观念的发展离不开基本元素与关系的支撑，而点、线、面、角等都是几何图形中最基本、最抽象的构成元素，教师只有站在元素及关系视界下对线与角等这些基本思维对象进行整体审视，才能更深入地研究并认识其关系，才能帮助学生直抵图形的本质，发展空间观念（如图1-25）。

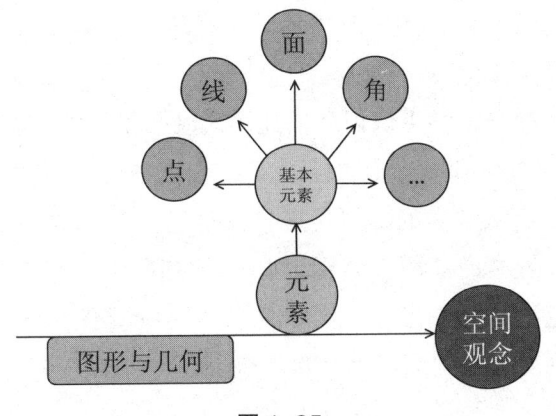

图 1-25

二、图形教学中直观与抽象相结合的教学思考

讨论了点、线、面、体、角的抽象性，明晰了这些基本思维对象的教学价值后，我们才能在图形教学中更好地将直观与抽象有机结合，帮助学生直抵图形的核心本质。

（一）注重图形分类，在直观中培养数学抽象概括能力

在小学阶段，认识图形绝不能停留在浅显地让学生明辨哪一种图形叫什么名称上，更重要的是要帮助学生完成对图形的分类。也就是说，要让学生在图形的分类中去完成对图形本质特征的认识。

在对图形进行分类的过程中，学生不仅可以直观感悟分类标准的制定以及遵循标准如何合理地分类，以把握与认识图形特征，更重要的是，分类的过程可以在直观中培养学生的抽象与概括能力。由于在分类活动中学生会关注图形的异同，既要关注图形的共性，也要关注其差异，而这些共性及差异既是抽象概括的结果，又是数学抽象的具体表现。在教学中，要让学生经历观察、操作、思考、想象的数学活动，积累思维的经验和实践的经验。在分类活动中，还要让学生叙述理由，只有动手与动脑相结合，直观与抽象能力才能相生相依，紧密结合。

（二）借助操作想象，建立从直观到抽象的数学化过程

图形概念源于现实生活中的直观模型，但在数学世界里是高度抽象与

深度概括的；因此，认识图形必须让学生经历从现实情境抽象出图形的过程，这个过程不只是借助观察思考、直观操作引导学生建立图形的表象，更要借助深度想象帮助学生认识和描述图形的数学性的本质特征。

比如，一年级下册初步认识长方形、正方形、三角形、圆这些平面图形时，基于低年级学生的学习特点，让学生"做一做，你能得到哪些图形"，使其在前期熟悉各种立体图形特征的基础上，在正方体、长方体、三棱柱、圆柱这些立体图形（生活中是立体几何模型）中一点点抽象出图形的基本概念（如图1-26）。这个过程就是学生借助操作活动主动构建图形概念的过程，这个过程既完成了从直观到抽象的数学化过程，又沟通了平面图形与立体图形之间相生相伴、相存相依的关系。

图 1-26

再如，五年级下册"长方体的认识"，是在一年级上册已经会辨认长方体形状特征基础上对长方体本质特征的深入再认识。教学中，我们依旧要重视让学生经历从现实情境抽象出图形的过程。由现实生活中的水立方、魔方实物模型开始，引导学生思考："如果不考虑是什么物品，只考虑形状，用什么样的物体表示合适呢？可以画成什么样的图形？"让学生由表及里，先抽象出长方体和正方体的形状特征，再深入内部，进一步抽象出长方体和正方体的结构要素及要素之间的内在联系（如图1-27）。这种需要观察、操作、思考、概括的学习活动，能够帮助学生很好地完成对图形从直观到抽象的认识与构建过程。

有时，认识图形除了需要进行观察、操作等活动外，还需要教师创设丰富的现实生活情境，帮助学生借助深度想象感悟图形的特征，阐述图形

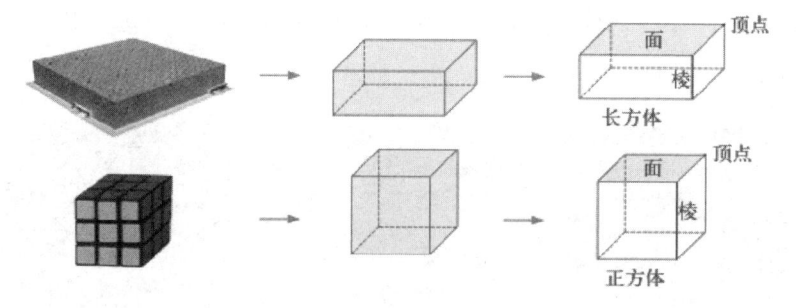

图 1-27

的性质。四年级上册"线与角"中关于"线的认识"（如图 1-28）的知识，如直线，在生活中根本找不到，它是集合了所有现实生活中那些"直直的线"的原型而高度抽象出的一种数学模型，没有长度，没有粗细。再如射线，其与直线一样具有无限延伸的特征，这种无限延伸是学生借助现实生活中的现象（如手电筒发出的光线），通过高度的空间想象去完成认识的，这对学生来说是非常难的。直线与射线数学特征的描述是需要借助深度想象完成的，这种深度想象的现实情境就需要教师帮助创设。

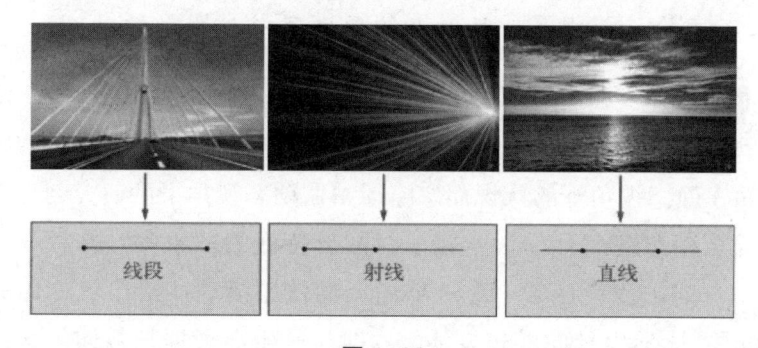

图 1-28

为了让学生深刻认识射线"无限延伸"这一特性，在教学"认识射线"这个内容时，我根据"小孔成像"的现象，借助动态课件创设情境帮助学生完成对射线的想象和抽象，使学生初步建立了空间观念（如图 1-29）。学生理解了射线向一端"无限延伸"的特性之后，对直线向两端无限延伸的特征认识就会水到渠成。通过观察、想象、感悟，让学生认识到真正的射线和直线是无法画出来的，我们所画的射线和直线其实只是射线和直线的一部分而已。总之，要让学生充分经历抽象、想象、操作、描述等活动过程，达成对思维对象的刻画和认识，积累探索图形特征的数学活动经验，发展空间观念。

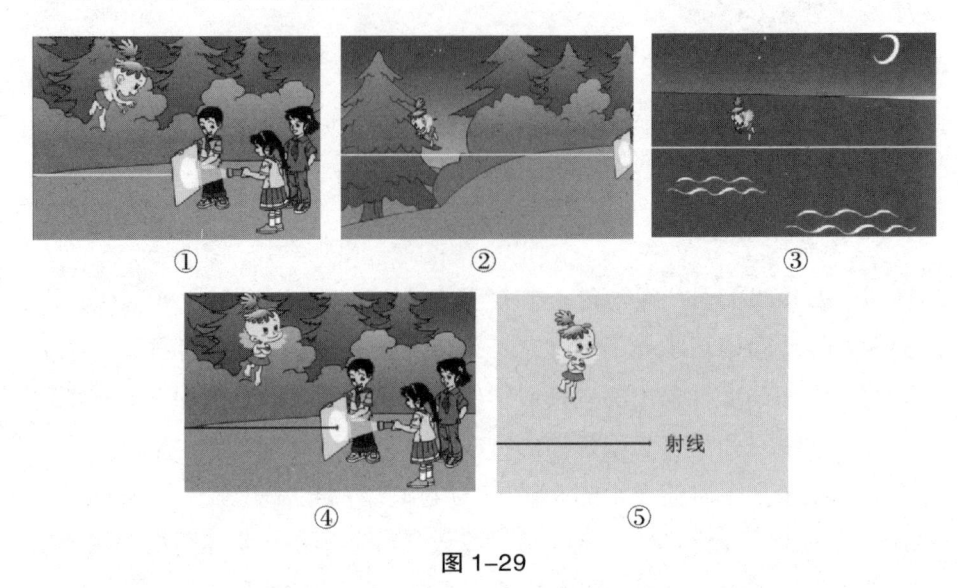

图 1-29

（三）变换认识视界，从动态的角度完成对图形的抽象

图形的认识一般包含两个视角，一个是从静态的角度观察、认识图形，另一个则是从动态的角度观察、认识图形。在实际教学中，教师往往只注重站在静态视角下的认识而忽略了站在动态视角下的研究与思考。那么，怎样从动态视角帮助学生完成对图形特征的抽象呢？在教学"长方体的认识"时，我设计了一个"补面"的核心活动：给出长方体的一个面"8×6"，让学生补面成长方体。这时，学生会根据长方体的结构要素及其关系，借助深度想象补出5个面成长方体（如图1-30左）。但"补5个面"仅仅是从静态的角度观察、认识长方体，我们还需要创设情境，从动态的角度去认识长方体，让学生想象补无数个面（或面上下平移）（如图1-30右），从动态的角度去认识长方体，帮助学生完成对长方体图形特征的抽象和认识。可见，像这样变换一种视角，从动态的角度观察图形，不仅完成了对长方体结构特征的抽象与概括，还为后续认识长方体体积、平面和立体关系（面动成体）、积分思想都打下了良好的基础。

图 1-30

总之,图形教学要明确数学思维对象的高度抽象性及学习价值,既要重视学生对直观经验的感性认识,又要注重帮助学生经历从直观走向抽象的数学化过程。基于现实情境,在直观的基础上引导学生从形象思维向抽象思维过渡,只有通过直观后的数学抽象,在教学中不断思考与实践,有机地将直观与抽象相结合,才能把握和抵达图形学习的核心本质。

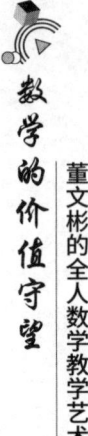

空间观念：基于对想象的认识

——关于空间观念及其教学的思考

空间观念是小学数学教学的重要内容，是小学阶段重要的数学核心素养之一。正因如此，空间观念的培养一直是小学数学教学研讨的重要课题。我认为，首先要思考这样几个问题：第一，空间观念的本质是什么？特别是，对义务教育阶段的学生来说，他们空间观念的形成与发展是教出来的吗？先天因素与后天养成哪个更重要？第二，在空间观念教学中，我们的数学教育能为后天培养起什么作用？如何帮助学生很好地发展空间观念？

一、关于空间观念

（一）空间观念的本质是什么

空间观念作为数学学习中的核心概念，已经有很多相关研究。史宁中教授曾明确指出：空间观念是对空间中物体的位置以及位置之间关系的感性认识。

关于空间观念，《义务教育数学课程标准（2011年版）》是这样界定的，空间观念主要是指根据物体特征抽象出几何图形，根据几何图形想象出所描述的实际物体；想象出物体的方位和相互之间的位置关系；描述图形的运动和变化；依据语言的描述画出图形；等等。

从以上表述可以看出，在对"什么是空间观念"的论述中，出现频率最高的一个词是"想象"。由此可见，空间观念的本质是空间想象力。这种想象力既包含现实世界物体到数学世界图形的数学化过程的抽象，也包含数学化的平面图形到现实世界物体的想象。小学数学中的空间观念还有对空间方位的认识，以及想象和判断物体所在的位置及位置关系。

（二）空间观念是教出来的吗

我们先来看一个例子。

北师大版三年级上册第二单元"观察物体"第二课时"看一看（二）"中提出一个问题（如图1-31）。

● 淘气从窗外看到的情景会是下面哪幅图？说说你的理由。

图1-31

课始，出示情境图和问题后，教师指出："请同学们先想一想，做出判断和选择。需要时可与同伴合作，模拟题目中的情景做一做，看看你的选择对不对。"一位学生想了半天，自言自语道："我就是想不出来！"然后一边极不情愿地操作，一边嘴里嘟哝着："这次我是选择出来了，可是有什么意义呢？考试的时候会让我模拟操作吗？"课堂巩固环节，学生做了一道与此题目类似的课后习题，这位学生又说："我还是想不出来！"下了课，教师也很沮丧："想也想了，做也做了，学生独自解决问题时还是想象不出来，我也没办法了！想象力是天生的，后天没办法培养，空间观念这个东西本身就不是教出来的！"也有的教师一声叹息："空间观念，想说爱你不容易。"

空间想象力是先天具备的还是后天习得的？或者说，空间观念是教出来的吗？空间观念有先天的因素，这种先天因素主要是人的一种直观想象能力。有些人的直观想象能力天生要强一些，他们往往能够直观洞察到事物的本质，他们原初的想象和判断往往也能直接抓住事物的核心；而有些人先天的直观想象能力则要偏弱一些。可以说，这种直观想象能力又是思维的重要前提。我们必须承认，学生的直观想象能力的确与先天因素有关，但也有后天培养的因素。作为教育者，我们要思考的是我们的数学教育能为空间观念的后天培养起什么作用。我认为，这种作用主要体现在分析思辨能力、数学推理能力与数学表达能力上。

二、关于空间观念的培养及教学思考

下面以北师大版五年级上册"轴对称再认识（二）"的教学为例，来具体说明在教学中如何促进小学阶段学生空间观念的培养。

教学前，教师对两个班的80名学生进行了前测，前测结果显示：98%的学生对于教材"问题串"中的三个题目都能画对。于是引发思考：在绝大多数学生学习前已经"会"了的前提下，这节课该教什么？对于那些表面会画但实际对问题一知半解的学生，如何使其对轴对称图形有本质的深入理解？对于那些已经真正理解了问题本质的学生，如何创设认知冲突来发展他们的高阶思维，进而发展空间观念？于是教师在教学中，整合教材资源，改编问题串，重新设计学习活动。

【活动一】下图是一个轴对称小房子的一半，你能想象出整座房子什么样吗？能画出来吗？

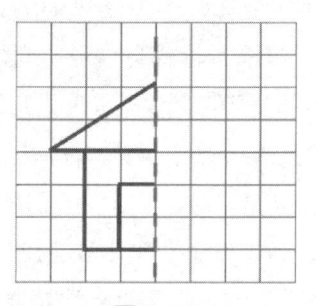

图 1-32

（学生先想象，用手比画，之后在学习单上画。）

展示学生作品1：

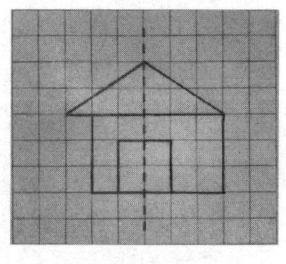

图 1-33

师：看了这幅图，你有什么感受？

生：他画的不对。

师：怎么判断他画的不对？

生：对称轴左右两边的图形必须完全一样，他画的不一样。

生：房子下面最左边一点到对称轴有2格，而最右边一点到对称轴有3格，格数不同，所以错了。

生：按照他画的房子，沿着虚线（对称轴）想象翻折后，两边的图形不能完全重合。

师：那我们一起在头脑中想象着折一折，如果把虚线左边的图形对折到右边，右边的图形会是什么样？

（学生上前一边说一边画出虚线右边的图形，如下图。）

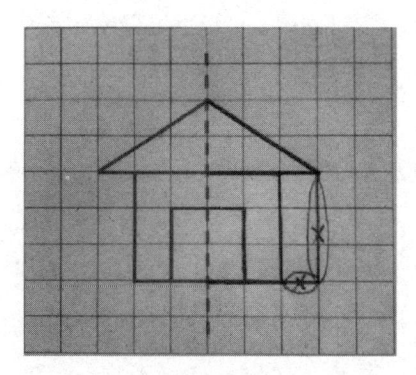

图 1-34

师：反过来，如果把这位同学画的虚线右边的图形翻折到左边，左边的图形又会是什么样呢？

（学生上前一边说一边画出虚线左边的图形，如下图。）

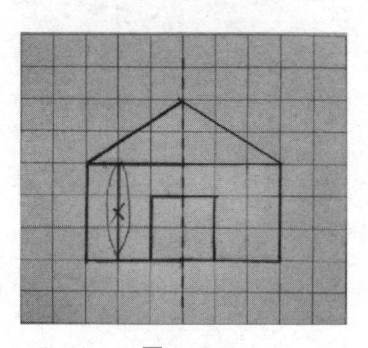

图 1-35

展示学生作品2：

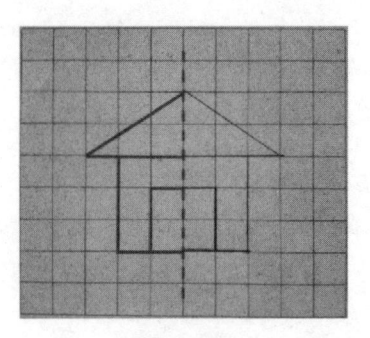

图1-36

生：感觉这个画对了。

师：除了感觉外，你怎么知道他画的是对的？

生：沿着对称轴想象对折后，两边的图形能完全重合。

生：将对称轴两边图形上的线逐一对应比较，它们到对称轴的格数一样。

生：也可以先找原来图形上的点，再找这些点的对称点，注意格数得一样。

师：原来一半的小房子上有很多点，是每个点都要数吗？

生：不用，只要找一些特殊的点、关键的点就行了。

师：哪些点是关键的点？

（学生上前指，画出原图形上每条线段的端点，共5个点，如下图。）

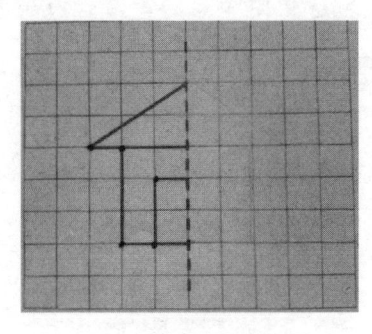

图1-37

师：然后怎样找到它们的对应点呢？比如，小房子房檐最左边这个点A的对称点怎么找？

（学生上前，根据 A 点到对称轴是 3 格，沿对称轴垂直方向向右数出 3 格，画出对称点 A′，如下图。）

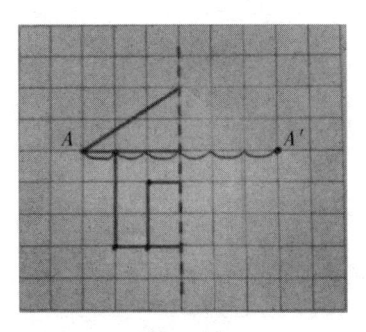

图 1-38

师：那其他点的对称点又各自在哪？怎么找呢？

（学生上前，根据各点到对称轴的格数分别画出相应的对称点。）

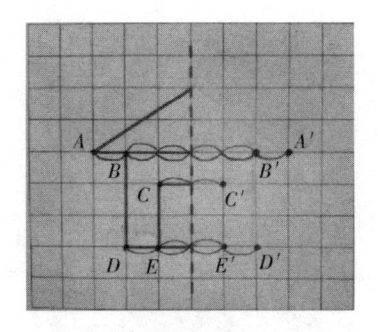

图 1-39

生：再把这些对称点依次连线画出来就行了。

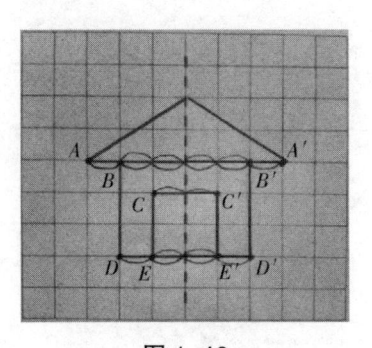

图 1-40

（总结方法：确定点—到对称轴距离相等—确定对称点—连线。）

【活动二】数字"9"的轴对称图形可能是什么样的？

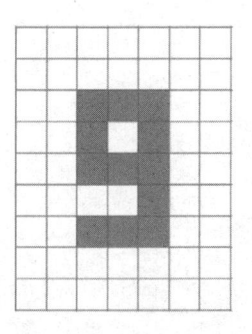

图1-41

师：轴对称图形在我们生活中很常见，也很有意思。比如，"上"字的轴对称图形是——

生（齐）：下。

师："2"的轴对称图形是——

生（齐）：5。

师："9"的轴对称图形是——

生（齐）：6。

生：不对，是反着的"6"。

生：是反着的"9"。

师：刚才大家还异口同声地说是"6"，怎么想法又变了呢？数字"9"的轴对称图形到底是什么样的呢？

（学生想象片刻，在学习单上画。）

展示学生作品1：

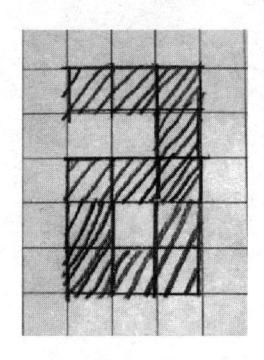

图1-42

师：按照他画的结果，想象一下，原来的"9"在哪儿呢？

生：左边，哦……不对。

生：上边。

生：下边。

生：上边、下边都有可能。

（教师揭晓结果，如下图。）

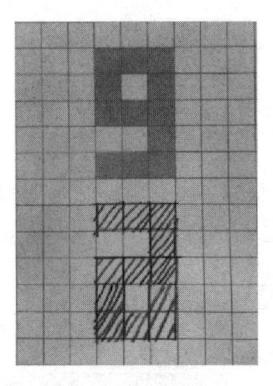

图1-43

生：哦，原来的"9"在上边。

在学生作品1的基础上，再展示学生作品2、作品3：

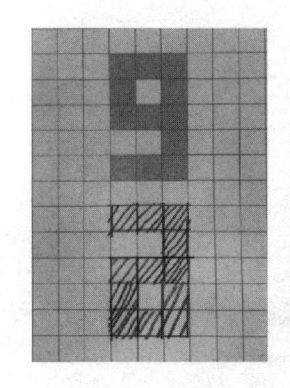

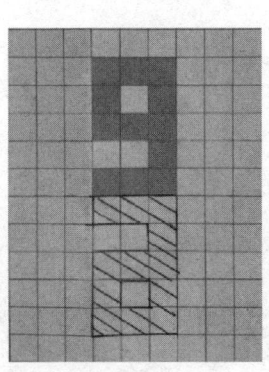

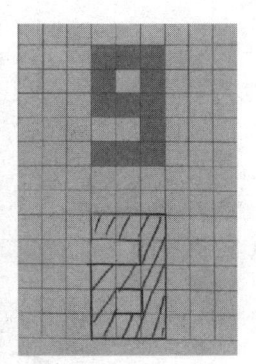

图1-44

师：这两种画法行吗？

生：行。

师：这三种画法都是原来的"9"在上边，它们有什么不一样的呢？

生：对称轴的位置不同。

（学生上前补画出每幅图的对称轴，如下图。）

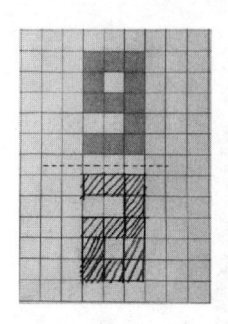

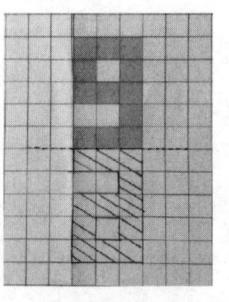

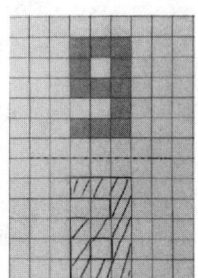

图 1-45

展示学生作品 4：

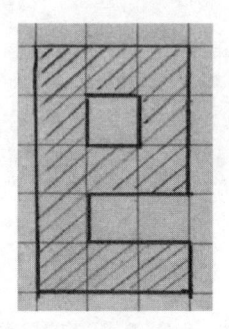

图 1-46

师：再想象一下，原来的"9"在哪儿？

生：左边。

生：右边。

生：左边、右边都有可能。

（教师揭晓结果，如下图。）

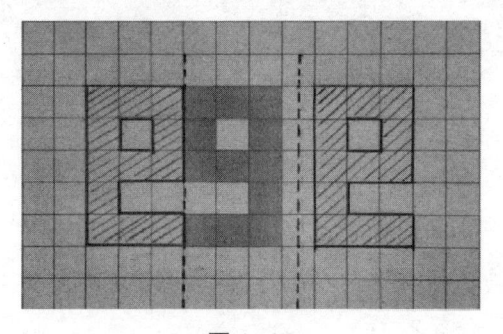

图 1-47

师："9"的轴对称图形还有可能是别的样子吗？

生：我想到还有对称轴是斜着的情况。

生：同意，对称轴斜着画的情况也可以。

师：你们太厉害了，连对称轴斜着的情况都想到了，课后可以试着画画这种情况。

【活动三】以虚线为对称轴，试着画出下面这个图形的轴对称图形。

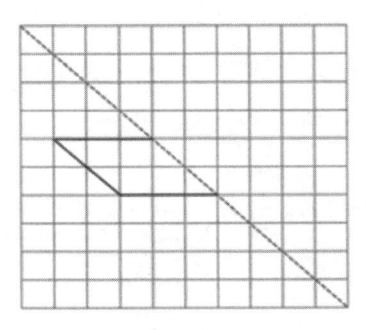

图 1-48

师：以虚线为对称轴，你能想象出这个图形的轴对称图形吗？试着画一画。

（学生想象，在学习单上画。）

展示学生作品 1：

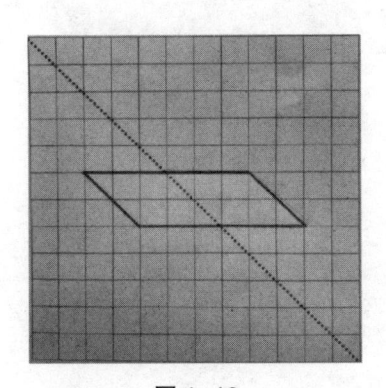

图 1-49

生：我是这样画的，图形上面最左边一点到对称轴是 3 格，沿对称轴向右数出 3 格，找到它的对称点；图形下面最左边的点到对称轴也是 3 格，沿对称轴向右也数出 3 格，这样就找到它的对称点，然后按照原来的图形，把对称点连线就画出来了。

生：他画错了。画完后整个图形是个平行四边形，而我们知道，平行四边形不是轴对称图形。

师：还有其他方法吗？难道他画错了？

生：对称轴是斜的，不能看成竖直的直接画。

生：想象着沿虚线对折一下，两边的图形不能完全重合。

师：哦，那我们一起在头脑中想象一下，沿着虚线对折，完全重合了吗？

生（齐）：没有。

师：那么这个图形的轴对称图形到底应该是什么样的呢？

生：问题出在了对称轴的方向上，只要把纸旋转一下，让对称轴变成竖直方向就好画了。图形最上边一点到对称轴是 1.5 个格，它的对称点在虚线右边也应该是 1.5 个格。同样，图形最下边的点到对称轴也是 1.5 个格，它的对称点在虚线右边还是 1.5 个格。只不过这里的 1 格是以小方格的对角线长为标准的（如下图）。

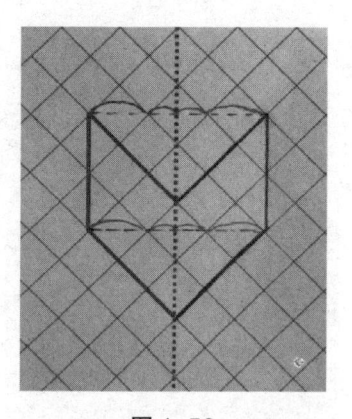

图 1-50

师：换个角度观察可帮助我们想象、思考和解决问题。如果不旋转纸，有办法解决吗？

生：我是一边想象着翻折一边画的，把图形沿对称轴翻折过去，最上面这个点是在对称轴往左 3 格，它的对称点应该从对称轴向上画 3 格，最下面这个点的对称点也是这样找到的，然后按照原图形的样子把对称点依次连线，再想着对折验证一下，看对称轴两边的图形能否完全重合（如图 1-51）。

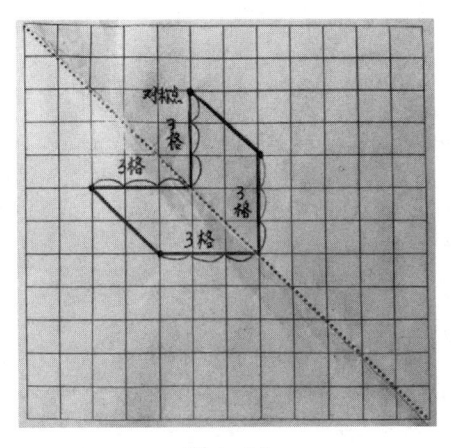

图 1-51

生：我是这样想的。图形最上面这条线和对称轴的夹角是45°，与它对称的线和对称轴的夹角也应该是45°，所以让这条边绕着轴上这个点顺时针旋转两个45°就得到对称后的新边，也就是向上画3格的长度，最下面这条线的对称线也这样画，两条对称的线都画出来后，再把这两点连接起来就可以了（如图 1-52①）。而之前那种画法它对称过去那条线和对称轴的夹角是135°了，45°和135°不对称，所以画错了（如图 1-52②）。

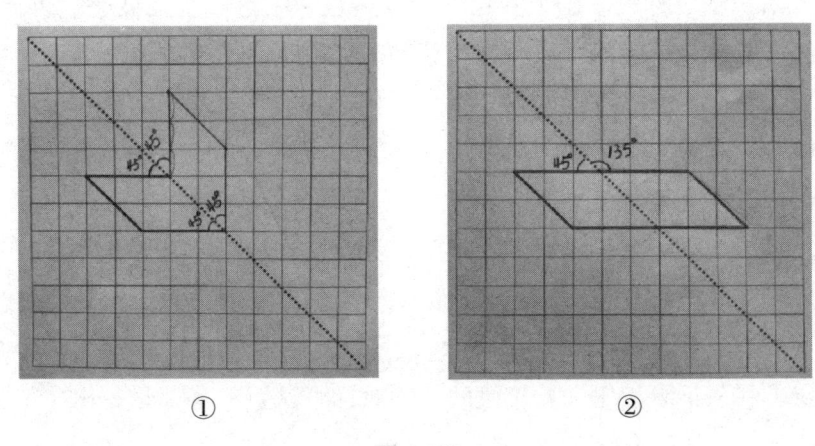

① ②

图 1-52

生：我是先找原图形上的关键点，然后画这点到对称轴的垂线，这点到对称轴是1格半，它的对称点到对称轴也应该是1格半，下面这点的对称点也是这样画，再把对称点顺次连接起来（如图 1-53）。

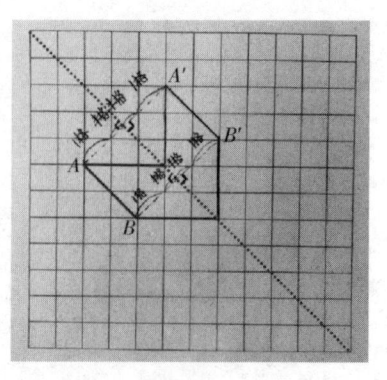

图1-53

以上教学实例引发了我对小学阶段空间观念教学的几点思考。

（一）空间观念教学，应当全面而深入地认识其学习载体及阶段性发展区别

在小学阶段，空间观念的培养一般是伴随着对核心概念的本质认识而呈阶段性发展的。比如，五年级上册"轴对称再认识"就是借助对轴对称这个核心概念的本质认识而发展空间观念的，而这里的空间观念是在三年级初步认识轴对称的基础上在第二阶段再认识中进一步发展的。再比如，五年级下册第二单元的"展开与折叠"一课就是借助正方体与展开图之间的对应关系，完成二维图形与三维图形相互间的转化，来培养学生的空间观念的。而这里的空间观念的发展是伴随着对正方体这个核心概念本质特征的再认识进行的。

正是因为空间观念发展的这种阶段性特征，所以才需要教师在教学前着重思考一些核心问题，以更好地帮助学生培养空间观念。比如，教学五年级上册"轴对称再认识"一课前，教师就需要思考以下问题：

（1）和二年级相比，五年级的"轴对称再认识"有哪些变化？需要再认识些什么？如何进行整体把握？

（2）五年级的"轴对称再认识"承载的主要教学目标（知识目标和素养目标）是什么？

首先，三年级学生认识轴对称，主要是判断结果，判断一个图形到底是不是轴对称图形，这种判断主要是在具有一定动手操作经验的基础上

进行的感性判断；而五年级学生认识轴对称除了判断结果外，还要探究原因，主要是从轴对称的特征去探究的理性辨析。比如，为什么菱形和正方形是轴对称图形，平行四边形就不是？菱形和正方形都是四边相等，为什么对称轴条数不一样？其次，三年级学生对轴对称图形主要是初步的整体认识，对称轴两边的图形一样即可（对折后能完全重合）；而五年级学生还需要对轴对称图形进行细致观察，更加注重对称轴两边图形的点、线、角等构成元素的位置关系。比如，在补全轴对称图形的过程中，能用距离、角度等数学语言量化和描述对称轴两边的对应点、对应线间的关系。再次，三年级学生主要是认识轴对称本身的特点，而五年级学生还需要从运动（翻转）的角度再次认识图形以及图形之间的关联。

也就是说，相对于小学低年级从静态的角度观察图形来说，五年级对轴对称（包括平移、旋转）的再认识，拓展了学生观察图形的新角度——从动态的角度观察、认识和深入理解图形。轴对称是学习的具体载体，除了轴对称本身的核心本质特征要理解外，"核心素养—空间观念"的培养是这部分内容承载的重要目标。对轴对称的认识的学习，从三年级到五年级，从操作想象到思维想象，从感性认识到理性探究，学生经历了逐次深入的过程，学生空间观念的发展也经历了从建立到深入发展的过程。然而，这种空间观念的培养，从感性上看，容易，从理性上看，困难。因为从感性上看，学生有与生俱来的对图形结果的平面视觉和模糊感觉，而从理性上看，学生对图形运动过程的空间想象和数学语言的精准表达，是需要后天培养的。在教学中，教师只有全面而深入地认识空间观念的学习载体和阶段性发展的区别，才能更好地培养学生的空间观念。

（二）空间观念教学，应当基于学情设计充满智慧与挑战的有价值的学习活动

空间观念的培养，需要教师基于学情设计有价值的学习活动，这种学习活动应该是充满智慧与挑战的，是一个让学生的学习从"有"到"更有"的获得过程。从上述教学案例中我们不难看出：在"活动一"中，教师让学生先想象，再画，这个过程及其效果完全不能等同于让学生上来就机械地直接画。然后教师再借助典型错例，对轴对称的特点进行初步审

视，引导学生在头脑中想象着从左到右、从右到左对图形进行翻折运动，这个过程就是在帮助学生建立和培养空间观念。最后通过师生交流，构建有意义的对话，使学生逐渐明晰形状、距离这些图形元素，启发学生知其然也知其所以然。

"活动二"同样是让学生先想象，再交流，然后再操作。首先操作不再是机械的操作，而是对"轴对称"这一数学概念的再反思。其次是这个问题的开放性，引起学生对"轴"的重视（活动一无法达到这个效果），激发学生多角度的数学思考与空间想象，让学生在思维的开阔性中提炼画法，理解数学核心本质，进而发展空间观念。

"活动三"聚焦平行四边形，对称轴也不是水平或竖直的。此活动环节聚焦学生的问题，在认知冲突中再次明晰轴对称的本质特征。学生在争辩的过程中，对轴对称的本质特征有了更深层的认识，甚至有学生提到了要关注线和轴的角度，以及图形的构成元素以及元素之间位置关系的对称性，这些正是空间观念发展和培养的重要部分。

基于儿童，基于学情，基于数学内容的核心本质，整合学习资源，从学生的视角创设充满智慧与挑战的有价值的学习活动，能够帮助学生更好地发展空间观念，促使他们的认识在深度想象与活动中从朦胧走向清晰，从感性走向理性，从片面走向全面，从肤浅走向深刻。

（三）空间观念教学，应当帮助学生在数学活动中积累想象的经验，逐步发展高阶思维

既然空间观念的核心是空间想象力，那么在实际教学中就要紧紧围绕"想象"，让学生在有意义的学习活动中完成对想象过程的逐级分解、分层递进，帮助学生不断积累有关想象的活动经验，这样建立的想象才是有意义的想象，才是基于发展空间感、空间观念的想象。

"轴对称再认识（二）"一课就是紧紧围绕"想象"展开学习的，三个层层递进的学习活动都是让学生先想象、交流，再画，再操作，这样的学习过程及学习效果完全突破了让学生一上来就机械地直接画和操作的弊端。相比之下，学生上来就直接画和操作不能说没有想象，但先想象、交流、独自构建空间关系与运动过程之后再进行画和操作，这样的"此想

象"非"彼想象"，这样的学习活动能帮助学生在先不操作的前提下完成思维活动，使学生在图形运动的转换中建立表象，积累想象的经验。由此，我又想到了"展开与折叠"一课的内容，认识长方体与正方体的展开图，同样也是小学阶段促进学生空间观念发展的一项重要内容。但是三维图形与二维图形之间的互相转化对学生的空间想象力要求较高，有时并不是教师给了学生想象的时间，学生就能想象出来的。因此，空间观念教学，需要教师将想象的过程进行分解，分层递进，帮助学生在活动中积累想象的经验，逐步发展学生的空间观念。例如，让学生通过操作展开图，在立体与平面的转换过程中建立表象，从而实现在不操作的前提下去想象动态折叠的样子，形成想象的经验，再通过表达来解释自己想象的结果，从而发展学生的空间观念。

另外，在教学中，教师要特别注意在培养学生的高阶思维中发展其空间观念。空间想象力就是一种高阶思维，从操作表征到思维表征是学生空间想象力发展的一般途径，但教师切忌教学时一上来就动手操作，相比于想象、思辨、推理，动手操作是一种低阶思维，如果用这种操作性的低阶思维代替想象的高阶思维，学生空间观念的建立和发展必然大打折扣。如本文开始提到的"观察物体"的学习活动，不是以"我"为基准，而是以"他"为基准判断方位或者位置关系，相对比较困难。在教学中，教师应让学生先想象观察，猜想思辨，合情推理，必要时再通过模拟场景、动手操作等对之前的高阶思维结果进行验证，以在有条理的数学思考中发展空间观念。

总之，在数学教学中，特别是对义务教育阶段的儿童来说，空间观念的培养不是一件容易的事，也不是一蹴而就的事，但又是一件非常重要的事。而无论是对空间观念的审视，还是对空间观念教学的思考，我们都要认识到"想象"的重要性。我们在"图形与几何"领域（不局限于）的教学中，要基于学生情况、学习内容，多思考、多实践，思行相伴，设计有价值的学习活动，处理好低阶思维（操作）与高阶思维（想象）的关系，帮助学生更多地积累有关想象的思维活动经验，以促进学生空间想象力的建立和发展，最终指向空间观念这一核心素养的培养。

重识与重塑：图形教学应整体把握图形的核心本质特征

——以小学数学"圆"单元教学为例

"图形与几何"是小学数学教学中的重要核心内容。无疑，图形内容的教学应紧扣图形的核心本质特征来进行课堂的学习活动设计，只有这样才能促进学生在学习中更深刻地认识图形，进而发展学生的空间观念和高阶思维。下面仅以北师大版小学数学六年级上册"圆"这个单元为例，探讨如何在单元教学中重新认识和整体把握图形的核心本质特征，如何通过评价倒逼和撬动图形教学的过程性思考，以发展学生的空间观念和高阶思维。

一、重识：把握圆的学习最重要的本质特征

在整体审视单元教学的前期，我主要思考一个核心问题：在小学阶段学习圆，关于圆的认识最重要的是什么？我想，应该是圆的三个特性和一种研究方法。

1. 圆的普遍存在性

在现实世界中，从桥梁、剪纸、中外建筑、著名标志设计，到天体、粒子运动等，圆在生活中的现实模型几乎是无处不在的，相比于其他平面图形而言，圆的现实模型是所有平面图形中最普遍存在的一种。而作为思维对象的圆因其思维特征体现为高度与深度的抽象、概括，又只存在于数学世界里，在现实世界中找不到。

2. 圆的广泛对称性

其一，圆是轴对称图形，并且对称轴有无数条，任何一条直径所在的直线都是圆的对称轴。其二，圆是旋转对称图形，旋转任何一个角度都与

原来的自身图形完全重合，即圆具有任意的旋转不变性。圆的这两种对称性是广泛存在的，从这种角度来看，圆在所有平面图形中是最"和谐"的一种图形。

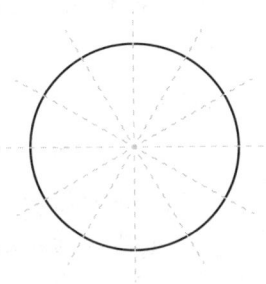

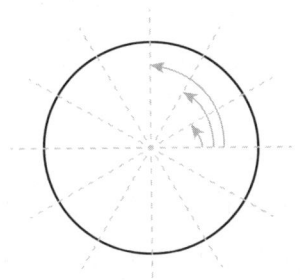

图 1-54　圆的轴对称性　　　图 1-55　圆的旋转对称性

3. 圆的各点均匀性

圆的各点均匀性是指圆在每一点处的向心程度（即弯曲程度）都一样，圆上的每一个点都是"平等"的。从圆上任意一点到圆心的距离都相等（即"一中同长"），圆周上各处的向心（弯曲）程度相同。

4. 圆的曲线研究方法

圆是学生在小学阶段数学学习中第一次认识的曲边平面图形，用直线逼近曲线，用有限逼近无限，用有限线段来逼近曲线，这种"以直代曲""化无穷为有限"，用数学的方法来逼近极限（如割圆术）的方法贯穿于整个数学教学。而这种极限思想的渗透也是学生在学习中最难理解的。

图 1-56　以直代曲（割圆术）研究法　　　图 1-57　极限思想渗透

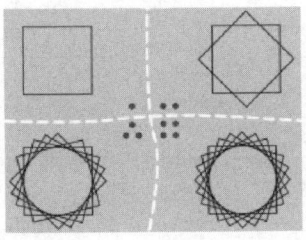

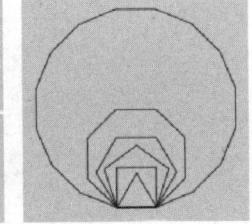

如果说圆心、半径、直径等是圆的外在"外貌"的话，那么圆的普遍存在性、广泛对称性、各点均匀性和以直代曲的研究方法就是圆的内在"性格"。在实际教学中，要特别重视让学生感受圆作为曲边图形的这种内

在"性格"特征，在学习中逐步积累研究圆这种曲边图形的方法和经验。在圆的整个单元的后续学习中，学生还要学习圆的周长、圆的面积等内容，认识了圆的普遍存在性、广泛对称性、各点均匀性这些核心本质特征和以直代曲的研究方法能够直接影响和决定圆的周长和面积的推导过程、推导方法和解决问题中的实际应用。

  对圆的周长和圆的面积的学习，要特别关注周长、面积测量公式的推导过程及过程性的思考。需要说明的是，关注圆的周长、面积公式的推导过程，不是为了刻意追求过程，而是为了启发学生在推导过程中经历图形转化、位置对应关系的诸多思考，这些思考有助于对圆的核心本质特征的再关注、再认识，并以此来发展学生的空间观念和高阶思维。

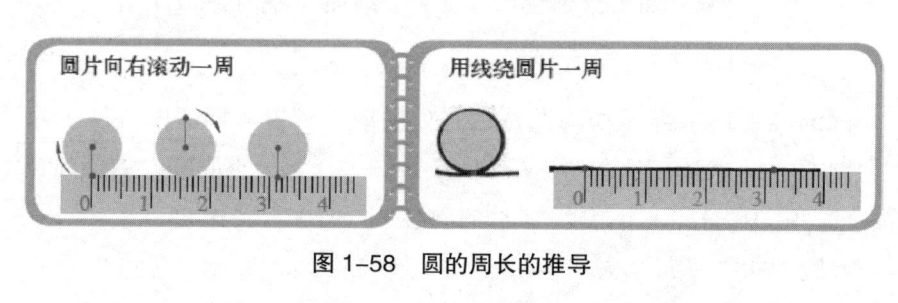

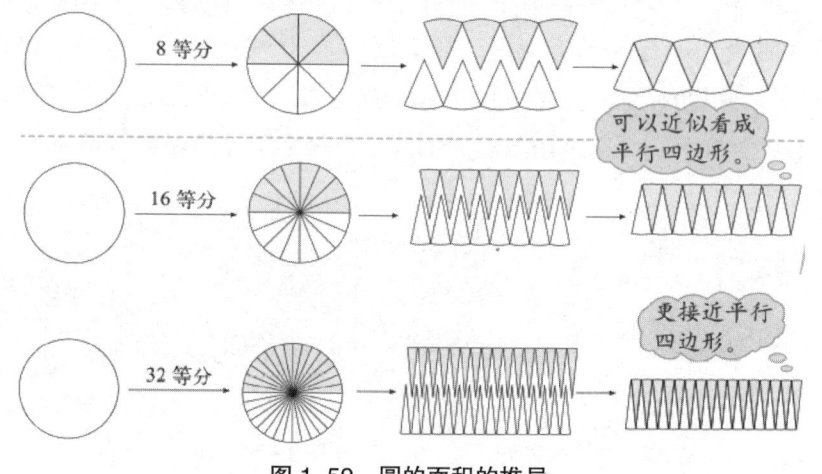

图1-58 圆的周长的推导

图1-59 圆的面积的推导

二、重塑：评价撬动圆的学习的过程性思考

  为帮助学生深刻地认识圆的上述本质特征和研究方法，通过评价来撬

动课堂学习的过程性思考是非常重要的一条途径。通过评价题目的设计来考查学生的学习效果，倒逼课堂的教学行为发生根本性转变，让学生对圆的学习和研究达到最本质、最核心的认识与理解，是非常必要的。下面举例说明。

下图是两块圆形铜镜边缘的残片，对比这两块铜镜残片，原来完好的铜镜哪个的面积大呢？

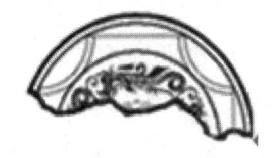

图 1-60

这是对圆的各点均匀性的测查，学生可以借助对圆的特征的理解，通过感性思考——空间想象还原圆的整体，也可以通过理性思考——或看弧度，圆越大，弯曲的程度越平缓，圆越小，弯曲的程度就越大；或延长外圆，找到半径，直接判断半径的长短来进行解决。这样的评价题目可在问题解决的情境中呈现，测评的过程既是调动学生的知识经验进行思考的过程，也是学生对圆的特征再思考、再学习的过程。如果能将这种思考外化在课堂上，让不同学生的思维互相碰撞，将会产生更深入的学习效果。

请从右图大圆中描出一个或几个小圆，使描出的小圆和大圆组成的新图形对称轴的数量分别满足"有无数条对称轴""只有一条对称轴""只有两条对称轴""只有三条对称轴"，分别应该怎样描？

这是对圆的广泛对称性的测查，学生需要思考圆的轴对称的特性，同时在思考多个大小不同的圆组合在一起时对称轴的数量发生变化的过程中对圆的对称性产生新的再认识。

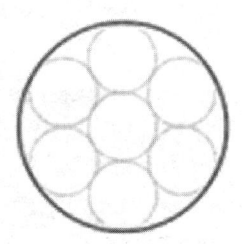

图 1-61

图 1-62 中的圆、正方形和等边三角形，标出中心点 A，想象一下，将下面各个图形绕着中心点 A 转动，每个图形至少旋转多少度与原图形重合？每个图形旋转一周的过程中与原图形重合了几次？

图 1-62

这是对圆的旋转对称性的测查，学生通过想象与操作会发现：正方形至少旋转 90° 与原图形重合，等边三角形至少旋转 120° 与原图形重合，而圆旋转任意一个角度都可以与原图形重合；正方形从起始位置旋转一周会与原图形重合 4 次，等边三角形旋转一周能与原图形重合 3 次，而圆旋转一周可与原图形重合无数次。对圆的这种广泛的旋转对称性的认识，需要学生在平时的课堂中不断经历这种操作、想象的学习活动，积累圆的研究的活动经验，在比较中深刻认识圆的旋转对称性区别于其他图形的独有特征。

有以下几种形状的硬纸板。

图 1-63

将这几块硬纸板分别沿一条直线滚一滚，描出滚动过程中 O 点留下的轨迹，下面哪个轨迹是圆形纸板滚动过程中 O 点留下的？

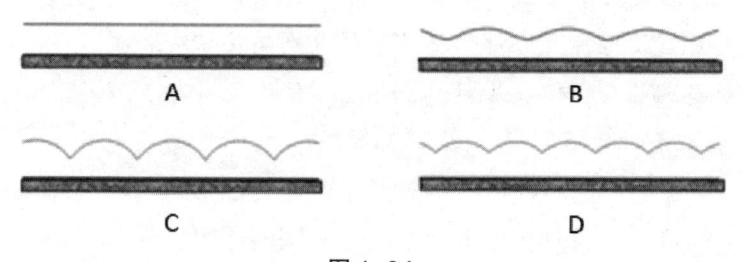

图 1-64

这是对圆的"各点均匀性"和"一中同长"核心本质的测查，需要学生想象各个不同图形中心在运动中高低的不同变化，重点认识和理解圆心的运动轨迹为什么是直线，进而体会圆区别于其他平面图形的核心本质特征——圆心到滚动面的距离即圆的半径，同一个圆半径是相等的，圆心在运动过程中距离滚动面的高度一直等于半径保持不变，所以圆心的运动轨迹是一条直线，这也从数学的角度解释了"车轮为什么是圆的"包含的道理。这样的评价题目撬动我们在平时的课堂教学中要让学生用硬纸板做各种不同形状的卡片，描出中心点 O，扎出小孔，固定直尺，滚动卡片，想象并描画中心点的运动轨迹，在观察、想象、操作、思考、比较中体会各个平面图形的不同特征，体会圆区别于其他平面图形的本质特征。

在自制的陀螺上点一个黑点，陀螺在旋转时，黑点可形成一个圆形的轨迹（如下图）。

图 1-65

淘气自制了几个陀螺，并点上了黑点（如下图，× 标出的是插入火柴棍的地方），以下哪个陀螺在旋转时黑点可形成一个圆形的轨迹？

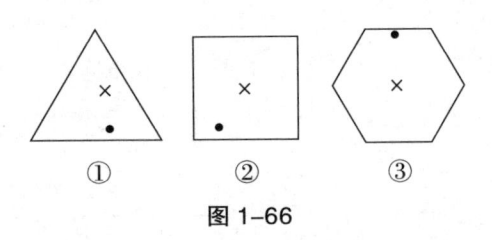

图 1-66

这个题目也是对圆"一中同长"本质特征的测查，需要教师在平时的课堂中创设这样的机会，引导学生按照如上的方式做一做，注意观察黑点在旋转时的轨迹，让学生在动态操作过程中感悟圆的定点、定长，同时展开数学的想象，体会只要给一个定点，那么以一定长度为距离旋转一周所形成的封闭曲线就是圆，即圆是到定点的距离等于定长的所有点的集合。

用一张正方形纸这样折叠三次后，沿虚线剪出一个等腰三角形（如图 1-67），打开后的图形接近圆。

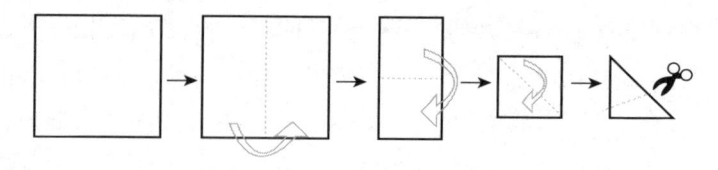

图 1-67

用一张同样大的正方形纸这样折叠四次后，沿虚线剪出一个等腰三角形（如下图），打开后的图形也接近圆。

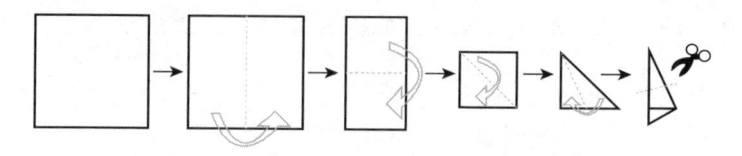

图 1-68

上述哪一种方式剪出的图形更接近圆呢？

这个题目是对圆的曲线研究方法的测查，让学生感悟正多边形边的条数越多，图形越接近圆，体会正多边形逼近圆的极限思想。

此外，还可以根据圆的面积的推导过程，设计进阶性的评价题目。

将一个圆形纸片沿着它的半径平均分成若干份以后剪开，用它们可以拼成一个近似的平行四边形（如下图）。已知这个平行四边形的周长是16.56厘米，那这个圆形纸片的面积是多少平方厘米？

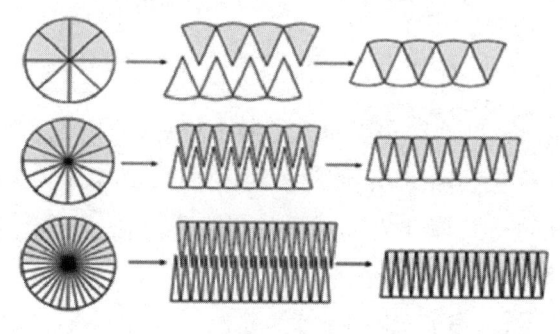

图 1-69

这是对圆的面积推导过程中的深度思考的测查，需要学生深刻理解圆的面积在推导过程中的图形转化过程和位置对应关系，根据平行四边形相邻的两条边的长度分别对应圆周长的一半和半径，反算出圆的半径，进而计算圆的面积。这样的评价题目要求教师在教学过程中将圆等分的份数尽可能多，同时展开数学的想象，逐渐将学生的注意力由"动手"转向"动脑"，启发学生深入思考：为什么要尽可能多地等分？在图形转化过程中什么变了？什么没变？如果学生能够体会到在这个过程中图形的周长增加、面积守恒、与转化后的规则图形形状趋近，那么学生对圆的曲线研究方法、极限思想的理解才算真正达到深入。

总之，只有整体而准确地把握了圆的学习最重要的核心本质特征，并在此基础上，借助评价题目设计撬动课堂教学中圆的学习的过程性思考，带着这样的视角和思想去思考并实践教学，学生对圆的学习、对图形的理解才能达到一个新的高度、深度和阶次，学生对图形知识本质的认识才能真正地由"学过"走向"学会"。

飞翔和变形：在整体把握对应关系中发展空间观念

——以小学数学"圆柱与圆锥"单元教学为例

"圆柱与圆锥"是小学阶段"图形与几何"领域认识的最后一组重要的立体图形。无疑，在认识立体图形的本质特征中发展学生空间观念是整个单元教学的重点。那么，圆柱与圆锥作为小学数学中一组含有曲面的特殊的立体图形，如何全方位、多角度、多层次地整体把握它们的本质特征，如何在不同维度的变形转换中寻找对应关系以发展学生的空间观念，进而更深刻地达成对这两种立体图形本质特征的再认识，是我们在基于单元备课视角下要着重思考的命题。

一、从运动视角立体刻画图形关系，发展空间观念

学生在小学阶段深入认识与研究立体图形一共有两次，一次是五年级下册学习"长方体"，一次是六年级下册学习"圆柱与圆锥"。但仔细研读北师大版教材，会发现一个十分有趣的现象：学生在开始认识长方体和正方体时，是直接从实物抽象出概念直观图再认识长方体、正方体的面、棱、顶点的特征，而在认识圆柱与圆锥的特征时却是从面的旋转的角度开始认识的。

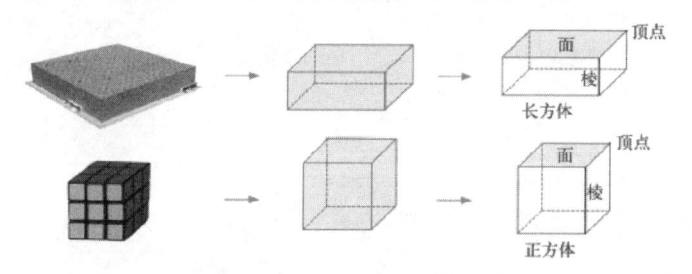

图 1-70　长方体的认识

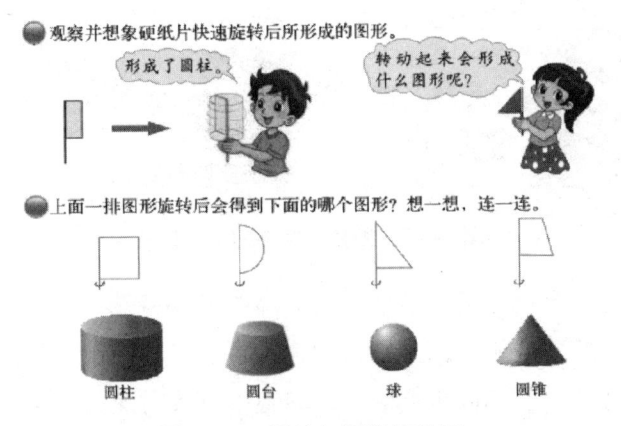

图 1-71 圆柱与圆锥的认识

那么，对圆柱与圆锥的认识为什么要首先聚焦于面的旋转呢？这样的编排对于学生认识圆柱与圆锥有什么好处呢？以往认识图形都是从静态的角度开始认识的，圆柱与圆锥的认识从"面的旋转"开始介入，从动态的角度认识图形，从静态到动态这样的认知过程能够帮助学生更加整体地认识图形之间的关联。一方面，通过点动成线、线动成面、面动成体的学习，帮助学生基于图形元素的视界立体感悟点、线、面、体之间的联系，从运动的视角整体把握图形之间的关系；另一方面，通过长方形绕某一轴线旋转形成圆柱、直角三角形绕某一轴线旋转形成圆锥，让学生经历不同平面图形借助旋转运动形成几何体的过程，在观察、想象与操作中感悟几何体的形成过程，体会面与体之间的联系，深度刻画平面与立体图形之间的关系。在此基础上再进一步深化认识圆柱与圆锥各自的结构特征，对学生来说，这样的认知视角是不一样的，也更有利于学生基于想象从关系的视界发展空间观念。

二、从多元角度全面认识图形特征，发展空间观念

对于认识图形来说，从静态到动态这两种视角缺一不可，圆柱与圆锥也是一样。认识圆柱与圆锥，学生必须经历从现实世界的实物到数学世界的概念直观图的抽象过程，然后从整体辨认到局部刻画再进一步认识二者的结构特征。

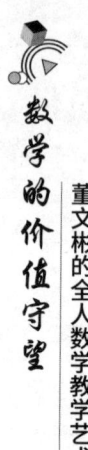

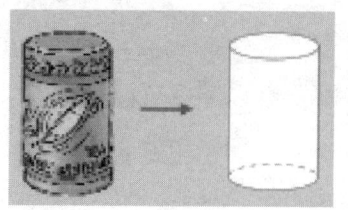

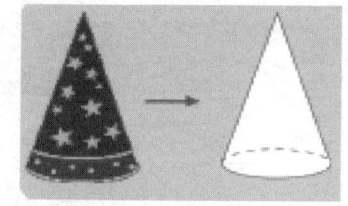

图 1-72 圆柱与圆锥的抽象过程

基于圆柱与圆锥作为含有曲面的立体图形的特殊性，我认为，要从整体上达到对圆柱与圆锥的深刻的认识，需要从以下四个角度来全面认识圆柱与圆锥的特征，在不同维度的图形转换中寻找对应关系，以此来发展学生的空间观念。

（一）面

要认识圆柱与圆锥的特征，首先要认识圆柱与圆锥的面。教学中，要让学生通过观察、触摸等方式来达成基本认识：圆柱有三个面，有两个面是大小相同的圆，即底面，有一个面是曲面，即侧面；圆锥有两个面，有一个底面是圆，有一个侧面是曲面（如图 1-73）。

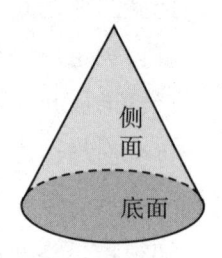

图 1-73 从静态的视角认识圆柱和圆锥的面

除了从静态的角度认识二者的面之外，更重要的是从面动成体——从运动的视角再认识圆柱和圆锥的面。这里可分两种情况：一种情况是，长方形以长或宽所在的直线为轴旋转一周形成圆柱，直角三角形以其中一条直角边所在的直线为轴旋转一周形成圆锥（如图 1-74）。教学中，要启发学生想象与思考面动成体运动前后平面图形与立体图形的位置对应关系。这种情况下，长方形的一条边（宽）对应圆柱的底面半径，半径绕着底面圆心旋转一周后画过的轨迹即形成圆柱的圆形底面，另一条边（长）对应圆柱的高，高线绕轴旋转一周后画过的轨迹即形成圆柱的侧面；直角三角形的一条直角边对应圆锥的底面半径，半径绕着底面圆心旋转一周后画过的轨迹即形成圆锥的圆形底面，另一条直角边对应圆锥的高，斜边绕轴旋转一周画过的轨迹即形成圆锥的侧面。另一种情况是，长方形以对边中点的连线所在直线为轴旋转半周即可形成圆柱；等腰直角三角形以顶点与斜边中点连线所在的直线为轴旋转半周即可形成圆锥（如图1-75）。教学中，要再度启发学生想象与思考面动成体运动前后平面图形与立体图形的位置对应关系。这种情况下，长方形的一条边（宽）的一半对应圆柱的底面半径，另一条边（长）对应圆柱的高，图形只需旋转半周、相对应的线也只需旋转半周即可形成圆柱的底面和侧面；等腰直角三角形的斜边的一半对应圆锥的底面半径，半径以斜边中点为圆心旋转半周即形成圆锥的圆形底面，两条直角边以斜边上的高为轴旋转半周，画过的轨迹即形成圆锥的侧面。

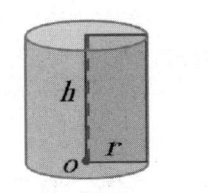

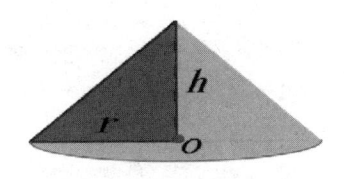

图 1-74 从动态的视角认识圆柱和圆锥的面（一）

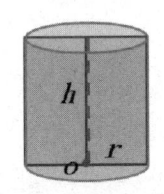

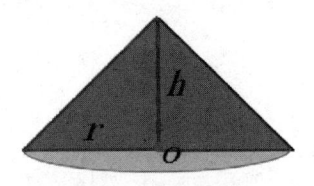

图 1-75 从动态的视角认识圆柱和圆锥的面（二）

我想，只有经过上述从静态和动态两种视角去认识圆柱和圆锥的面的特征和形成过程，才能更深刻地认识圆柱和圆锥的面，也才能更深刻地认识圆柱和圆锥的形成过程和图形结构特征。更重要的是，学生在线动成面、面动成体前后不同维度图形位置对应关系的想象与寻找中能很好地发展空间观念。

（二）视图

认识圆柱与圆锥的第二个角度还可以借助视图。教学中，要让学生借助实物或者概念直观图展开数学的想象，想象从不同视角所观察到的圆柱和圆锥的平面图形的形状，即从上面观察圆柱所看到的平面图形是与底面同样大小的圆，从垂直于侧面任意方向观察圆柱，所看到的平面图形都是一个以底面直径和高为长和宽的长方形（如图1-76）；从上面观察圆锥所看到的平面图形是与底面同样大小的圆，从垂直于侧面任意方向观察圆锥，所看到的平面图形是以底面直径为底、以圆锥的两条母线为腰的等腰三角形（如图1-77）。

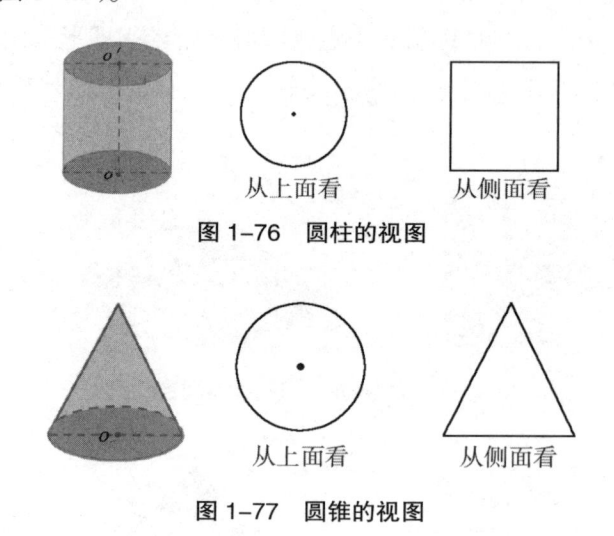

图1-76 圆柱的视图

从上面看　　从侧面看

图1-77 圆锥的视图

从上面看　　从侧面看

（三）截面

认识圆柱与圆锥的第三个角度是截面。教学中，引导学生沿着圆柱、圆锥各自不同的位置剪切，然后想象切出来的截面的平面图形的形状。对于圆柱来说：可以沿平行于上下底面的方向切，切出来的截面是与底面同样大小的圆；也可以沿高的方向通过上下底面直径去切，截面是以高和底面直径为长和宽的长方形；还可以沿侧面（不垂直）斜着切，截面是大小不同的椭圆；等等（如图1-78）。对于圆锥来说：可以沿平行于底面的方向切，切出来的截面是大小不同的圆；也可以沿高的方向通过顶点和底面直径去切，截面是以底面直径为底的等腰三角形；还可以沿侧面（不垂直）斜着切，截面是个不规则的曲边图形；等等（如图1-79）。

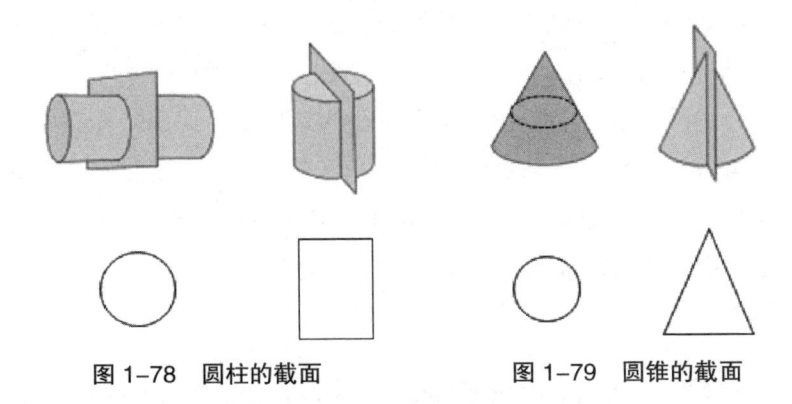

图 1-78　圆柱的截面　　　图 1-79　圆锥的截面

教学中，一定要让学生先思考可以沿着哪些方向或位置切，再想象截面具体是什么样子。遇到困难或者想象不出来的情况下，特别是沿侧面斜着切（不垂直）及其他稍复杂的情况下截面的形状，可以借助橡皮泥、萝卜等制作成圆柱和圆锥进行实际剪切操作，以帮助学生进行空间想象或验证想象的结果，以更好地发展空间观念。

（四）展开图

认识圆柱与圆锥的第四个角度是展开图。对于圆柱，两个底面的展开图就是两个同样大小的圆，关键是对侧面展开图的研究与认识。圆柱的侧面展开图在小学阶段一般有两种方式：一种是沿着圆柱高线剪开，展开图是长方形；另一种是沿着圆柱的侧面斜向剪开，展开图是平行四边形（如图1-80）。对于圆锥的展开图（如图1-81），让学生简单了解即可，不做探究要求，特别对于圆锥的侧面展开图是扇形在小学阶段虽然不做具体要求，但让学生对其经历想象的过程、积累想象的经验还是有必要的。

图 1-80　圆柱的展开图　　　图 1-81　圆锥的展开图

圆柱的展开图既是研究圆柱表面积计算的必经之途径，也是单元学习的重点。在实际教学中，不要一上来就让学生动手操作，而应该先让学生思考圆柱的侧面可以沿着哪个位置和方向怎样剪开，再想象展开图是什么样子，再进一步思考侧面展开图（如长方形）的长和宽分别与圆柱的位置对应关系，然后再进行实际操作验证自己的想象是否正确。先在学生的头脑中展开对数学的想象，动手前先动脑，思考转换前后二维平面图形与三维立体图形之间的位置对应关系（如图1–82），有助于发展学生的空间想象力和逻辑推理能力，进而发展学生的空间观念。

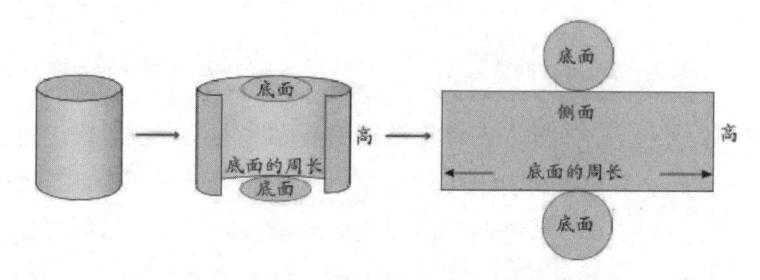

图 1–82　圆柱展开图中的位置对应关系

三、从图形测量整体把握对应关系，发展空间观念

"圆柱与圆锥"单元的图形测量主要是指学习研究圆柱的表面积、圆柱与圆锥体积。圆柱的表面积、圆柱与圆锥体积的学习要特别关注表面积、体积测量公式的推导过程及过程性的思考。需要说明的是，关注表面积、体积公式的推导过程，不是为了追求过程，而是为了启发学生在推导过程中经历图形转化、位置对应关系的空间思考，这些思考是对圆柱与圆锥本质特征的再关注、再认识，在此过程中让学生的思维发生进阶并发展学生的空间观念。

关于圆柱表面积的教学在上述展开图中已有论述，关于圆锥的体积在小学阶段是借助与它等底等高的圆柱体积并通过物理实验获得，此处均不再赘述。这里重点说明圆柱体积的推导过程中采用的研究方法。纵观本单元的学习，都是从面动成体的运动视角来认识圆柱的，那么在教学中我们是否可以启发学生先从这个角度来认识和研究圆柱的体积呢？比如，让学生观察"叠硬币"的过程，其实就是"面动成体"形成圆柱的过程。可以启发学生把一枚硬币想象成一个无限薄的圆面，随着硬币的数量累积叠加，可以把累积起来的圆柱想象成为是由很多个无限薄的面动态累积叠加起来的过程，圆柱所占的底面积不变，但随着高度增加，圆柱所占的空间大小（即体积）也在随之变大（如图1-83）。通过这样的想象与思考，不但能够帮助学生很好地理解"圆柱的体积 = 底面积 × 高"，还可以通过这种感性的方式，在面与体的运动联系中认识圆柱的形成过程、圆柱体积的计算方法，同时在学生的头脑中埋下数学研究的思想方法——积分、极限等数学思想。

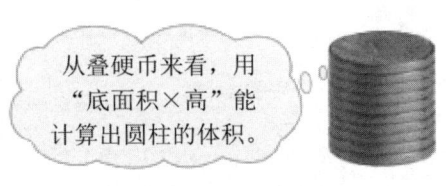

图 1-83　圆柱体积的推导（一）

圆柱体积推导的另一种典型的思维路径是转化。圆柱是学生在小学阶段数学中第一次认识的含有曲面的立体图形，加之学生在此之前研究过圆的面积的推导，圆作为曲边图形的面积研究方法为学生研究含有曲面的圆柱的体积研究积累了相关学习经验——迁移转化（如图1-84）。

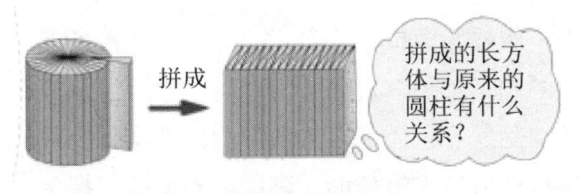

图 1-84　圆柱体积的推导（二）

需要特别说明的是，要让学生深刻理解圆柱的体积在推导过程中的图形转化过程和位置对应关系，在教学过程中就要将圆柱等分的份数尽可能多，越多越好，同时展开数学的想象，逐渐将学生的注意力由"动手"转向"动脑"，启发学生深入思考：为什么要尽可能多地等分？在图形转化过程中什么变了？什么没变？如果学生能够体会到在这个过程中图形的表面积增加、体积守恒、与转化后的规则图形形状趋近，那么学生才能真正

理解圆柱的曲面研究方法、极限思想等，同时在图形的变形转化过程中，促使学生的想象飞翔，培养空间想象力，发展空间观念。

此外，还可以通过一些高阶思维评价题目来撬动课堂教学，促进学生把握位置对应关系以发展空间观念。比如，把高是 10 厘米的圆柱按下图（如图 1-85）切开，拼成近似的长方体，表面积增加了 60 平方厘米，圆柱的体积是多少立方厘米。

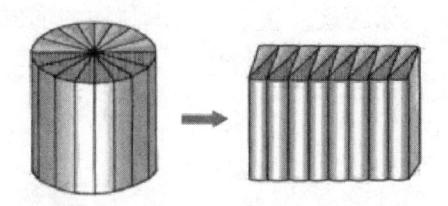

图 1-85

这是对圆柱的体积推导过程中的深度思考的测查，需要学生深刻理解圆柱的体积在推导过程中的图形转化过程和位置对应关系，需要学生明晰：在图形转化过程中，体积不变，表面积增加，表面积增加的部分在哪里？启发学生思考：圆柱的上下两个底面对应长方体的上下两个底面，圆柱的侧面对应长方体前后两个侧面，那么增加的表面积是长方体左右两个长方形的侧面。根据每个侧面是长方形，长和宽分别对应圆柱的高和底面半径，进而反算出圆柱的底面半径，进而计算圆柱的体积。

总之，对于"圆柱与圆锥"的学习，在基于单元备课的视角下可以从运动视角立体刻画图形关系，发展空间观念；也可以从多元角度全面认识图形特征，发展空间观念；还可以从图形测量整体把握对应关系，发展空间观念。只有这样全方位、多角度、多层次地整体把握单元教学，在不同维度的图形变形与转换中寻找对应关系，才能更本质地认识圆柱与圆锥，让空间想象时刻飞翔、根植和充实在学生的头脑中，从而更好地在图形的单元学习中发展学生的空间观念。

问题引领让数学学习真实发生

——例谈儿童数学学习中问题意识的培育

当前的数学教学，学生更多的是解决现成的问题，自主发现和提出问题的情况比较少，即使学生有问题，也往往因为没有及时暴露和呈现而使学习丧失了深入思考的可能性。因此，数学教学应根植于学生的真实问题而展开学习，让学生学会提问、因问而学、问学交融，只有让问题成为数学学习的重心，让问题引领学生的数学学习，才能进一步促进学生高阶思维和创新意识的发展。

一、和谐的课堂场域是积极提问的前提

若要学生敢于发现和提出问题，创建和谐的课堂场域是前提。宽松、尊重和安全的学习环境能够为学生大胆提问构建良好的氛围。比如，在课始，教师可与学生亲切对话，在拉近彼此距离的同时，鼓励学生积极思考，有什么问题或想法就提出来，即使问题提得不合理或出现错误，也是课堂中重要的学习资源，贵在发现和提问能够启发和引领数学思考。这样的鼓励应贯穿于学生的整个学习过程中，教师要不断地鼓励学生："还有不同想法吗？""还有什么问题吗？"而且对于学生提出的每一个问题都给予回应关注，并适时组织交流反馈。

课堂上，师生之间、生生之间一个肯定的眼神、一句由衷的赞美、一个善意的微笑都能为学生创造自由发问和讨论的氛围。一个充满掌声、笑声、质疑声和辩论声的课堂才是理想的课堂，这样的课堂场域能够呵护学生提问的天性，促使学生敢问、善问、会问、乐问。总之，我们应该让学生充分意识到，在学习中发现和提出问题是一件愉快的事情，而且提问是他们在学习中的基本权利。

二、真实可感的情境体验促使问题生成

儿童对未知或陌生事物有好奇心是他们的天性，也是问题产生的重要来源。因此，教师需要依据学生已有知识经验，创设充满智慧、具有一定挑战性、真实可感的情境，引发学生的认知冲突，鼓励学生展开真实的学习体验。如"长方体的认识"一课中，我创设了如下现实情境。

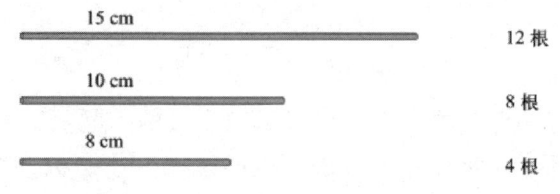

15 cm	12 根
10 cm	8 根
8 cm	4 根

图 1-86

师：现有三种不同长度的小棒，分别有12根、8根、4根，我们想用它们搭长方体或正方体。此时，你最想知道的是什么？

生1：一共能搭出几种不同的长方体？

生2：每种长方体是什么样的？

生3：也就是每种长方体的长、宽、高分别是多少。

生4：如果给长方体框架的6个面都糊上纸，每种长方体至少需要多大面积的纸？

一个真实的学习主题所构成的问题情境——"用小棒搭长方体"，唤起了学生的认知经验和思维经验，需要解决的问题自然而然地就产生了。学生结合学习的经验和必要的体验，提出了自己想要研究的问题。不难发现，学生有价值的问题往往产生于有价值的、富有挑战性的、充满数学意义的情境。情境给予学生的开放性空间有多大，学生提出的问题就有多广，学生对问题的思考就有多深。

教师还可以引导学生面对已经解决的问题，通过比较、联想和猜测，提出想进一步研究的新问题。比如，在学习了"商不变的性质"的基础上，学生会进一步提出如果被除数和除数不是同时乘或除以，而是同时加或减去一个相同的不为零的数，商会怎么样；或者商有这样的性质，在和、差、积中是否也存在类似的不变的性质或规律等问题。

另外，教师还可以帮助学生安排富有挑战性的研究性学习任务，学生

会提出在完成任务中有可能遇到的问题。比如，在"测量学校足球场的面积"的研究任务中，学生会提出测量足球场面积一般会有哪些方法，每种方法具体怎么测量，实际测量中准备选用哪种方法，需要选择哪些测量工具，需要记录、整理哪些过程性数据等问题。

除此之外，教师还可以布置让学生在学前先"玩"的课前活动。比如，在"展开与折叠（长、正方体展开图）"一课教学之前，教师先让学生自己玩磁力片玩具，鼓励学生自主对长、正方体进行沿棱拆分、展开，然后去观察、操作、想象、发现，当学生对研究对象有了丰富的感受之后，就会提出具有更高阶思维的问题。总之，只要能启发儿童思考、发现和提问的学习素材和学习活动都可以作为问题情境出现，这样的情境能够成为学生必要体验后提出问题的丰饶土壤。

三、持续性思考促进生成深度问题链条

在数学学习的整个过程中，发现和提出问题都应贯穿始末，它绝不仅仅是学习的开始。学生在解决了已有问题的基础上，会不断思考、生发新问题，这一新问题又将成为新的数学思考的起始。而教师要做的是不断启发学生的持续性思考，进而促使深度问题链条产生。例如，学习完北师大版五年级下册"露在外面的面"这一内容后，在教学教材课后习题19页第3题（如图1-87）时，我是这样操作的。

> 3. 下图是用8个小正方体拼成的，如果拿走其中的1个，它的表面积会发生变化吗？做一做，并与同伴交流。

图1-87

根据情境，学生面对"如果拿走其中的1个，它的表面积会发生变化吗"的问题，利用已有经验先想象、思考，再操作、观察，最终发现只能拿走上面一层中的1个，并且无论拿走其中哪一个，被拿走的小正方体原

来露在外面的 3 个面消失后，又会新出现 3 个面（还有学生想到了从面的平移运动的角度来解释说明），它的表面积都不会发生变化。到此，似乎这道题目所呈现的问题已经解决了。但此时，教师的一句"这里面还有秘密吗"，激发出新的问题，启发学生继续思考。

师：这个由 8 个小正方体拼成的物体，如果拿走其中 1 个，它的表面是否会发生变化的问题解决了吗？

生：解决了。

师：这里面还有秘密吗？

生：没有了。

师：真的没有了？刚才我们拿走的只是其中 1 个小正方体，如果……

生：如果拿走其中 2 个，表面积会发生变化吗？

在讨论"如果拿走其中的 2 个，表面积是否会发生变化"的过程中，学生就自己的困惑又进行了想象、操作和交流，体会到如果在上面一层拿走相对的 2 个（如图 1-88①），表面积不会发生变化；如果在上面一层拿走相邻的 2 个（如图 1-88②）或在上下两层拿走相邻的 2 个（如图 1-88③），表面积就会减少 2 个小正方形的面积。

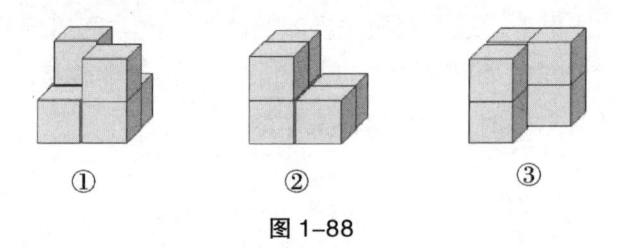

① ② ③

图 1-88

师：现在"如果拿走其中的 2 个"的问题也解决完了，这里面还有其他秘密吗？

生：如果拿走其中的 3 个呢？

生：如果拿走其中的 3 个，表面积肯定变小了。

生：为什么拿走 1 个、2 个、3 个，表面积是否变化的结论会不一样呢？

生：数学简直太奇妙了！

教师通过创设情境，不断鼓励学生思考"这里面还有什么秘密"，促使一个个新问题不断生发，形成了持续性思考的问题链条，学习也水到渠成地走向深入。

四、超越课堂边界拉伸数学思考的时间

在数学学习的过程中，学生发现和提出问题以及已经提出的问题有时无法通过课堂40分钟解决或全部解决，怎么办呢？我的做法是呵护学生提出问题的兴趣和自信心，对学生提出的每一个问题都给予关注、回应。

每学期的开学第一课，我都会给学生上"目录课"，在正式上课的前一天，我会给学生留一项预习作业：选取其中感兴趣的单元仔细阅读、思考，把不懂以及存在疑惑的地方标注出来，然后作为数学问题提出并记录在"问题本"里，第二天在课堂上交流分享。以北师大版四年级下册教材为例，学生预习后发现和提出的问题有：

（1）为什么三角形和半球形是最坚固的图形呢？怎么证明？

（2）以前学小数加减法竖式时都是小数点对齐计算，可是在小数乘法中为什么有些不是小数点对齐而是末尾数对齐？以前学习的乘法运算中积会越乘越大，可是有些小数乘小数怎么积会越乘越小呢？如数学书第38页"$0.3 \times 0.2 = 0.06$"。

（3）三角形都可以怎么分类？为什么三角形的内角和是180度？用什么方法验证？怎么验证？

（4）有些题目用以前学的列算式也能做，为什么要用方程做？方程有什么用？

（5）为什么要学习统计图？柱状图和折线图是怎么绘制出来的？分别在什么情况下用？

当学生带着这些奇妙的问题进入相关内容的学习时，就会对数学的理解和认识更深刻。我鼓励学生每人建立自己的问题本，如果自己的问题在一周内未得到解决，就可以把它放在班级墙的"问题花园"或教室外的"问题王国"里"示众"，以供全班或全年级甚至跨年级学生分享。

此外，有时"问题花园"中的问题会演变成一个个学生乐于自主研究的"数学小课题"或"主题作业"，如"千变万化的周长""奇妙的长方体展开图""我家的水表及水费计算""由票据想到的出租车计价问题"等。

对于这些研究成果，教师会安排课前 3 分钟数学演讲、主题作业分享会等为学生提供交流的时间。

无论是"问题本""问题花园""问题王国"，还是"数学小课题""主题作业""课前 3 分钟演讲"，都大大激发了学生发现和提出问题的欲望和研究的热情，甚至超越了课堂边界，于无形中拉伸了学生数学思考的时间。一个个问题带动学生和同伴持续思考，深度交流，直至问题最终得到解决。

五、反思梳理在深度理解中生发新问题

数学学习是一个动态循环的过程，教师不但要鼓励学生在发现、提出、分析、解决问题的过程中对知识、方法的应用意识，还要不断关注学生问题解决经验的持续积累。因此，反思梳理也成为学生问题意识生长的重要一环。每学习完一个单元或几个主题内容，教师有必要引导学生对重要的概念、方法、规律、知识间的联系进行反思总结，在反思整理中学生就会有疑惑，进而提出进一步想要研究的新问题。比如，还是以北师大版教材为例，学习完三年级下册"除法"单元后，学生在反思梳理中提出：加、减、乘法都是从个位算起，为什么除法从高位算起呢？除法竖式的形式为什么和其他的不一样呢？再比如，学习完五年级上册"轴对称和平移"单元后，学生进一步提出：表面看起来很和谐的平行四边形为什么就不是轴对称图形，而平行四边形中的特殊成员菱形为什么是？又比如，学习完三年级上册"观察物体"单元后，有学生进一步提出：大的长方体和正方体最多能看到 3 个面，为什么小正方体最多也只能看到三个面？如果小正方体越来越小时，是不是应该能看到 5 个面呢？为说明自己的猜想和假设是对的，该学生还画出了示意图来解释（如图 1-89）。虽然学生的猜想和结论有待商榷，但他的这种研究的热情、思考和想象能力无疑是值得赞赏的。

图 1-89

以上是儿童问题意识培育的几点思考，但在培养学生发现和提出问题的过程中有三点需要特别注意和说明：首先，一般意义上的教材中待解决的习题不等同于问题。因为这样的习题只是对所学知识、内容的巩固和再

认识，并没有产生认知冲突、障碍和好奇。其次，不要把通俗意义上的疑问都当成问题。问题一定是具体的，能够展开探索和发现的，切勿问题泛滥。最后，学生的猜想和假设也是问题。比如，上述图 1-89 中学生提出的猜想和假设，还需要学生进一步思考，也可以归结于是一个好问题。

  总之，数学教学中，我们要让问题引领儿童的数学学习，用问题培养儿童的高阶思维，用问题促进、发展儿童的创新意识。只有以问题为重心的数学学习，才能进一步促使学生逐步学会"用数学的眼光观察世界，用数学的思维思考世界，用数学的语言表达世界"，数学学习才会真实发生。

第二章

审视与超越：教材创构与学情研析

理解与重构

——关于创造性使用和改编教材的几点思考

教材为我们提供了教学活动的蓝本和线索，我们在课堂教学中要尊重教材、理解教材、研究教材、读懂教材。同时，教材也只是个例子，我们要以科学、审慎的态度对教材适时与适度地进行加工与调整，从中寻求平衡，基于教材又超越教材。有效使用、改编和创生教材，我们的教学活动才能更具创造性，进而才能把更多学习的可能性还给课堂，还给学生。下面以北师大版小学数学教材为例，从不同角度例谈我创造性使用和改编教材的几点思考。

一、问题延伸，获得数学思考的深度

三年级下册"除法"一课，教材中呈现了分橘子的情境。教材的设计意图是列出算式后，学生先试算，继而引导学生用小棒代替橘子，体会先分整捆的（分给每人1捆），余下的一捆要把它拆分成10根后和单根的合起来再分，并用算式（横式）记录分的过程。这样的安排为接下来竖式的教学做了铺垫。紧接着就是让学生再用竖式表达和记录分的过程与结果，引导学生将分的过程与除法运算对应联系，从直观的动作表征到抽象的算式表征，让学生通过实际操作理解除法竖式每一步的意思，感悟运算方法背后的道理，这既体现了计数单位高低转化的运作需求，又体现了分步求商中所蕴藏的位值思想。

而接下来的第三个问题（如图2-1）是给出三个除法竖式，让学生先算一算，以熟悉两位数除以一位数的竖式计算过程，再想一想："为什么除法要从高位算起呢？"换句话说，为什么除法竖式和加法、减法、乘法的形式不一样呢？让学生尝试从低位算起，体会计算过程的麻烦，进而认同算法。

● 算一算，想一想。

2)38   4)52   3)72

为什么除法要从高位算起呢？

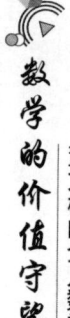

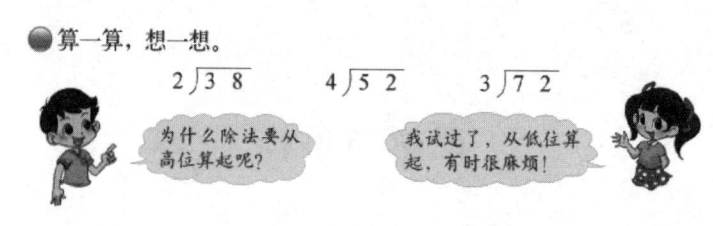

我试过了，从低位算起，有时很麻烦！

图 2-1

可是，这个问题在我第一次教学这节课时，没有一个学生主动提出。学生通过实践操作理解了算理，掌握了算法，并没有再往深一步去想"为什么除法要从高位算起"，学生没有提、没有想，我也就没有引导学生在"知其然"后去思考"知其所以然"。但这确实是在除法竖式教学中不可回避的、有深度、有价值的问题。因此，两年后再次教学这节课时，我做了调整：在学生竖式计算完后，我把它作为第四个问题在原有的"问题串"中延伸出来，启发学生自主去思考、尝试、说理。

经过尝试"从低位算起"，学生自己创造了以下两种除法竖式的运算表达方式。

第 1 种：

```
      19            13            24
    +  5          +  3          +  4
      14            10            20
  2)38          4)52          3)72
     8             4             6
     3            12            12
     2            12            12
    10             0             0
    10
     0
```

第 2 种：

```
      13            24
  4)52          3)72
    12            12
     4             6
     4             6
     0             0
```

显然，第 1 种方式从低位算起，要除算 3 次，再把每一次除得的商求和加一次，才能获取最后的运算结果；第 2 种方式虽然与"从高位算起"一样也是除算 2 次，但涉及了不够除需退（借）位的情况。两种方式都让学生感悟到：除法竖式这样从低位算起很"麻烦"，"麻烦"的根源是计数单位的运作和转化的次数（特别是本课中被除数的首位数不是除数的整数倍的情况），从而更进一步地理解算法。

可见，多延伸一个教材中的"问题串"，适当进行调整和加工，拉伸学生数学尝试与经历的时间，能够帮助学生拓展数学思考的深度，理解数学运算的本质，让学生对数学的理解更深入。

二、丰富路径，拓展数学论证的宽度

四年级下册"三角形内角和"一课，教材的设计意图是，出示两个形状和大小不同的三角形，让学生先猜想它们的内角和相比会怎么样，继而通过小组活动，让学生用量角器去量准备好的三角形每个内角的度数，再计算内角和，继而发现"三角形的三个内角和都在180°左右"。在对测量误差讨论的基础上，启发学生通过撕拼（把三角形的三个角撕下来，顶点与顶点重合拼在一起）、折拼（把三角形的一个角向对边平行折，把这个角的顶点放在边上，再折另外两个角，让顶点与顶点重合拼在一起）的方法，结合平角的知识经验，验证三角形的内角和，最终得出结论。

可以说，无论是量算、撕拼，还是折拼，都是让学生通过实际操作来验证猜想或发现，顺应了学生最原始、最朴素的思维路径，通过不完全归纳法得出最后的结论，由特殊到一般，由有限到无限。这也是小学阶段几乎所有数学论证最常用的方法，这种方法更加注重让学生在实践操作中完成探究，有所发现。然而，四年级学生除了在数学活动中积累操作的论证经验外，也应适当积累更高阶的思维论证的经验。为此，在教材现有编排的基础上，根据学生情况，我又丰富了以下两个活动。

活动一：试求涂色部分长方形与三角形的内角和。

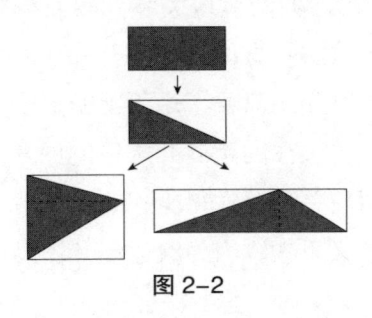

图 2-2

活动二：按如下方法操作，想一想：三角形的内角和是多少度？

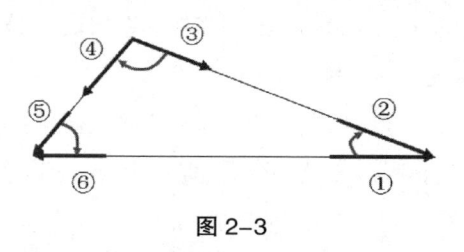

图 2-3

"活动一"是以长方形的内角和是 360° 的已有经验为基础，推导出直角三角形、锐角三角形和钝角三角形的内角和是 180°。"活动二"是从图形运动的角度，通过线段平移与旋转的具体操作，说明任意三角形内角和都是 180°。具体为箭头从①的位置，依次按顺时针方向旋转，沿三角形边的方向平移，再旋转……，直到⑥的位置。观察①和⑥位置上的两个箭头，在位置与方向上有什么关系？这个关系说明什么问题？可以说，这两个活动的补充抽象程度高、难以想象，更多地指向学生思维活动的开阔性，在数学论证上更具有普适性。教师教学时充分整合动手操作、思维推理等手段，能够给学生提供和创造观察性的思维类经验，增强学生在数学活动中的感悟和体会，使学生获得一般性的、广泛而丰富的数学思维活动经验，拓展数学论证的宽度。

三、调整资源，发展数学想象的深度

五年级下册第二单元中的"展开与折叠"一课是探究长、正方体的展开图，是发展学生空间观念的重要载体。教材的编排意图是，先动手将一个正方体盒子沿棱剪开，得到其展开图，然后交流得到几种不同的展开图，描述是怎样得到的，再将展开图折叠成正方体盒子，最后判断正方体（包括长方体）与展开图之间的对应关系。然而在实际教学中发现，让学生通过沿棱"剪"的方式将正方体盒子展开并还原折叠的过程中，有两个问题存在：一是学生在操作中只要考虑不剪断盒子的面让正方体的六个面连在一起就行了，学生更关注的是展开之后的展开图的样子，而对立体图形与平面图形的转换对应关系关注得少；二是将剪开后的展开图重新折叠还原成正方体的过程意义不大，因为既然展开图是沿相应的棱展开的，那

么肯定能还原回去，学生对二维与三维之间对应关系感受不深。基于此，我们做了相应调整，重新设计课堂核心活动。

活动一：要给魔方做一个贴身的盒子，请借助魔方和方格纸，用彩笔画出你设计图的轮廓。

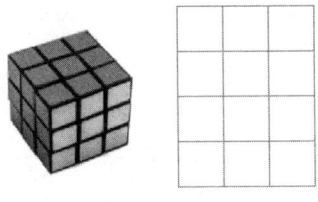

图 2-4

【片段回放】

展示学生作品 1：

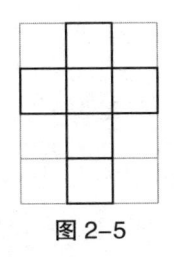

图 2-5

师：你是如何借助魔方设计的？

生：我先把魔方放在方格纸上，开始时让魔方的一个底面与一个方格对齐重叠，然后滚动魔方，每个面对应一个方格，来回翻滚，就得到了这个设计图。

师：你能一边演示一边具体说说吗？

生：把魔方的下面对准方格纸最上面一格，然后往前滚动一下得到魔方的前面，同时往左滚动一下得到左面，返回再往右滚动一下得到右面，再返回，接着再向前滚动一下得到上面，再滚动一下得到后面，设计图就画成了（如图 2-6）。

	下面	
左面	前面	右面
	上面	
	后面	

图 2-6

师：大家同意这个设计方法吗？

生：同意。

师：还有不同的设计方法吗？

生：我是把魔方放在方格纸上，然后把方格纸折一折，在折的时候让方格与魔方相应的面对应上，就折出来了。

师：具体说说。

生：我把魔方先放在方格纸上，让下面对准一格重合，然后用方格纸把魔方围起来包裹住，方格纸上边这个格就是魔方的后面，左边的一格就是左面，右边的一格就是右面，下边一格就是前面，再下面一格就是上面（如图2-7）。

	后面	
左面	下面	右面
	前面	
	上面	

图2-7

生：我在头脑中想象着把魔方的6个面沿棱展开，然后找对应的面在方格纸上的位置，再按想象的面的位置画出轮廓。

师：以上三位同学的方法有没有相同之处？

生：都是将魔方这个立体图形的面与方格纸上的面一一对应。

师：还有不一样的设计图吗？

（学生依次展示下面的图，并描述是怎样得到的。）

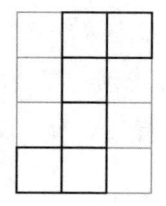

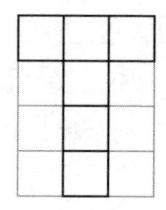

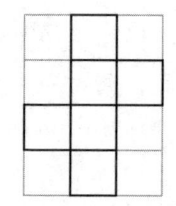

图2-8

师：看看这些设计图，你有什么发现？

生：这些设计图都是6个面。

生：中间一列都是4个面连着，然后两边各有1个面。

师：同学们还有哪些想继续研究的问题？

生：还有其他的设计图吗？

生：中间一列 4 个面、两个面在一边的可以吗？

生：一共有多少种正确的设计图？

生：设计图必须在"4×3"的方格纸中画吗？

师：请大家在另外的方格纸上画设计图，解决一下这几位同学提出的问题，有困难的可借助魔方。

（学生再画，依次呈现下面的设计图。）

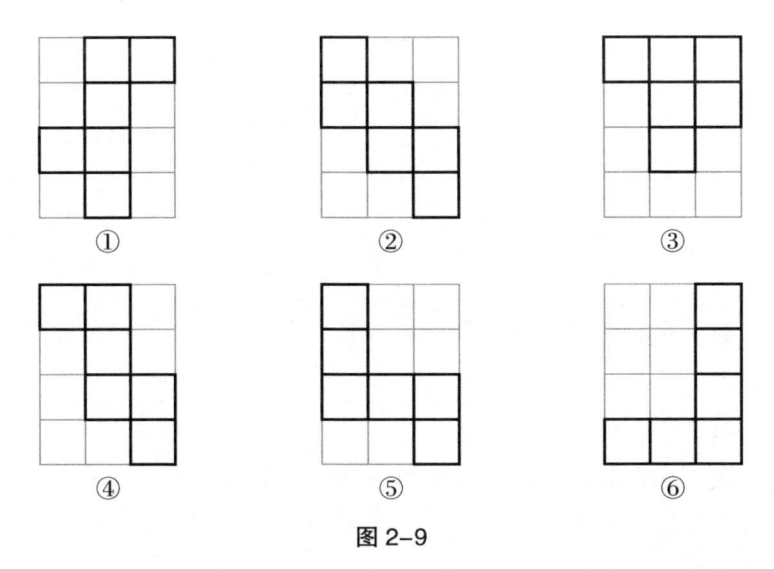

① ② ③
④ ⑤ ⑥

图 2-9

这个学习活动是让学生给魔方做一个贴身的盒子并画出设计图，在这个活动中，学生需要思考正方体的本质特征（特别是面的特征），在头脑中将三维和二维进行转换，对正方体展开后的各个面的位置、关系建立一一对应，重现感知过的平面图形。学生借助正方体模型和方格纸，或想象，或滚动，或翻折，无论是在头脑中想象还是动手操作，这些多元化的思维路径在满足不同学生学习需求的同时，都是对正方体立体图形进行展开的过程，这样的"展开"更突显思维层阶。同时，培养空间观念不能一上来就操作，而一定要让学生先想象（即便这个过程对一部分学生来说很难）。想象是一种高阶思维，操作是一种低阶的思维，但对空间想象力弱的学生来说，适时借助操作又是必要的，但这种操作要在学生在想象的思维活动中感到困难时再使用。这种因需而用的操作让学生自主地想要用的时候才用，而不是依赖被动指令性的操作。

活动二：逐一判断以上设计图能否还原成正方体，在判断的过程中有没有什么发现。

【片段回放】

生：能还原成正方体的设计图有①②④，不能还原成正方体的设计图有③⑤⑥。

生：图①还是4个面连在一列的在中间，左右两边各1个面，所以能还原。

师："141"型的图是不是一定都能还原成正方体？

生：是。可以在脑中想象着把它还原，中间一列4个面是正方体滚动一周对应的4个面，两边的面再封口就行了。从相邻的面想，两边的面从哪打开都可以，所以无论在哪个位置都行。

生：有道理。

生：我还发现在能还原的设计图的6个面中，相对的面都是间隔着出现，不能挨着连在一起。

生：同意。

生：我发现像⑤⑥这样的设计图不能还原成正方体，以图⑥为例，把它还原回去围起来会有重复的面。

师：具体说说怎么有重复的面。

生：（现场演示）想象着把上边这个面先定为下面，右边这一列下边的3个面依次翻上去，就是正方体的前面、上面和后面，左边中间这个面可以围成正方体的左面，但最左边这个面很尴尬，围起来只能和前面重合，这样就重复了（如图2-10）。

		下面
		前面
		上面
前面X	左面	后面

图2-10

生：我发现要想还原成正方体，不能出现像图③这样4个面构成"田"字型的情况。

师：为什么？

生：因为正方体不能有4个面这样连成"一片"，这样就拼不成正方体了。

生：我是这样想的，（指魔方）正方体中一个顶点最多只有3个面是两两相邻的，展开之后不可能出现4个面连在一起，所以这种"田"字型的情况肯定还原不回去。

这个学习活动聚焦将平面展开图还原成正方体。学生在前期活动经验的基础上发现和提出了问题，并再次尝试画设计图，而这些设计图能否还原成正方体需要学生在观察、比较后在头脑中进行想象、思辨、分析、推理，在这样的高阶思维活动中，学生一直围绕着"想象"干事，一直想象着"围"正方体，即尝试把设计图还原。在这个活动中，学生要在头脑中不断激活正方体面、棱、顶点的特征，要不断寻找立体图形与平面图形之间的位置对应关系，而对这种位置对应关系的再现过程，就是不断培养学生空间想象力的过程。可以说，这样的学习活动是有效的，有助于学生空间观念的真正形成与发展。

可见，教师基于学情，结合教材的编排意图、课后习题资源，在尊重教材、理解教材的基础上，对教材进行适当的调整和加工、有效的使用和创编，能发展学生数学想象的深度及空间观念，帮助学生收获非常好的学习效果。

四、模型支撑，生成数学理解的厚度

教师要基于学情对教学内容的一些素材做出适当调整。此外，听一听教材编者的建议，再对教材进行科学、有价值的加工和补充，也会收到意想不到的效果。

五年级上册"小数除法"中的"精打细算"一课，教材的设计意图是：列出算式后，学生先自主试算，借助元、角人民币单位将小数除法转化成整数除法，再用竖式计算，由直观背景到一般意义，由计量到计数，理解竖式的计算过程和每一步的意义。

教学前，我对年级同一位教师任教的两个平行班的学生进行了深入的前测调研（问卷、追访），以探寻学生真实的思维路径。

A班题目：10.2÷3等于多少？请想办法解决，尽可能详细地记录下你的思考过程。

B班题目：买3袋奶一共花了10.2元，每袋奶多少元？可以利用学具研究，并尽可能详细地记录下你的思考过程。

调研结果显示：面对问题，学生由起初的"不知道"到最终的"我会做"，有两个阶段需要经历和跨越，一个是把整数部分剩余的"1"和小数部分的"2"组成新的数后"还能分吗"。这是学生认识和理解上的"难点"。另一个是商中的"点怎么办"。这是学生思维陷入纠结的"节点"。A班有62.5%、B班有85.0%的学生在答卷中体现出"我会做"，竖式书写作答完全正确，但追访之后发现，学生"会做"但不一定"能懂"。另外，提供模型学具（单位人民币实物模型、单位正方形面积模型）的B班学生的理解情况要比不提供模型学具的A班好得多。直观模型对于促进学生算理理解的效果十分明显。

可是，教材的编排中并没有呈现直观模型，这是怎么回事呢？难道直观模型的呈现对五年级学生没有必要？偶然间，我看到了张丹教授从教材编者的角度解读教材的例子，很受启发。以下是简要整理。

新修订后的教材在"小数除以小数"中，加入了面积模型，当然，从"小数除以整数"开始用也是可以的。小学数学中的多种直观模型，在本质上都差不多，面积模型就是方格纸，是一个通用工具，隐去一些线又是"条"，在解决图形面积、小数、分数以及一些运算中都可以用，很广泛。

因此，在前期调研的基础上，结合对教材编者编排意图的解读，我在教学中为学生提供了元、角人民币单位的实物模型，以及方格纸面积的半抽象模型等，让学生"因需而用"，借助模型说理，互动交流，特别是对整数部分除完后余数的处理——进一步转化为低一级的计数单位再与相同计数单位上的数合并继续运算。如从1.5元到15角，学生借助元、角实物模型，摆、分、转换、再分来理解；从1.5到15个0.1，学生借助单位方格纸面积模型摆、分、转换、再分，解释说明其中的道理。最后，我又从整体上帮助学生沟通计量单位与计数单位之间的联系（如图2-11），由动作表征、模型表征到竖式表征，引导学生由计量单位（直观）经单位模型（半抽象）走向对计数单位（抽象）的理解，感悟位值思想，帮助学生真正从直观走向抽象，从计量走向计数，生成数学理解的厚度，最终促进学生思维的发展。

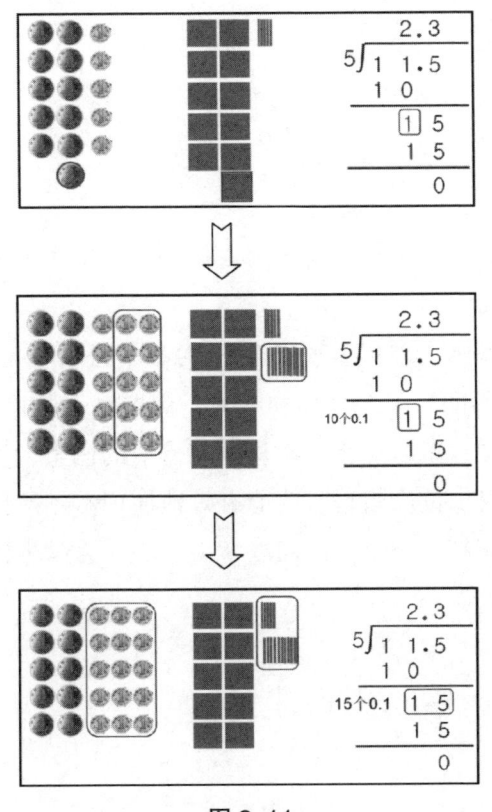

图 2-11

师：回顾刚才大家借助学具摆、分的过程，竖式中被除数的整数部分除完后，个位上余下的"1"表示什么？在前两幅图中能找到吗？

生：这个"1"表示被除数的整数部分除完后个位上余下1个"1"，在第一个图中就是11元分走10元后还剩下的1元，在第二幅图中就是11个正方形分走10个后还剩下的1个正方形。

师：为了能继续除下去，需要怎么做？

生：把1元换成10个1角，和没分的5个1角合在一起是15个1角。

生：把1个正方形再平均分成10条，和没分的5个1条合在一起是

15个1条。

师：也就是把这个"1"转化成了——

生：10个0.1。

师：这里的15表示——

生：15个1角。

生：15个1条。

生：15个0.1。

师：用15个0.1再继续除以5，每份为——

生：3个0.1。

生：所以，第二次除得的商应写在十分位，商中间要点上小数点，把2个1和3个0.1隔开。

由此可见，教师实现"用教材教"，对教材进行有效的加工和调整时，不能随心所欲，不能简单地增加和删除，而要基于学情，基于课堂现场，基于教材编排意图，审时度势对教材做有价值的调整，只有尊重教材、理解教材、研究教材、读懂教材，才能有效地使用和创造性地改编教材，只有基于教材，才能超越教材，进而以学为中心，为学生提供更多数学学习的可能性。

审视与超越

——例谈创造性使用教材的几点思考

光阴流转,从教已整十年。回顾自己这十年使用教材的历程,大致分为三个阶段:敬畏教材,教教材;审视教材,用教材教;研究教材,创造性使用教材。显而易见,后两个阶段更为科学合理地体现了教师自主研究、自主使用、自主创新的专业发展特色。

一、改变方式,关注需求

北师大版三年级上册第三单元"里程表(一)"一课,教材通过主题图(如图2-12)设计了如下学习路径,让学生学会读常见的火车里程图表,经历分析和解决问题的过程,能用直观图表示"火车里程表"中的数量关系,能选择恰当的方法解决三个问题:(1)求相邻两站之间的路程;(2)求相隔两站之间的路程;(3)变换呈现方式,直接给出抽象算式,让学生找出所求的是哪段路程。

下面是"北京—西安"沿线各大站的火车里程表。

	里程/千米
北京—保定	146
北京—石家庄	277
北京—郑州	689
北京—洛阳	813
北京—西安	1200

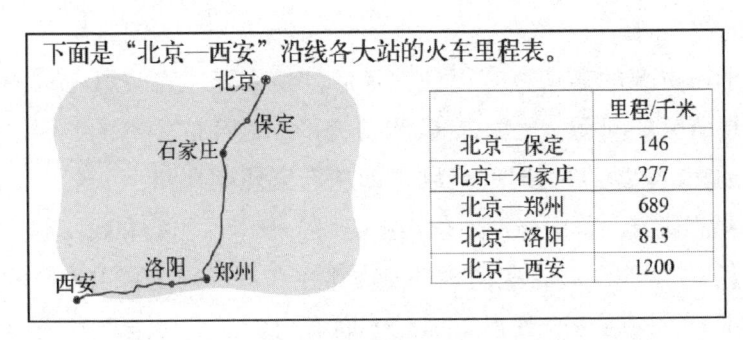

图 2-12

2014年我在初次执教这节课时,直接呈现主题图,然后按照教材设计的"问题串"引导学生学习,发现课堂学习氛围沉闷,虽然也在按"问题串"一个一个地解决问题，但学生的学习兴趣不高，关键是没有激发学生自主性的数学思考和求知欲。课后，我结合教材的编排意图和学生的实际学习效果进行反思，发现教材设计的主题图素材虽好，但都是以静态的方式呈现，"问题串"也是预先设计好直接抛给学生，主题情境的呈现方式没有关注到学生的学习需求，要分析和解决的问题也不是由学生发现和提出的，这是"解决问题"而不是"问题解决"，被动地去解决问题自然不能激起学生的问题意识和学习兴趣。于是，我基于教材并审视教材，创新改变主题图的呈现方式，巧妙导入，关注学生需求，激发学生自主发现和提出问题，进而分析和解决问题，收到了良好的效果。

首先，我由"聊天式"的话题导入："如果打算从北京出发到西安去旅行，出发前你最关心什么问题？"学生经过思考呈现了多角度的问题，比如，票价问题——一张票要花多少钱；交通工具问题——乘坐火车、飞机还是自驾游；路线问题——有哪些路线可以走；站点问题——如果乘坐火车去，沿途要经过哪些站点；等等。在学生提出这些多样化的问题后，我拾级而上，问："如果我们选择乘坐火车去，要预先了解选择走哪条路线，可以怎么做？"学生根据生活经验想到了"上网查地图"解决。这时出示百度地图，并追问："然后呢？"由于此时出示的是比例尺比较大的地图，不便于看清具体线路，于是学生产生学习需求，要求放大地图，以看到详细的铁路线路。接着，我放大地图，同时动态出示"北京—西安"沿途各站路线图，同时再次聚焦："根据图中这条路线图，你能提出哪些值得研究的数学问题？"

在学习资源的需求暂时得到满足后，学生经过充分思考，再次提出了以下想研究的问题，比如，"我想研究两站之间的距离，如保定到石家庄有多远？""我想研究时间问题，如从石家庄到郑州，火车要走多长时间？""我想研究票价问题，如爸爸、妈妈、爷爷、奶奶和我一起出游，往返要花多少钱？"等。这些问题都是由学生在课堂现场自主生发的，贴近其生活本身，同时也表现得更加具体而有价值。面对学生发现和提出的诸多问题，不可能在课堂上一一研究，于是我做了巧妙评价和问题聚焦："大家提出了这么多有价值的数学问题，非常了不起！因为时间关系，咱们这堂课只能聚焦其中一个问题，先研究'里程'问题。要研究两站之间的距离，只有路线图能解决问题吗？"这时，学生再次产生需求："不能，需要一些距离的数据。"于是我出示"北京—西安"沿途各站的里程表（如图2-13），同时适时追问："这张里程表中的里程信息有没有什么共同特征？"学生在认真观察、读表后，提取了重要的数学信息——表中给出的两站里程都是以北京作为起始站的。接下来解决由学生提出的数学问题（类似教材"问题串"中的三个问题），顺理成章。

下面是"北京—西安"沿线各大站的火车里程表。

	里程/千米
北京—保定	146
北京—石家庄	277
北京—郑州	689
北京—洛阳	813
北京—西安	1200

图 2-13

教材是由专家、学者精心编写的，教材中很多的主题图和问题情境都是静态的，我们不能把静态的素材、情境、问题生硬、机械地抛给学生，而要基于教材，把静态的情境以动态的方式呈现、复活，根据学生的需求逐次呈现图、表、文字等相关信息，真正关注学生的现实需求和思维路径。同时，问题由学生提出，学生自然就有了研究和解决问题的兴趣和欲望。

审视教材又超越教材，又始终没有脱离教材，变静态为动态，颠覆主题情境的呈现方式，学生需要什么才呈现什么，让问题解决和数学思考真实发生，这才是真正读懂了教材，用活了教材，真正关注到了学生的学习需求。

二、挖掘细节，浅入深出

北师大版三年级上册第五单元"长方形周长"一课，教材"问题串"中设计了如下问题（如图2-14）。

这是周长测量中的一个经典问题，很有意思，通过解决问题让学生既能感受数学问题与现实生活的联系，又能体会生活问题数学化的过程。更重要的是，在解决问题的过程中发展数学思考，可以进一步促进学生对周长的深入认识。

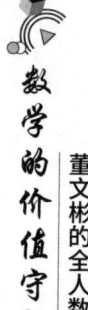

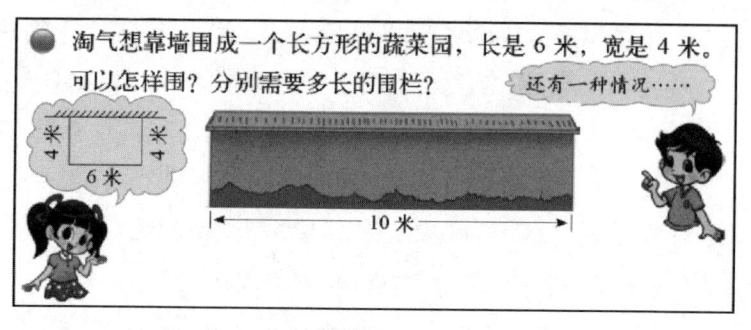

淘气想靠墙围成一个长方形的蔬菜园，长是 6 米，宽是 4 米。可以怎样围？分别需要多长的围栏？还有一种情况……

图 2-14

学生通过读题审题、理解思考、直观画图、列式计算、判断检验、交流反馈，一般会呈现如下想法和结论（如图 2-15）。

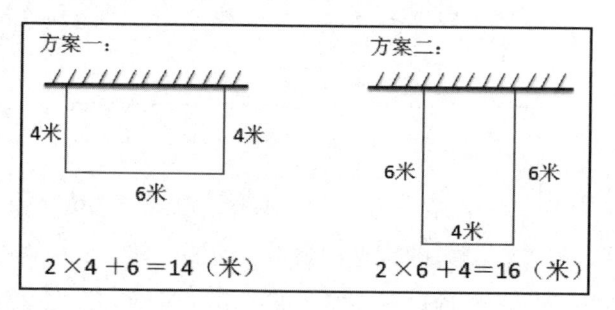

方案一：
$2 \times 4 + 6 = 14$（米）

方案二：
$2 \times 6 + 4 = 16$（米）

图 2-15

问题解决到此，似乎可以结束了。但仔细挖掘，真的结束了吗？通过仔细研读教材会发现，图中的"墙长 10 米"这个信息多数学生没有注意到，学生解决问题自始至终似乎用不到这个条件。这个信息标注在图中的作用是什么？是多余的信息吗？既然是多余的就可标可不标，那为什么还明确标注在图中？编者的意图是什么？它的价值到底还有多少？认真研读，其实它的价值很大。

基于对教材这一细节的发现和挖掘，二次教学中我又延伸做了这样的处理。

我首先抛出一个话题："到此为止，这道题我们已经解决了。可是大家发现了吗？图中的'墙长 10 米'这个信息自始至终你们好像也没用上。"由此引发学生的讨论和争辩，如有学生说"这是个多余的信息"，还有学生说"这个信息没什么用，没有它照样能解决问题"，另外也有学生

98

发表了不一样的观点："不，我反对！这个信息有用。"我适时追问："具体说说，这个信息有什么用？"学生的思维被激活，各抒己见："如果墙不够长，淘气就没法围出蔬菜园。墙长10米，说明淘气按照两个方案都可以围。假如墙长5米的话，'长边6米靠墙'这个方案就不行了。""如果墙长5米，第一个方案，长边靠墙后就会出现一个1米的缺口，这样就不行了，这种围法不成立。"学生恍然大悟。接着我连续追问三个问题：如果想要这两种围法都成立，墙长至少是几米？如果只能围出"方案二"，墙长可限定几米？如果两种方案都围不出来，墙长要满足什么条件？通过这样多次有价值并充满智慧的追问，引领学生积极思考，从最初的墙长是"6米"，到"5米""4米"，再到最后"墙长必须小于4米，比靠墙的一边最短的时候还要短"，引导学生始终关注墙长这个信息与图形周长本质之间的联系，由表及里，由浅入深，由此及彼，举一反三，进一步拓展了学生数学思考的深度，最终完善了学生的数学认知结构。（如图2-16）

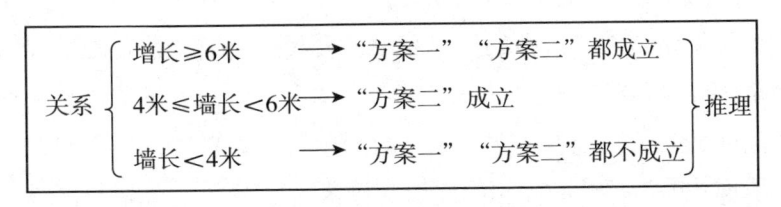

关系 { 增长≥6米 → "方案一""方案二"都成立
      4米≤墙长<6米 → "方案二"成立
      墙长<4米 → "方案一""方案二"都不成立 } 推理

图 2-16

通过认真研读教材，发现教材编排的细节，并抓住这些细节进行适当深入的挖掘，不仅可以帮助学生思考问题解决策略的合理性和全面性，而且可以通过问题解决的方案来反思"墙长"与"长方形长、短边"的关系，进一步发展学生的数学逻辑思考能力和数学推理能力。

深入解读教材，从关注细节的角度来审视教材是非常好的视角，通常这些都不会写在教师教学参考用书中，有时不同的思维方式，决定了我们能看到什么。从教材的编写细节中浅入深出，不断发掘，不断延伸，往往在教学中就会"物化"出深度精彩的回应。

三、叩问本质，创新延伸

北师大版第四版教材四年级下册第五单元新增"等量关系"一课，教材"问题串"中设计了如下问题情境图（如图2-17），帮助学生认识并建立"等量关系"。

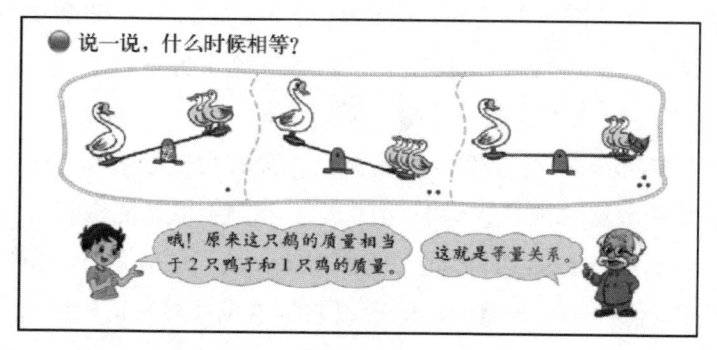

说一说，什么时候相等？

哦！原来这只鹅的质量相当于2只鸭子和1只鸡的质量。

这就是等量关系。

图2-17

在研读教材时，我主要进行了以下两点思考。

第一，教材新增设"等量关系"一课的目的是什么？它与"认识方程"有什么关系？

通过反复研读教材，我们知道新增"等量关系"一课是为了突出方程学习的重难点。认识方程是进一步学习、体会、刻画等量关系的模型。列方程解决问题的关键是找等量关系。教材为等量关系安排独立的课时进行学习，体现并突出了核心知识的作用与价值。

第二，等量关系的核心本质是什么？如何帮助学生初次认识并建立等量关系？

从算术思维走向代数思维，是学生在本单元要着力完成的转换。一般而言，"见信息—提问题—列式计算"，目标直指具体结果的数量，这是算术思维；而"见信息—发现提炼等量关系—利用等量关系列算式或方程解决问题"就是在初步渗透和培养代数思维。可以说，等量关系对学生来说是"熟悉的陌生人"。教学中既要充分利用学生之前的学习经验，又要突破之前的学习经验给学生带来的思维惯性的束缚，帮助学生感受到"等量关系"认识上的生长。换句话说，我们要充分利用直观建立基于"等量"的等量关系，而不是基于"算术法"的等量关系。

教材设计这样的问题情境（如图2-18）是欲通过观察和描述跷跷板两边的平衡现象，帮助学生了解等量关系。从跷跷板两边由不平衡到平衡，学生很容易得到：1只鹅的质量=2只鸭的质量+1只鸡的质量。通常情况下，学生还会很快得到同一等量关系的不同表达方式：1只鹅的质量-1只鸡的质量=2只鸭的质量；1只鹅的质量-2只鸭的质量=1只鸡的质量。但我们要清楚的是，后两个等量关系式只是学生源于以往学习经验中的"三量关系"得出的，并没有建立真正的等量关系。也就是说，学生此时建立的还是基于"算术法"的等量关系，而不是基于"等量思想"的等量关系，即依然停留在算术思维，而不是代数思维。

图 2-18

基于这些认识，我尝试对教材情境做了如下创造性的延伸和改编。

① ② ③

图 2-19

首先，我提出问题：（指图2-19①）现在跷跷板两边已经平衡了，如果让右边1只鸡飞走，跷跷板会怎么样？进而启发学生思考：跷跷板不再平衡，左低右高（如图2-19②）。沿图再问：现在让右边2只鸭保持不变，如果还想使跷跷板保持平衡，怎么办？学生脑洞大开：可以让左边的鹅瘦一些。教师抓住契机拾级而上：瘦到什么程度？这一关键性的追问，极大地激发了学生的思考，逼近等量关系的实质：让鹅瘦掉1只鸡的质量就可以了，这样跷跷板就可以重新平衡（如图2-19③），进而把刚才的过程用一个式子表示出来，即"1只鹅的质量-1只鸡的质量=2只鸭的质量"。

接着，再回到图2-19①（即图2-20①），我继续引导学生思考：如果让右边2只鸭飞走，跷跷板会怎么样？引导学生基于经验和思考得出结论：跷跷板不再平衡，左低右高（如图2-20②）。再度追问：现在让右边保持1只鸡不变，如果还想使跷跷板重新平衡，怎么办？同样基于经验、观察和思考，启发学生得出：让鹅瘦掉2只鸭的质量就可以了（如图2-20③），进而用"1只鹅的质量－2只鸭的质量＝1只鸡的质量"把刚才这件事表示出来。

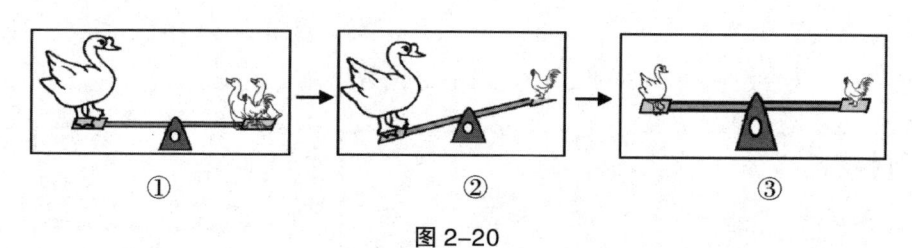

图2-20

通过对"等量关系"本质的追问，我对教材的问题情境进行改编和创造，拉长问题情境，延伸问题链，打破学生惯性算术思维所带来的束缚，帮助学生建立真正的基于"等量思想"的等量关系。对教材的创造性使用，使整个教学活动经历了"打破—创造—建立"的过程，课堂教学取得了成功。

基于教材又活用教材，理解教材又驾驭教材，审视教材又超越教材，在对教材的反复研读和整体把握的基础上，根据学生的现实情况、教材的学习内容和地域的学习特征，或改变问题情境的呈现方式，关注学生的现实需求；或挖掘教材的编排细节，让思维在拉长的问题链中"浅入深出"；或叩问数学内容的核心本质，对情境问题放大、延伸和创编，让数学思维和内在思想在学生认识中真正"落地"，教师只有创造性地使用教材，才能把教材中蕴藏的理念真正内化为自身的认识与实践，不断攀升数学课程改革的新高度。

基于元素及关系视界下的审视与重建

——以"线与角"单元教学分析为例

"线与角"是小学数学"图形与几何"领域的重要内容,是帮助学生积累探索图形特征的数学活动经验的开始,也是发展学生空间观念这一数学核心素养的重要基础。我尝试结合北师大版四年级上册第二单元的编排,谈谈自己对这部分内容的认识与思考。

一、整体把握单元教学中的困惑与思考

在整体审视单元教学的前期,我主要思考了以下两个问题。

(一)什么是线与角

无疑,按照教材的编排路径,线即指线段、射线和直线,学生将在这个单元里比较系统地认识数学世界中三种线的特征、表示及其在平面上的位置关系;而角指静态角和动态角,二年级下册已经认识过角,主要从生活中常见的物体上直观地抽象出角,这时是站在静态视角下对角的认识,可称其为"静态角"的认识阶段,而学生在本单元中则是从图形(射线)的运动中认识角,是站在动态视角下的认识,故而可称为"动态角"。这些共同构成了学生认知世界的数学思维对象。(如图2-21)

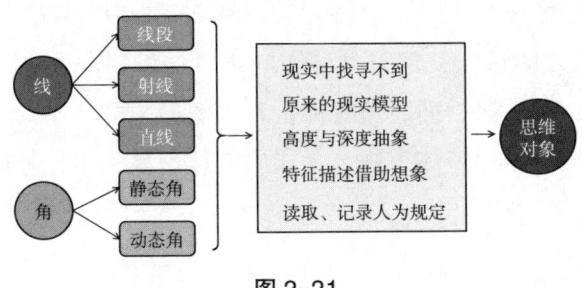

图2-21

但无论是线还是角，都因其自身存在的一些共同特点而对学生造成难以跨越的认知障碍。确切来说，作为思维对象的线与角只存在于数学世界里，在现实中找不到，它们都只是生活中原来的现实模型而已，其思维特征体现为高度与深度地抽象、概括。比如，直线在生活中根本找不到，它是集合了所有现实中那些"直直的线"的原型而高度抽象出的一种数学模型，没有长度，没有粗细。对于线与角的数学特征的描述是借助深度想象完成的，比如，射线，其与直线一样具有无限延伸的特征，这种无限延伸是学生借助现实生活中的现象（如手电筒发出的光线）通过高度的空间想象去认识、抽象出来的，这对学生来说是非常难理解的。另外，线与角的读取和记录都是人为规定的，是为了研究和交流方便而制订的通用的规则。

（二）为什么将线与角放在一个单元

为什么教材编者把线与角放在同一个单元进行编排？有教师认为，这是因为线与角是密切联系的，从静态的角度考虑，角是从同一点发出的两条射线组成的图形；从动态的角度考虑，角是一条射线绕着端点旋转而成的图形。由于线与角在数学上的天然联系，把它们编排在一个单元是顺理成章的事情。但这样的编排仅仅是因为线与角之间的联系吗？我们能不能从空间观念发展上加以思考？对比《义务教育数学课程标准（2011年版）》与《全日制义务教育数学课程标准（实验稿）》对"空间观念"的表述，除将《全日制义务教育数学课程标准（实验稿）》中最后一条独立为另一个核心概念"几何直观"外，《义务教育数学课程标准（2011年版）》对"空间观念"的阐述基本保持了原来的说法。《全日制义务教育数学课程标准（实验稿）》中提到，发展空间观念需要能从较复杂的图形中分解出基本图形，并能分析其中的基本元素及其关系。其中的"元素"一词引起了我的思考："图形与几何"领域空间观念的发展离不开"基本元素与关系"的支撑，点、线、面、角等都是几何图形中的基本元素，有了站在元素视角下对线与角的整体审视，才能研究认识其关系，才能发展空间观念。（如图 2-22）

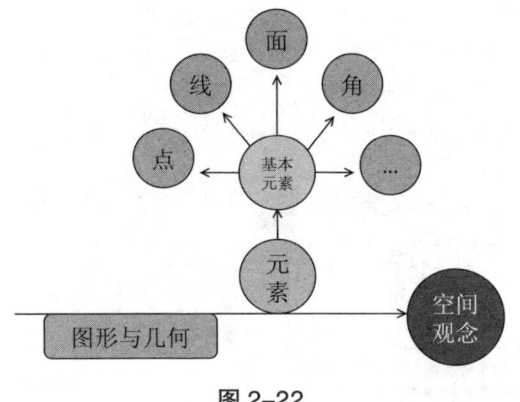

图 2-22

二、基本元素的位置关系及其在教学中的价值体现——走进教材

（一）基本元素的位置关系

在基本元素的位置关系这一数学主线的映照下，线与角等基本元素之间存在着千丝万缕的联系。（如图 2-23）

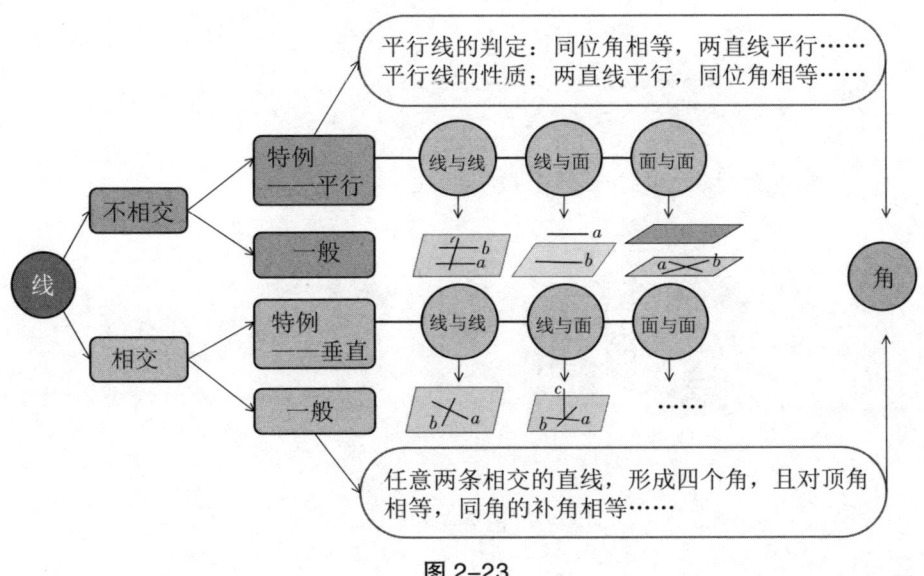

图 2-23

两条直线的位置关系包括不相交和相交两种，不相交除了一般情况下的不相交之外，还有一种特例情况——平行（如图 2-24）。在平行这个维

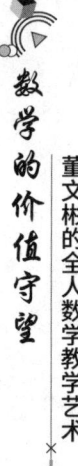

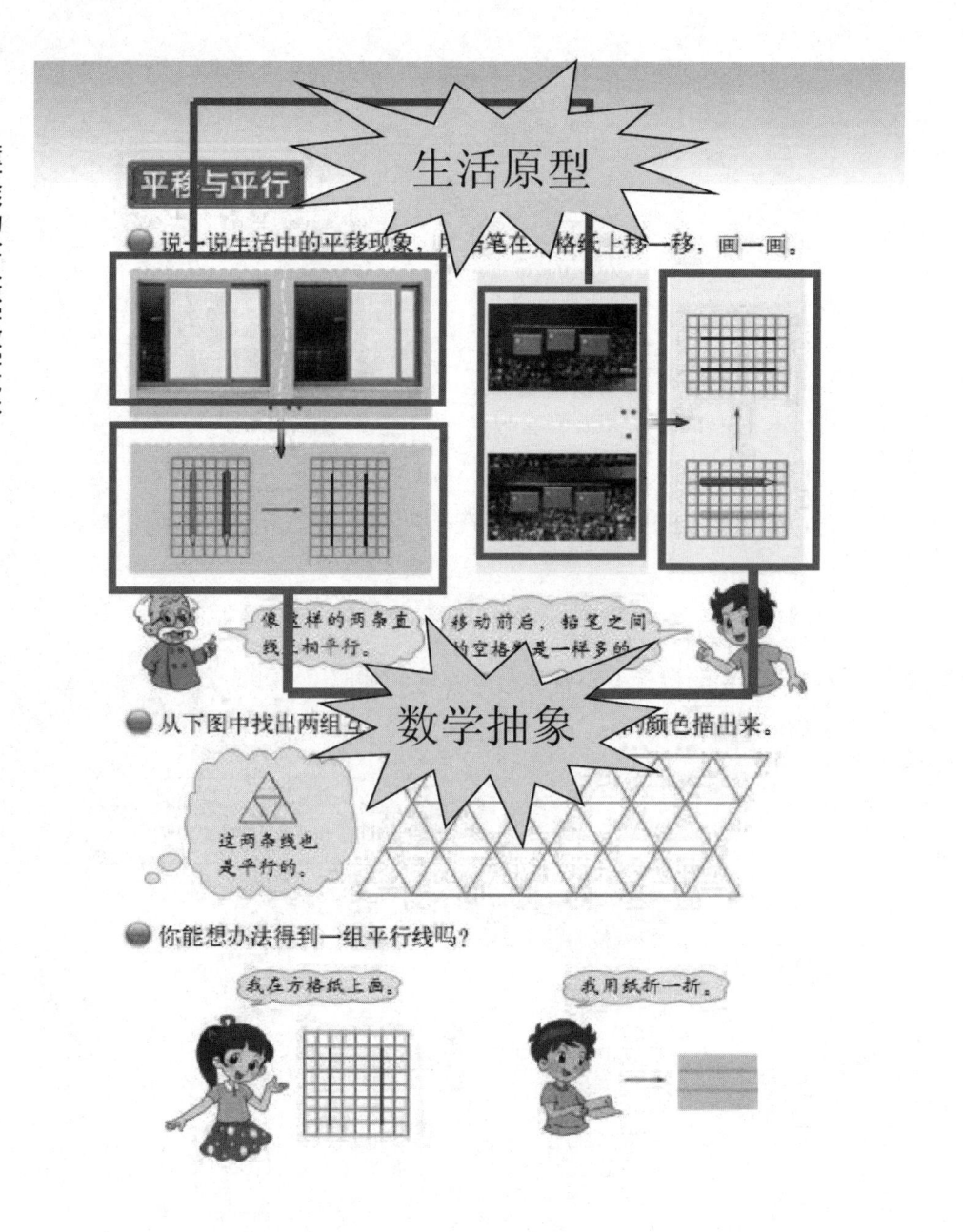

图 2-24

度里，包括线与线的平行、线与面的平行和面与面的平行。同样，相交除了一般的相交之外，还包括特例情况——垂直（如图2-25）。在垂直这个维度里，包括线与线的垂直、线与面的垂直和面与面的垂直。其中，线与线的平行或垂直关系是所有几何图形基本元素关系研究的基础，线与线的关系是一条重要的思维链条，通过类比即可研究后续线与面、面与面的关系。同时，线与角之间也存在着错综复杂的密切联系，比如，在平行中的

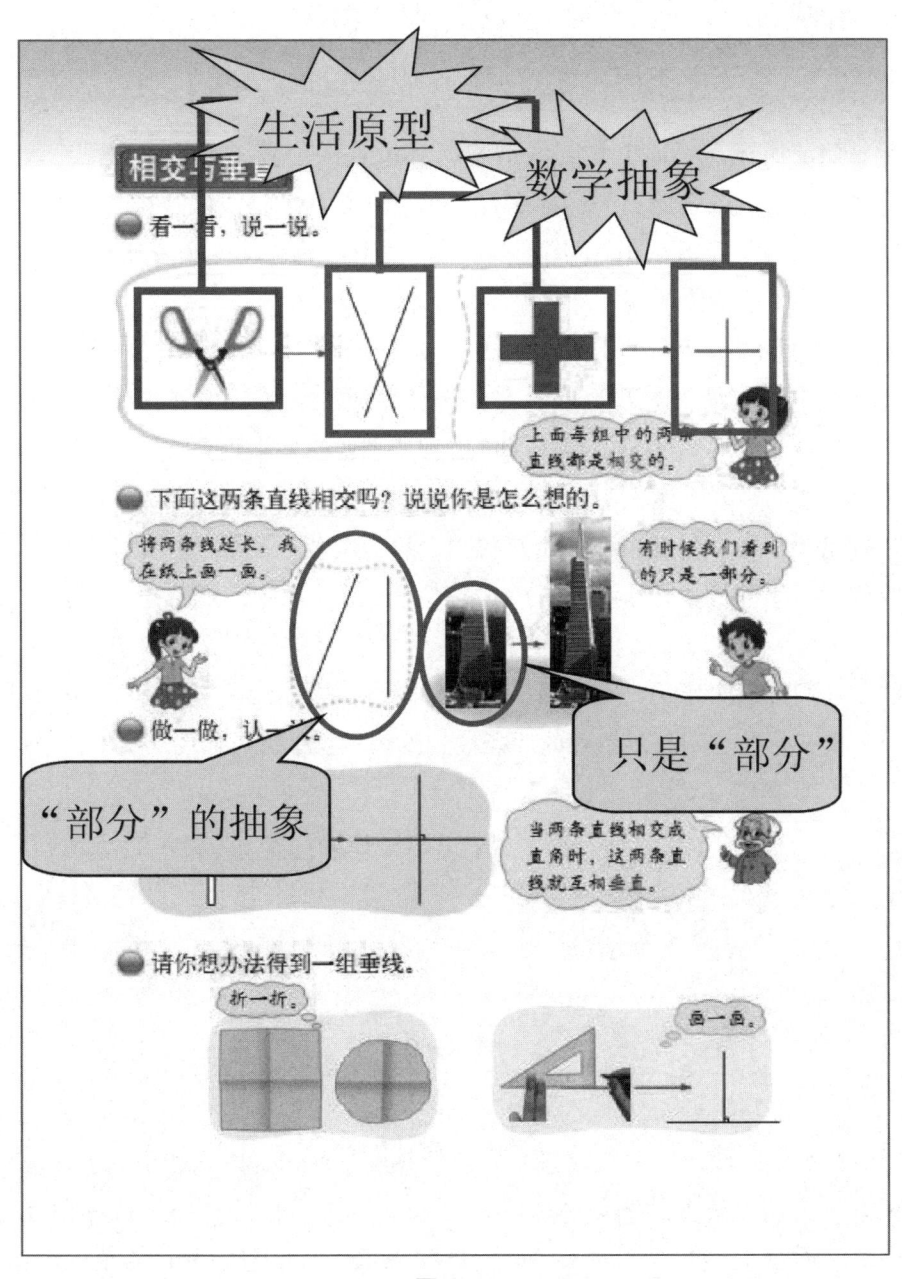

图 2-25

"平行线的判定"可以通过"同位角相等,两直线平行"等来判定,"平行线的性质"中有"两直线平行,同位角相等"等。同样,任意两条相交的直线,会形成四个角,且对顶角相等,同角的补角相等……都折射出线与角这些基本元素之间存在的千丝万缕的联系。

(二)基本元素的位置关系在教学中的价值体现

如前所述,平面上线与线的平行和垂直的位置关系是几何图形基本元素关系研究的基础,下面以平行、垂直和角为例,浅谈其在"图形与几何"领域"图形的认识""图形与测量""图形的运动"和"图形与位置"四个模块中的价值体现。

1. 图形的认识

在小学阶段,图形的认识主要包括平面图形的认识和立体图形的认识。在平面图形的认识中,线与角扮演着重要的元素角色,比如,平行四边形主要通过线(边)与角的特征来认识:平行四边形的两组对边分别平行且相等,其对角也相等,相邻的两个角的度数之和是180度(互为补角或称为一组同旁内角)。同样,在立体图形的认识中,线与角的元素作用不可或缺。以长方体为例,相交于一个顶点的三条棱决定了长方体的形状,它们分别叫作长、宽、高。不难发现,长方体的棱不能多于三种。这三种棱,每种有四条,相对的四条棱长度相等且平行(如图2-26)。

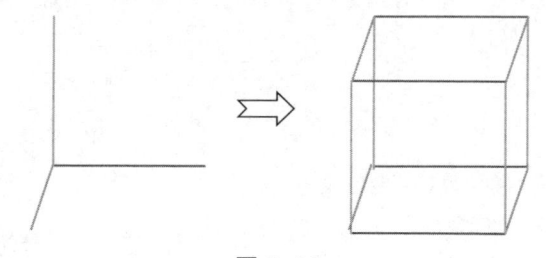

图2-26

2. 图形与测量

在小学阶段,图形与测量主要包括长度、面积、体积和角的测量。以长方体为例,长度的测量体现在求棱长总和上,从棱与棱平行的角度考虑,可通过"4×长+4×宽+4×高"来求,从棱与棱垂直的角度考虑,可通过"（长＋宽＋高）×4"来求；面积的测量体现在表面积上，可通过"（长×宽＋长×高＋宽×高）×2"来求；体积的测量可通过"长×宽×高"来求。而这些都是基于线与线的基本元素关系视界下的，最终指向对长度的刻画。（如图 2-27）

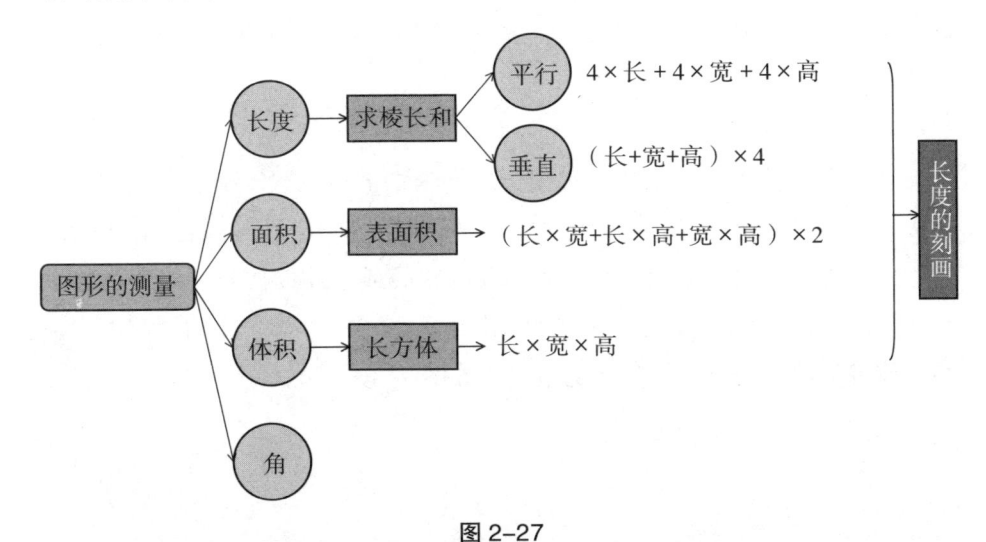

图 2-27

另外，从度量的视角来看，测量长度使用的工具是尺子，有刻度，是一种单向测量；测量面积使用的工具是方格纸，没有刻度；而测量角使用的工具是量角器，它不但有刻度，而且是双向测量，这是一种高度简约化、智慧化的测量，对学生来说认识起来是有一定难度的。但无论是测量长度、面积还是角，它们都有度量单位，测量的结果都是通过度量单位的个数来刻画，因此它们的度量结构是相同的，度量的本质是相通的。（如图 2-28）

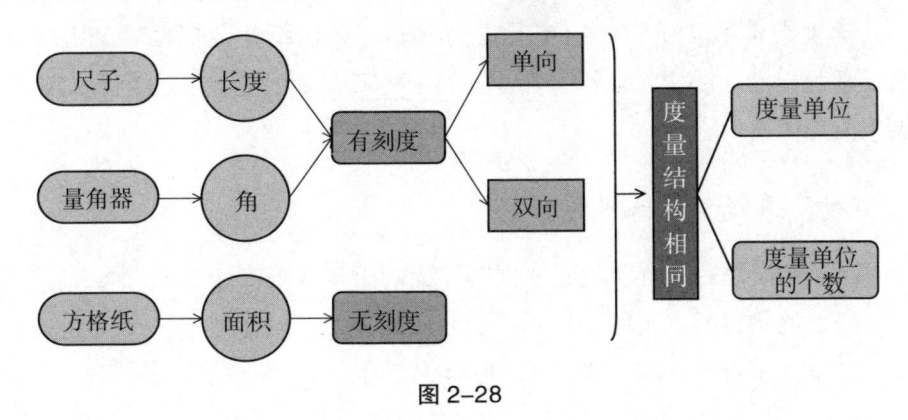

图 2-28

3. 图形的运动

在图形的运动中,通过平移来认识平行的位置关系,这是对线的再认识;通过射线绕端点的旋转来认识角,这是从图形运动的角度对角的刻画;而轴对称则可以看作图形的点、线、角等基本元素沿对称轴实现的翻转运动。由此可见,基本元素及其位置关系在图形的运动中的价值和作用非常重要。

4. 图形与位置

在图形与位置中,主要通过坐标来刻画物体的位置。确切地说,一个是极坐标系,刻画的基本元素为线与角,小学阶段的学习内容主要体现为通过距离(线)和角度(角)来描述相关的路线或物体的位置(如图2-29);另一个是平面直角坐标系,刻画的基本元素是点,小学阶段的学习内容则主要体现为用数对来描述物体的位置(如图2-30)。

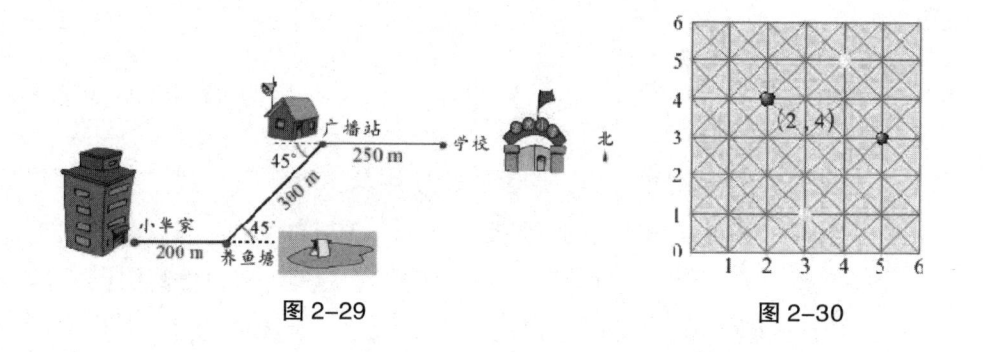

图 2-29

图 2-30

三、学生的认知起点和现实状况——走进学生

学生在学习"线与角"单元之前并非一张白纸,他们已经知道了什么?学习起点在哪里?认识经验怎么样?基于此,我选取部分内容对学生做了前测调研。

(一)直线、射线和线段

(1)调研题目:你听说过直线吗?能画出直线吗?还能再长吗?

(2)调研目的:了解学生对线的元认知。

(3)调研对象:四年级(1)班44名学生。

（4）调研方式：访谈式。

（5）调研结果如下表。

表 2-1

作答情况	人数 / 人	占比 /%
能画	40	90.9
不能画	4	9.1

其中，在能画的 40 人中仅有 2 人将原来的线延长（如图 2-31），38 人选择重新画一条比原来的线长的（如图 2-32）。"水平画"直线的学生人数占能画出直线学生人数的 47.5%。

图 2-31

图 2-32

（6）分析与思考：学生是真理解直线的概念了吗？难道学生理解的"直直的线"不能斜着画吗？"直线即线段""直线是水平的"是学生认识直线上的两个误区。生活中，线段更常见，射线、直线是高度想象出来的，脱离了学生的生活实际，这些是学生认识线的实际困难。由此可见，如何建立直线、射线、线段的概念，怎样关注到图形的构成元素，对学生来说十分重要。

（二）相交与垂直

（1）调研目的：了解学生是否能从面上抽象出不同位置关系的直线；了解学生对相交和垂直的认识程度。

（2）调研对象：四年级（3）班 43 名学生。

（3）调研方式：让学生做两道题。

题目 1：你能从这些图形中用彩笔描出两条不同的线段吗？

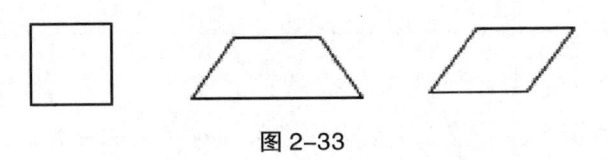

图 2-33

题目2：请给下面几组直线分分类，并写明理由。

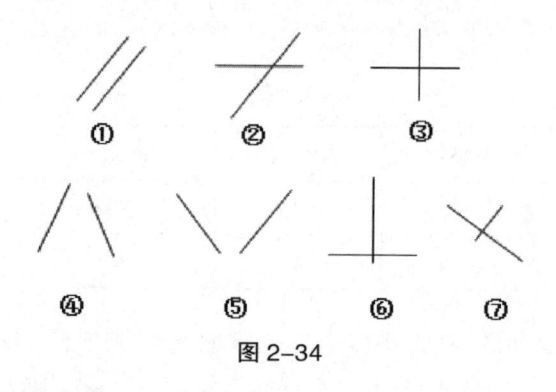

图 2-34

（4）调研结果如下。

题目1学生作答的正确率为100%。

题目2学生作答情况见下表。

表 2-2

分类情况	人数/人	占比/%
平行、相交	18	41.9
平行、相交、垂直	21	48.8
平行、相交、垂直、待相交	2	4.7
不平行、不垂直、不相交	2	4.7

对按"平行、相交"分类的18名学生追问：如果再分一分类，可以怎么分？结果如下。

表 2-3

分类情况	人数/人	占比/%
垂直找全	12	66.7
垂直未找全	3	16.7
相交看成垂直	2	11.1
其他	1	5.5

（5）分析与思考："没有交叉点就是不相交"是学生认识上存在的误区，学生的认识更多是基于生活中的经验和对字面的理解，这是学生认识

上存在的困难。没交叉点就是不相交吗？垂直仅仅是"横平竖直"吗？关于垂直的认识，我们的教学在深层次上能给学生留下点什么？

（三）平移与平行

图 2-35

（1）调研题目：在这个正方体模型（如图 2-35）中，哪些边（线）是互相平行的？为什么？只要不相交就平行吗？

（2）调研对象：四年级（2）班 41 名学生。

（3）调研方式：访谈式。

（4）调研结果如下。

表 2-4

认知层次	人数/人	占比/%
前结构（不知道什么是平行找不出）	10	24.4
单一结构（认为不相交就是平行）	22	53.7
关联结构（认为必须在同一平面内不相交才是平行）	9	21.9

（5）分析与思考：可见，学生以线的方向、位置、倾斜角度为标准判断位置关系，缺少对基本元素之间的关系的关注。"在同一平面内"是平行关系判断的重要前提，应该如何体现？

四、教学思考与教学建议

第一，创设丰富的生活情境，引导学生感受线的特征。如通过"斑马线"的实例认识线段，借助"小孔成像"的现象感受射线，通过空间想象理解无限延伸，帮助学生真正建立直线、射线、线段的概念。此外，让线与角回归到几何图形，让学生在三角形、长方形、正方形、平行四边形、长方体、正方体等熟知的图形中寻找线与角，帮助学生关注和体会线与角都是图形的构成元素。对"三线"之间的关系的把握，可以让学生用自己喜欢的方式表示，以便纳入一个认知结构中，便于学生整体把握。比如，可设计一个图（如图2-36）。

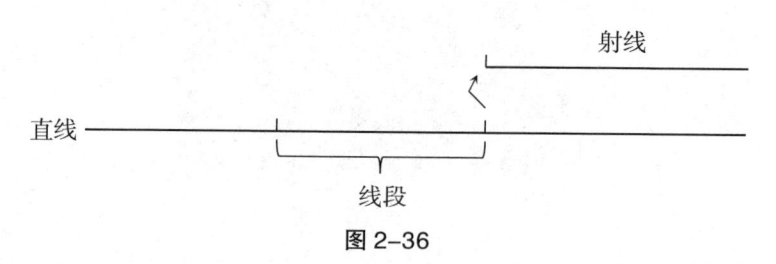

图 2-36

总之，要让学生充分经历抽象、想象、操作、描述等活动过程，达成对思维对象的刻画和认识，积累探索图形特征的数学活动经验，发展空间观念。

第二，教学中应重视让线与线的位置关系回归几何图形。比如，可让学生在平行四边形、长方形等图形中寻找相交与垂直的情况。同时可引导学生通过小棒等学具摆一摆，在操作中认识相交与垂直的位置关系，在活动中将操作的经验转化为思维的经验。另外，还要注重基本元素的位置关系及其与生活的关联。比如，用三角尺检测门框是否垂直，用铅锤检测墙体是否合格，等等。引导学生用线与线的位置关系的知识解释生活中的应用背后隐藏的道理。

第三，在实际教学中，应注重引导学生从图形运动的角度认识平行，引导学生借助丰富的素材实例多角度感受平移与平行的关系，借助方格纸、魔方等实物模型，通过"线"在其上平移运动认识平行，进而发现平行线的重要特征：平行线间的宽度（距离）处处相同。另外，依旧要注意在几何图形中寻找平行线及平行关系，将基本元素及其位置关系放置于一个大的"图形场"中去认识。必要时，可借助长方体或正方体的实物模型，在寻找平行线的过程中自然解决"在同一平面内"的问题。

从知识点走向知识群

——"数据的收集整理"教材对比与教学思考

"数据的收集整理"是小学数学"统计与概率"领域的重要内容,是学生系统学习统计与概率的开始,也是发展儿童数据分析观念这一数学核心素养的重要基础。我尝试结合北师大版、人教版和浙教版三个版本教材不同的编排体系,通过对比分析与解读,浅谈几点教学思考。

一、三版教材的对比解读

(一)纵向梳理

1. 北师大版

表2-5 北师大版第一学段(1—3年级)

册别	统计与概率
一上	★分类
二下	★简单的数据整理
三下	★数据的整理和表示

表2-6 北师大版第二学段(4—6年级)

册别	统计与概率
四上	★认识可能性
四下	★条形统计图、拆线统计图、平均数
五上	★可能性的再认识
五下	★复式统计图、平均数的再认识
六上	★扇形统计图

2. 人教版

表2-7　人教版第一学段（1—3年级）

册别	统计与概率
一下	★分类与整理
二下	★数据收集整理
三下	★复式统计表

表2-8　人教版第二学段（4—6年级）

册别	统计与概率
四上	★条形统计图
四下	★平均数与条形统计图
五上	★可能性
五下	★折线统计图
六上	★扇形统计图

3. 浙教版

表2-9　浙教版第一学段（1—3年级）

册别	统计与概率
一上	★配合数的认识呈现象形统计图和条形统计图
一下	（穿插在其他领域中） ★配合乘法口诀呈现条形统计图 ★配合乘加进行数据处理
二上	（穿插在其他领域中） ★配合加减法呈现统计表、数据处理和统计图表 ★配合乘除法呈现条形统计图
二下	（穿插在其他领域中） ★配合应用问题呈现条形统计图
三上	（穿插在其他领域中） ★条形统计图的分析和简单制作
三下	★数据的处理

表2-10　浙教版第二学段（4—6年级）

册别	统计与概率
四上	★数据的调查与分类 ★条形统计图（一）（二）
四下	★认识可能性
五上	★平均数
五下	★折线统计图
六上	分数和百分数应用题（P38-9、P56-5） ★扇形统计图 ★可能性大小
六下	（整理与复习） 数据的整理 统计与可能性

【对比分析】作为"统计与概率"领域的起始内容，学生第一次真正意义上系统接触和经历数据收集整理的全过程，各版本教材虽然在编排时间上不同，如北师大版教材和人教版教材都安排在二年级下册，且都是在"分类"的基础上教学的，而浙教版教材则安排在三年级下册，且在此之前将数据的收集整理等内容穿插在其他学习领域中，如"配合数的认识呈现象形统计图和条形统计图""配合乘法口诀呈现条形统计图""配合加减

法呈现统计表、数据处理和统计图表""配合乘除法呈现条形统计图""配合应用问题呈现条形统计图""条形统计图的分析和简单制作"等，但作为积累数据分析经验的起始阶段，结合后续中学相关内容的学习，根据刻画数据特征的不同，在"统计与概率"这一领域的整体编排上都大致遵循着"四个维度——一条主线"（如下图）。

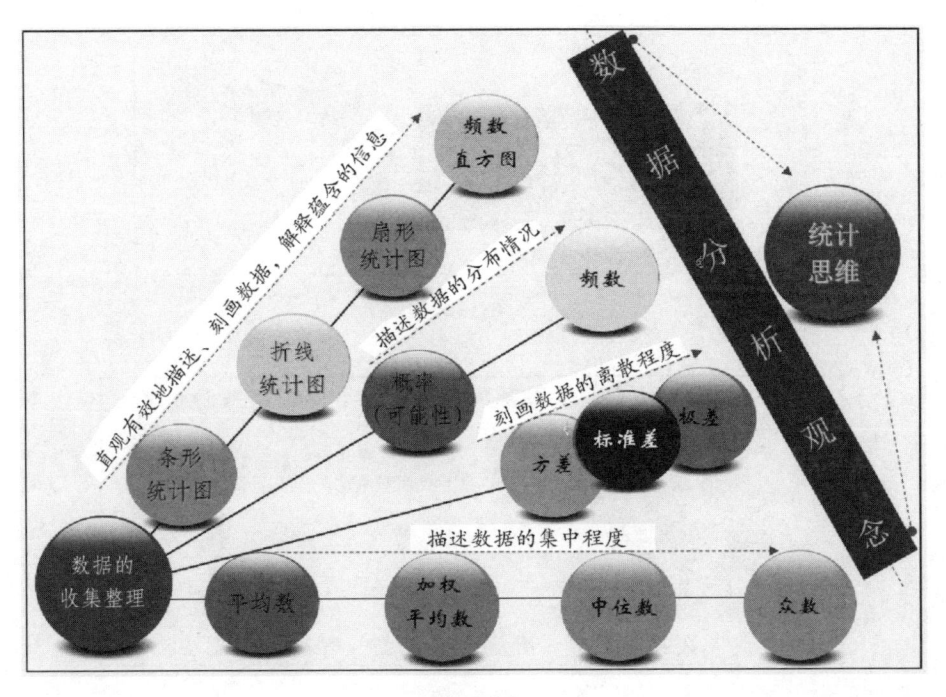

图 2-37

第一个维度，从数据的收集整理到条形统计图、折线统计图、扇形统计图，再到频数直方图，这些统计图表注重直观有效地描述、刻画数据，解释数据中蕴含的信息；第二个维度，从数据的收集整理到概率（可能性），再到频数，注重描述数据的整体分布情况；第三个维度，从数据的收集整理到平均数，再到加权平均数、中位数和众数，这些统计量注重描述数据的集中程度；第四个维度，从数据的收集整理到极差、方差、标准差，这些统计量注重刻画数据的离散程度。一条主线即学生"数据分析观念"的发展，最终指向"统计思维"。

（二）横向对比

1.问题情境和学习素材的选取

北师大版二年级下册教材中呈现了"评选吉祥物"和"最喜欢的水果"两个问题情境。

图 2-38

图 2-39

人教版二年级下册教材中选取了"评选校服颜色"和"选谁去比赛"两个素材引入。

图 2-40

图 2-41

浙教版三年级下册教材中则通过"挑选周末活动项目"和"9岁学生的身高"两个情境来学习。

图 2-42

图 2-43

【对比分析】三个版本教材虽然呈现的具体素材不同，但都是通过创设贴近学生现实生活、富有趣味性和启发性、生动活泼的活动性问题情境作为学习的背景素材，实质上也体现了数据处理学习引入的一个特点：基于学生立场，从生活实例出发。北师大版教材和人教版教材创设的问题情境更注重学生数据收集整理的学习需求和意识，重视引导学生知道生活中有些事情是需要通过调查、统计的方式来预测和判断的，充分体现让学生体会调查统计的必要性和价值。所不同的是，浙教版教材由于之前已将数据的收集、记录等学习内容穿插在其他学习领域中，基于此，教材通过情境直接呈现调查统计的数据结果。

2. 教学方式的编排

无论是北师大版教材还是人教版教材，都是在学生感兴趣的主题图情境中呈现问题，接着大致分四个层次展开学习：首先注重引导学生在已有经验的基础上交流解决问题的调查方案，包括调查的对象、调查的方式、呈现结果的方式等；其次，在观察读懂他人数据记录方式和意义的基础上再选择用自己喜欢的方式收集、记录、整理和表示数据；然后，读取数据背后蕴藏的信息并对最后调查所得的数据进行分析；最后，提出建议、做出决策或合理地预测判断能否解决问题。

例如，北师大版教材。

图 2-44

人教版教材。

图 2-45

浙教版教材则是直接呈现调查统计的数据结果，引导学生观察数据、提出问题，进而产生处理数据的需求，然后整理数据，读取信息，解决问题，反思数据处理与分析的价值。

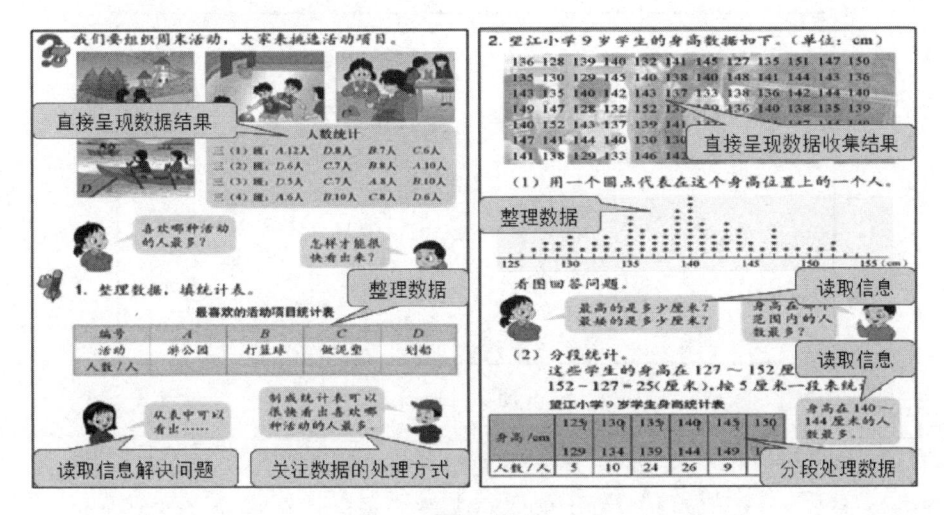

图 2-46

【对比分析】从情境的创设、问题的产生、方案的交流，到数据的收集、整理和表示，再到读懂数据背后的信息、做出决策或预测判断解决问题，无论是北师大版教材还是人教版教材都特别注重引导学生经历两个过程：一个是问题解决的全过程，一个是调查统计活动的全过程，在此基础上发展学生的问题解决能力和数据分析观念。而浙教版教材则重视培养学生的问题意识,在通过数据分析解决问题的过程中更加注重数据处理的过程与方法,比如,更凸显分段处理数据的方式和意义。

3. 数据表示方式的呈现

北师大版教材第一课时主要注重引导学生读懂他人的记录方法,如"竖线""圆圈""叉""方框""三角"5种符号记录方式,第二课时鼓励学生用自己的方式记录,如"汉字名称"(无序)、符号记录(无序)、符号记录(有序)、写"正"字等。

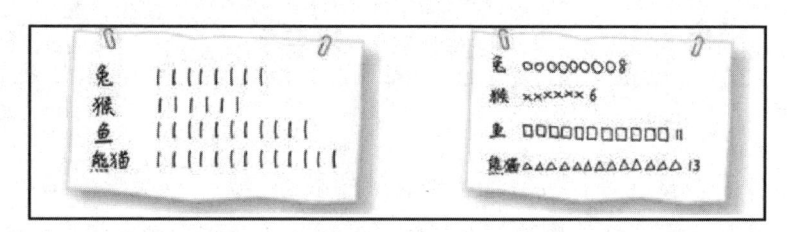

图 2-47

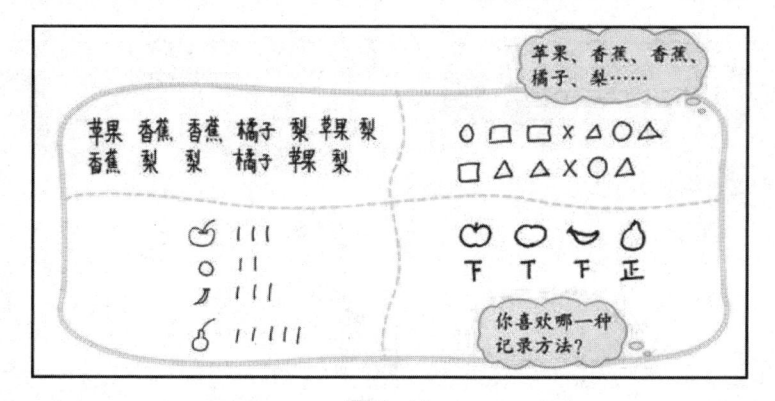

图 2-48

人教版教材第一课时引导学生通过"举手""数数"等方式调查,以"统计表"的方式记录,第二课时再让学生通过符号记录("勾""圆圈"等)、写"正"字等,然后把数据统计的结果填入"统计表"。

表 2-11　人教版第一课统计喜欢的颜色人数

颜色	红色	黄色	蓝色	白色
人数/人	9	6	15	8

图 2-49

浙教版教材直接呈现统计的数据结果，第一课时主要引导学生以统计表的方式来整理数据，第二课时则让学生以"数线—散点图"的方式来整理数据，带领学生在进一步的分段统计中，在读懂和分析散点图的基础上以"统计表"的方式分段处理数据。

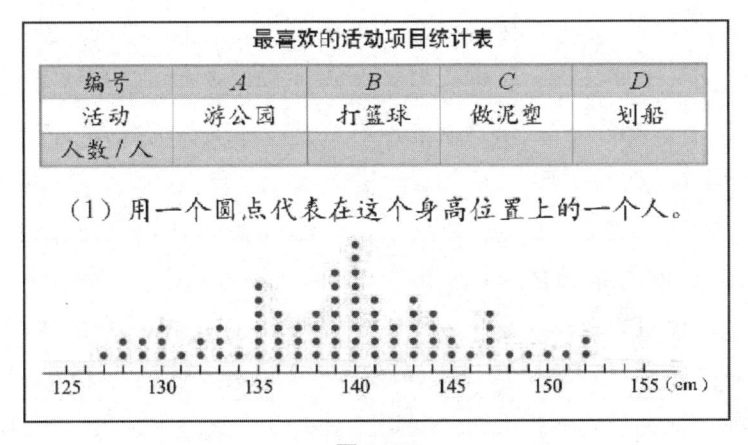

最喜欢的活动项目统计表

编号	A	B	C	D
活动	游公园	打篮球	做泥塑	划船
人数/人				

（1）用一个圆点代表在这个身高位置上的一个人。

图 2-50

望江小学 9 岁学生身高统计表

身高/cm	125〜129	130〜134	135〜139	140〜144	145〜149	150〜154
人数/人	5	10	24	26	9	4

图 2-51

【对比分析】三版教材首先总体上都很注重鼓励学生用自己的方式完成对数据的整理、表示、描述和刻画,注重对数据分析的活动体验的积累。其次,学生只有经过多路径描述数据,多角度刻画数据,多方法记录数据,才能更好地亲近、理解和运用数据。因此,无论是符号记录、"正"字记录,还是统计表呈现、散点图刻画,教材都特别注重多样化的数据表征方式。另外,三个版本的教材都暗含数学的思想方法在统计学习中的渗透,如符号意识、分类思想、一一对应、有序思考等。更可贵的是,浙教版教材还特别注重刻画数据的整体分布情况,注重分段统计活动经验的积累,对分段统计的标准、过程、方法的学习体现得也最为充分。

二、由此形成的深度教学思考

第一,数据的收集整理的学习需要在一个更大的目标下,基于学生立场创设贴近学生现实生活的、富有启发性和趣味性、生动活泼、真实可感的问题情境,这个问题情境最好兼具活动性和主题式,能够点燃学生的兴趣和学习需求,使其体会到现实生活中的很多事情或问题需要通过调查研究、收集整理数据的方式来判断或预测,设计解决问题的方案或计划;这个问题情境最好能使学生经历用自己的方式记录数据和分析处理数据的过程,让学生自发地亲近数据、理解数据、运用数据,进而感悟到数据的作用及数据分析的核心价值。

第二,我们的教学要让学生亲身经历两个完整过程,积累数据分析的活动经验。一个过程是要从解决问题出发,即从要解决的实际问题开始,以统计是否解决了问题结束,体现问题解决的完整过程;另一个过程是遵循问题解决的思路,使学生体会到需要设计解决问题的方案,在分析问题的过程中需要收集数据、整理数据和描述数据,最后通过分析数据做出判断和预测来解决问题,这其中又自然引导学生经历统计活动的完整过程,也就是丰富数据建模的全过程,既让学生体会到数据分析的价值,又使学生学会数据的收集、整理、表示方法。还学生以问题解决和数据建模数学发生、发展的完整过程,使学生体会相应的统计思维方式,积累数据分析的活动经验,是数据分析观念发展的重要诉求。

第三，浙教版教材为学生进一步体会数据处理的意义和方法提供了良好的素材。一个是将数据的收集整理等内容穿插在其他内容领域中进行，如配合数的认识、数的运算、应用问题等内容呈现统计图表或进行数据处理，反过来，分类、一一对应、符号意识、有序思考等数学思想方法也可穿插在统计中学习，因为数学知识本身就是一个有机联系的统一整体，可以相互渗透、相互交融、相互穿插学习。另一个是注重分段统计活动经验的积累，包含对分段准则的制订与设计的重视，对分段区间大小合理性的确定都应有充分的体现。史宁中教授也特别强调小学阶段培养学生数据分析观念时分段统计的重要性，它关系到对数据清晰刻画、有效分析及对数据分布情况的整体把握。

第四，应在基于学生认知、把握学科本质的基础上设计学生喜欢的主题，为学生提供有意义的、能够发展学生思维能力的活动机会，通过多样化的活动引发学生的深度参与，对其提出相应的期待水平，促进学生统计思维的发展。重视创设能引发学生积极回应的好问题，重视引导学生将数据的呈现理解为一种信息交流的方式。在统计活动中，引导学生自发地去亲近数据、感悟数据、理解数据、运用数据，从而建构"数据感"，让数据"张开嘴巴说话"，发现数据背后藏着"事"，养成"用数据说话"、用数据分析问题、用数据表达观点的习惯，进而培养从数据的角度科学、客观、平和地去看待事物，提高求真、求实的核心素养。

第五，为达成学生对小学数学"统计与概率"领域学习内容的准确理解及本质与方法的整体掌握，建议在实际教学中以"数据分析观念"这一数学素养为核心主题，抛开碎片化的知识点，走向系统化的"知识群"，如"数据建模""统计图表""统计量""概率"（见图2-52），从整体上把握知识教学，在对"育人"的持续思考与追求下，帮助学生掌握关键的知识技能（功底扎实、思维灵活等），形成必备的数学素养（核心本质、过程方法、活动经验等），沉淀相应的综合素养（阅读素养、学科素养、公共素养等），进而建立相关内容反映的学科价值观。

```
                           大主题
                        ┌──────────┐
                        │ 数据分析观念 │
                        └──────────┘
            ┌──────────┬──────┴──────┬──────────┐
         知识群一    知识群二      知识群三    知识群四
        ┌──────┐   ┌──────┐       ┌──────┐   ┌──────┐
        │数据建模│   │统计图表│      │ 统计量 │   │ 概率  │
        └──────┘   └──────┘       └──────┘   └──────┘
    ┌────┬────┬────┬────┐  ┌──┬──┬──┐   │         ┌──┬──┐
  发现  制订 数据 数据 推断  条 折 扇      平均数     随机 可能
  并提  问题 的收 的处 和决  形 线 形               现象 性
  出问  解决 集和 理和 策    统 统 统
  题    方案 描述 分析      计 计 计
                           图 图 图
```

亲近数据　理解数据　运用数据

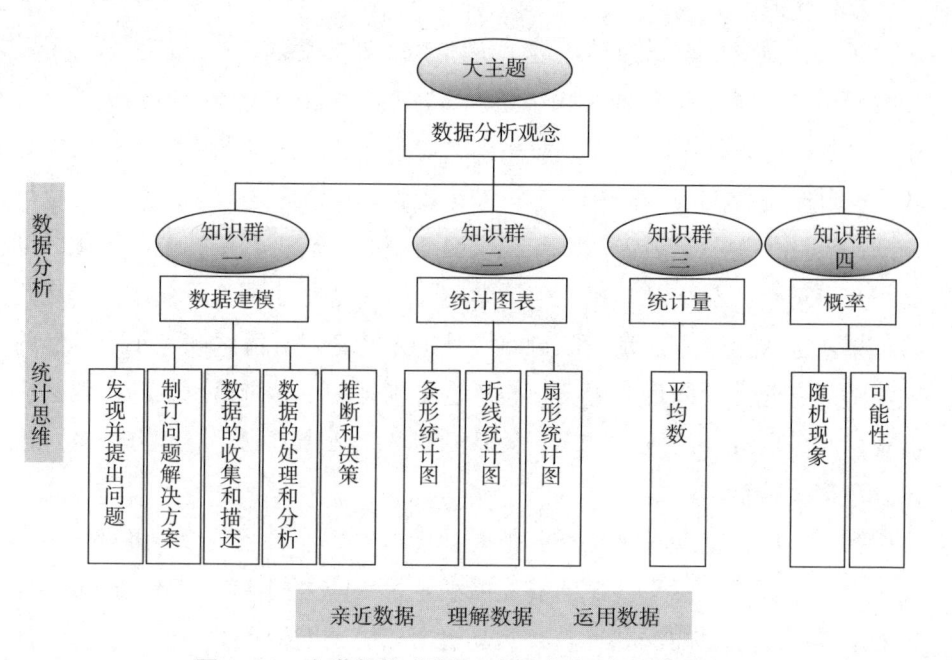

图 2-52　小学阶段"统计与概率"领域知识群划分

直观模型：沟通"量"与"数"的桥梁

——"小数除以整数"前测调研与教学思考

"小数除法"是小学数学中运算教学的重要内容，也是小学阶段"数的运算"中学生错误率较高，普遍认为最"难"学习的内容单元。作为教师，要思考学生在初次接触小数除法时难在哪儿？思维节点是什么？如何打破他们的学习障碍？他们对小数除法有着怎样最原初的经验和理解？基于以上思考，我以北师大版五年级上册"小数除法"的第一课时"小数除以整数"为例，对自己同时执教的两个班的学生进行了深入的前测调研（问卷、追访），试图通过数据分析，由此探寻出学生真实的思维路径。

一、"小数除法——小数除以整数"深度调研

（一）调研题目及调研意图

表 2-12

调研题目设计		调研意图
无现实背景无直观模型	A 班：10.2÷3 等于多少？请想办法解决，尽可能详细地记录下你的思考过程。	①学生的思维搁浅在哪里？②学生是否有主动寻求模型帮助的意识？他们会想到哪些直观模型？
有现实背景有直观模型	B 班：买 3 袋奶一共花 10.2 元，每袋奶多少元？可以利用学具研究，并尽可能详细地记录下你的思考过程。	①学生的思维又会搁浅在哪里？②直观模型的有效价值体现在哪些方面？

注：两个班的学生数学学习水平相当；答卷后对学生逐个进行追访。

（二）数据统计及结果分析

1. 关于模型使用

表2-13　A班情况（不提供模型学具）

统计项目	学生现状	人数/人	占比/%	备注
用不用	使用模型	19	47.5	主动用模型：4人，占10.0% 开始没用，追问下使用模型：15人，占37.5%
用不用	没用模型	21	52.5	
用哪种	元角分	1	5.3	
用哪种	方格纸	16	84.2	
用哪种	计数器	0	0	
用哪种	其他	2	10.5	
何时用	上来就用	1	5.3	
何时用	在解决问题的过程中用	3	15.8	
何时用	写完后用学具验证	15	78.9	

表2-14　B班情况（提供模型学具）

统计项目	学生现状	人数/人	占比/%	备注
用不用	使用模型	27	67.5	主动用模型：8人，占20.0%； 开始没用，追问下使用模型：19人，占47.5%
用不用	没用模型	13	32.5	
用哪种	元角分	19	70.4	
用哪种	方格纸	8	29.6	
用哪种	计数器	0	0	
用哪种	其他	0	0	
何时用	上来就用	6	22.2	
何时用	在解决问题的过程中用	4	14.8	
何时用	写完后用学具验证	17	63.0	

根据数据统计结果来看，两个班在解决问题时使用模型的学生分别占47.5%和67.5%，但实际上无论A班还是B班，学生能在开始时主动想到使用模型解决问题的人数分别只占10.0%和20.0%，后在教师的追问下尝试借助模型（A班自己画）的人数才有了一定幅度的上升（但依然没有过半）。可见，学生在解决问题时主动寻求模型帮助的意识十分薄弱。学生能想到的直观模型有"元角分"（实物模型）、方格纸（面积模型）和其他符号图如线段图、圆圈图等，而选择方格纸和"元角分"的学生占使用模型人数的绝大多数，其中A班选择方格纸的多一些，B班选择"元角分"的多一些。另外，无论A班还是B班，使用模型的学生绝大多数都是在"写完后用学具验证"，而真正"在解决问题的过程中使用"的仅占少数。

2. 关于思维搁浅

为方便说明问题，我将学生的情况按问卷和追访两种方式对A、B班分别对比统计，对比项目为①不知道如何运算；②竖式中整数部分剩余的"1"和小数部分的"2"组成新数后是否还能分；③商中的"点"怎么办；④我会做。调研数据如下。

表2-15

调研方式	对比班	完全不知道/%	不知道是否还能分/%	不知道"点"怎么办/%	我会做/%
问卷	A班	7.5	20.0	10.0	62.5
	B班	7.5	7.5	0	85.0
追访	A班	15.0	37.5	30.0	17.5
	B班	10.0	25.0	12.5	52.5

根据数据统计结果，从问卷作答表面看，无论是A班还是B班，不知道如何运算解决的仅占7.5%；对于整数部分剩余的"1"和小数部分的"2"组成新数后，分不下去或不清楚能不能继续分的也不多（B班仅有7.5%，A班相比之下高一些，占20.0%）；对于商中的"点"不知道怎么办的更是少数（A班仅有10.0%，B班没有）；"我会做"（主要指竖式运

算正确）的学生占绝大多数（A班占62.5%，B班更高，占85.0%）。

而令人感到惊讶的是，答卷完成后我在对学生逐个进行追访之后发现，同样的项目，两个班的前后数据对比都发生了奇妙的变化。

我们先来看我对一名竖式运算书写完全正确的学生的访谈。

师：（指商中的小数点）小数点为什么点这儿？

生：我觉得都对齐吧，被除数有小数点，商也应该有吧。

（学生注意的是竖式结构形式的整齐划一，并没有关注计数单位的变化和转换。）

师：1.2在这里什么意思？

生：……

（学生答不上来，教师启发他从除法"平均分"的角度考虑。）

生：把1.2平均分成3份……不够分了……感觉能分……

（接下来学生就陷入了"能分"与"不能分"的纠结之中，开始自我怀疑这样写是否正确。）

学生从问卷上的问题开始，按照自己的认知路径拾级而上，到最终完成竖式运算的正确书写与作答，这是学生意识中的"我会做"。而通过追访我们发现，学生由第一阶段的"我会做"陷入了对"商中小数点的质疑"和"能分还是不能分"的纠结，学生由"会"又变成了"不会"。经统计，这部分发生变化的学生占比竟然达到40.0%左右（A班45.0%，B班32.5%）。

3. 对数据结果的进一步分析

（1）问卷暴露"难点"，访谈追出"节点"。面对问题，学生由起初的"不知道"到最终的"我会做"之间，有两个阶段需要经历和跨越：一个是对于整数部分剩余的"1"和小数部分的"2"组成新数后"还能不能分"的困惑，这是学生认识和理解上的"难点"；另一个是商中的"点怎么办"的问题，这是学生思维陷入纠结的"节点"。前者，其实质是对小数除法中有关余数的概念的重新讨论，是对整数除法意义的承袭，退回原点，其本质是对除法意义的再认识；后者，其实质是小数计数单位的转化与变换，商中的小数点"要不要点"是为了保持商与被除数在计数单位上的一致性，退回原点，其本质是对小数位值的再理解。可见，上述两方面是学生在"小数除法"学习中的核心与关键所在。

（2）学生"我会做"就一定"懂"了吗？从问卷与访谈的数据对比可以看出，无论A班还是B班，A班有62.5%、B班有85.0%的学生在答卷中体现出"我会做"，但是即使竖式书写作答完全正确，"我会做"就一定"懂"了吗？追访之后，对于"还能不能分"陷入纠结或不清楚的学生，两个班均上升了17.5%；对于商中的"点怎么办"这一问题，只关注竖式表面结构需要保持整齐或不清楚"该不该点这儿"的学生，A班上升了20.0%，B班上升了12.5%。看来，学生"会做"但不一定能"懂"。

（3）直观模型促进算理理解的效果明显。无论是从学生能否寻求模型帮助的情况，还是从两个班四个项目的对比情况，我们能够看出，提供模型学具的B班比不提供模型学具的A班，学生的情况要好得多。比如，寻求模型（包括主动寻求）帮助的学生B班占比更多一些；追访后，对"完全不知道""不知道是否还能分""不知道'点'怎么办"这些问题陷入纠结和产生自我质疑的学生，相比于A班，B班占比都要少很多；而真正达到"懂""我会做"的学生，B班更是优势明显。可见，直观模型对促进学生算理理解的效果十分明显，特别是对整数部分分完后剩余的数的处理——进一步化小单位再与相同计数单位上的数合并，更需要借助直观模型来支撑学生理解。

二、由前测调研引发的教学思考

（一）对小数除法运算教学的整体把握

教师在小学阶段"数的运算"的教学中，对学生创新能力的培养需重点聚焦三个方面：关注活动，关注思维，关注运算能力。因此，在实际教学中需要教师对小数除法运算教学从整体上进行把握。

首先，要在真实可感的、具体的现实生活情境中呈现问题，让学生经历生活问题数学化的过程，即将现实生活中的实际问题抽象成为数学问题，在小数情境中激活思维，再次感悟除法运算的意义，以解决问题为主线，自主研究小数除法。其次，通过精确计算（笔算）的方式获得运算结果，探索分享计算多样化的策略。同时关注学生的基础差异，尊重学生思考的直观性和思维的多层次性，增进学生对小数除法产生丰富感受的同

时聚焦核心问题，使学生感悟计算方法背后的道理——小数十进位值制思想，这是小数除法运算教学的核心。再次，还要为学生创设观察、操作、思考、交流的空间，激发学生自主研究问题的热情。

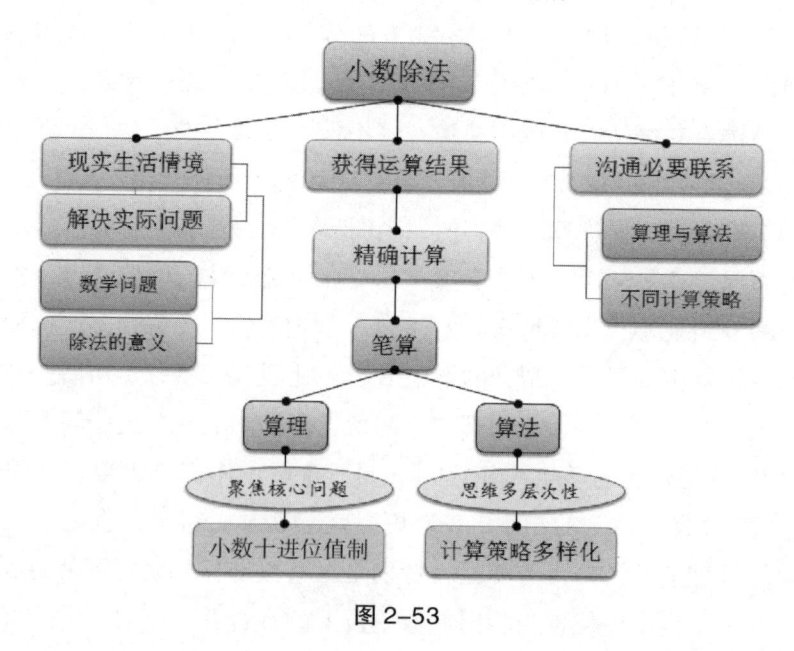

图 2-53

（二）从直观到抽象，以计量单位的转换支撑计数单位的转换

史宁中教授指出：数量的本质是多与少，数的关系的本质是大小，数是对数量的抽象。比如，"1 元""1 角""1 米""1 分米"等这些是计量单位，而"十""一""十分之一"等这些是计数单位，计量单位的累加形成"量"，计数单位的累加形成"数"。量是直观的，而数是抽象的。

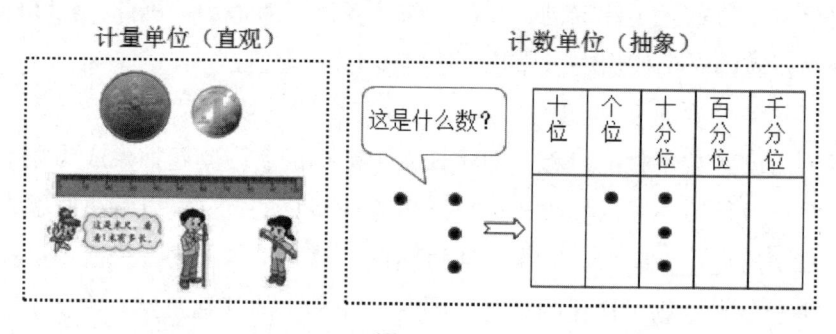

图 2-54

因此，教师在教学中要特别注重沟通元、角、分、米、分米、厘米等计量单位与计数单位之间的联系，以计量单位的转换支撑计数单位的转换。这可以有效帮助学生聚焦核心问题。以"小数除以整数"为例，本课的核心问题有两个：一是整数部分有余数如何接着分？第二次的被除数表示什么？中间的小数点点吗？二是商中间的小数点，点还是不点？只有明晰了核心问题，才能帮助学生真正深入地理解小数除法的算理。

（三）从计量到计数，以直观模型支撑运算理法的深入理解

学生从具体运算阶段过渡到形式运算阶段不是一蹴而就的事情，这需要半抽象直观模型的有效支撑（如下图）。这里的直观模型包括"元、角、分"人民币单位的实物模型，也包括方格纸面积单位的半抽象模型等。

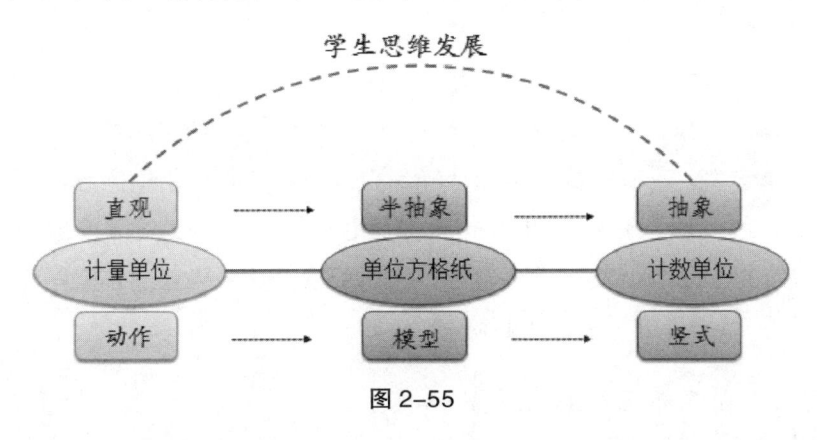

图 2-55

教学中教师要提供这些实物和半抽象的模型学具，让学生"因需而用"，借助模型说理，互动交流，沟通计量单位与计数单位之间的联系，由动作表征、模型表征到竖式表征，引导学生由计量单位（直观）经单位方格纸模型（半抽象）走向对计数单位（抽象）的理解，感悟位值思想，最终帮助学生真正从直观走向抽象，从计量走向计数，促进学生思维的发展。

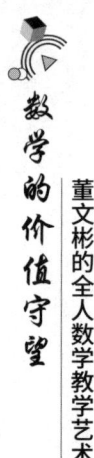

寻数史之源，叩核心本质

——"认识负数"前测调研与教学思考

一、对"认识负数"的前测

负数是小学数学"数与代数"领域内的重要内容，也是学生在小学阶段对数的又一次重要的认知升华。作为学生，在学习负数之前并非一张白纸，他们对负数认识的基础和经验是怎样的？他们对负数有着怎样最原初的理解？作为教师，只有先了解学生学习负数之前的实际情况，走进学生，读懂学生，准确把握学生的认知起点和思维节点，借助问题深度追问负数的核心本质，才能从整体上帮助学生对学习内容实现深度理解和重构。基于以上思考，我在学生学习"认识负数"这一内容前，对四年级一个班的 42 名学生进行了前测调研。

（一）前测题目及调研意图

题目 1：你认为会不会有"比 0 还小的数"？

意图：了解学生数学常识中是否存在自身经验不足导致的认知障碍。

题目 2：你听过或见过负数吗？在哪儿听过或见过？请你举出一个生活中用到负数的例子。

意图：调研学生关于负数的生活经验和认识程度。

题目 3：下面资料中的负数表示什么意思？

（1）中国最大的咸水湖——青海湖的海拔高度是 3193 米，世界上最低、最咸的湖——死海的海拔高度是 −400 米。

（2）2011 年 12 月 1 日，中国两个城市的最低气温：香港是 18℃，哈尔滨是 −18℃。

意图：调研学生对常见的生活场景中出现的负数的具体意义的理解。

题目4：-2表示什么？请用你喜欢的方式描述它的意思。

意图：调研学生对抽象的负数意义的理解。

（二）前测数据及学情分析

题目1：

表2-16

学生认知水平	会有"比0还小的数"	不会有"比0还小的数"
人数/人	26	16
占比/%	61.9	38.1

超过六成的学生认为有"比0还小的数"，但有近四成的学生认为"比0还小的数"不存在。特别是其中一个学生的理由给了我很大的触动——"0就已经表示没有了，比没有还少的数当然不会有了！"可见，学生对"0"的认识存在局限性，"0表示没有"这种封闭性认识已经成为一种习惯性的数学常识被深深地印在了学生的头脑中。学生很难摆脱这种常识性和既有认识的束缚，进而造成自身认知上的障碍。

题目2：

表2-17

学生认知情况	听过或见过负数	没有听过或见过负数
人数/人	34	8
占比/%	80.9	19.1

八成左右的学生都听过或见过负数，了解的渠道多种多样，如天气预报、温度计、冰箱、报纸、电视新闻、计算机、电梯、数学书、家长告诉等。经统计，对负数举例这一项，完全不能举例的有5人，举例模糊不明确的有8人，能明确举例的有28人，举误例的有1人。能明确举例的28人中，列举"温度"的有25人，列举"地库楼层"的有2人，列举用计算器计算"8-10=-2"的有1人。66.7%的学生能够明确举出生活中用到

负数的实例，其中列举与温度有关的占 85.7%，内容比较单一，但能够看出"温度"的确是学生认识负数最直接的生活原型。可见，大部分学生对负数或多或少还是有一些生活经验的，但仍有 33.3% 的学生无法或不能明确举例，看来这部分学生对负数的认知还是相对缺乏。

题目 3：

构建一个核心概念，首先要让学生结合现实情境，从对常见生活场景中的描述开始，根据负数在现实生活中具体应用的例子来理解负数的概念，并根据负数的意义来解析这个例子。从知识、经验的角度来看，温度与海拔是学生认识负数最直接的生活原型。那么在学习之前，学生的认知状况如何呢？我按前结构、单一结构和关联结构三种水平对两道小题的结果进行了统计。

表 2-18

题号	学生理解水平	人数/人	占比/%
（1）题	前结构（不知道）	18	42.9
	单一结构（模糊说不清楚）	10	23.8
	关联结构（能够结合"0"或比的"标准"来解释）	14	33.3
（2）题	前结构（不知道）	11	26.2
	单一结构（模糊说不清楚）	18	42.9
	关联结构（能够结合"0"或比的"标准"来解释）	13	30.9

经统计，有超过三成的学生能够联系"0"或者一个他意识中的暂时看似不成熟的模糊的"标准"来对生活场景中的负数的具体含义进行解释和描述。比如，"-400 米"表示低于海平面 400 米，学生把海平面作为比的标准；"-18℃"表示温度低于 0℃以下 18℃，把 0℃作为比的标准（如图 2-56）。但是，仍有近七成的学生无法对生活中的负数实例做出具体的解释。学生对负数的认识仅仅是停留在经验层面上的感性认识，而非本质层面上的理性认识。

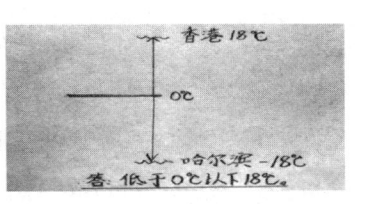

图 2-56

题目 4：

表 2-19

学生理解水平	完全不知道	结合生活实例、减法算式解释	"比 0 小 2 的数"
人数 / 人	13	18	11
占比 /%	30.9	42.9	26.2

完全不知道的有 13 人；能够结合生活实例、减法算式解释的有 18 人（如图 2-57），其中有 6 人在补习班上学习过，但学生对这种程序化的计算是否真正理解，我们要画问号；能联系"0"来解释，"比 0 小 2 的数"的有 11 人，然而学生是否真正认识和理解了"0"在这里所具有的内涵、意义，我们依旧要画问号。面对一个抽象的负数，有 30.9% 的学生完全不知道如何描述它的意义，大多数学生没有抽象到负数意义的理性认识。由此可见，学生不能触及负数概念的核心本质。

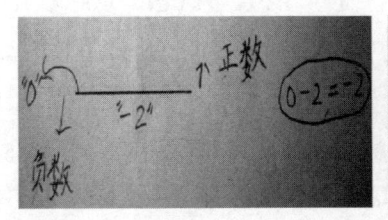

图 2-57

二、由"认识负数"的前测调研引发的思考

进行过"认识负数"的前测之后，学生的思维轨迹暴露出的问题引起了我的一连串疑问：如果说"0 表示没有"这种原始意义已成为学生学

习负数的认知障碍，那么摆脱这种常识性束缚为什么如此之难？该如何破解？在认识了自然数、小数、分数之后为什么还要认识负数？或者说，引入负数的必要性在哪儿？负数的独特价值是什么？与正数相比，负数仅仅是为了完成描述相反意义的量吗？或者是一种方向数的简洁方便的表示方法？说到底，什么是负数？负数的本质究竟是什么？……

（一）负数的本质意义

1. 从数学史的角度审视负数的经验性意义

现实世界中两个相反意义的量，一个记作正数，一个记作负数。我们对相反意义的量，感到没什么难理解的，但从历史的视界瞭望：负数从西方数学家开始使用到真正被接纳用了1000多年；从《九章算术》中有关于负数的记载算起，直到李锐在《开方说》中提出方程之根也可以是负数，中国数学家开始使用负数到在数学上接纳负数，足足用了1800多年。可见，人们认识、使用和接纳负数经历了一个十分漫长而艰辛的过程。我们再来看历史上一些数学家曾经的观点：斯蒂菲尔认为，从零中减去一个大于零的数得到的数小于一无所有，是荒谬的数；帕斯卡认为，从0减去4纯粹是胡说；笛卡尔认为，负数是不合理的数；弗伦德认为，只有那些喜欢信口开河，厌恶严肃思维的人才谈论比没有还要小的数。由此可见，"0表示没有，是最小的数"已经成为无须论证的基本数学常识，但负数的出现颠覆了这一点。由此可见，建立一种新的数学概念，意味着在某种程度上务必摆脱已有的数学常识的束缚，颠覆某种原有的固化思维，超越和拓展自我的认知视界和固有认知体系。"0"已经表示没有，负数却比没有还要少，只有厘清了负数和"0"之间的关系，在具体直观的层面上贯通负数和"0"的意义，才能真正理解负数的本质意义。

2. 从数域扩充的角度追问负数的数学性意义

根据J.L.Martin在《教与学的新方法·数学》中对负数所做的解读带来的启示，我们来看加法表，任意两个自然数相加的结果都可以用自然数来表示，用数学的语言表达就是"自然数集对加法封闭"；但是它的逆运算减法却没那么幸运，我们来看减法表，以"2-3"为例，它的结果无法用自然数表示，也就是说，"自然数集对减法不封闭"。这时就需要引入一种新的数来扩展数集。于是我们引入负数，使它成为整数集的一部分，这样新的整数集就可以同时对加法和减法运算实现封闭。

+	1	2	3	4	5	6
1	2	3	4	5	6	7
2	3	4	5	6	7	•
3	4	5	6	7	•	•
4	5	6	7	•	•	•
5	6	7	•	•	•	•
6	7	•	•	•	•	•

−	1	2	3	4	5	6
1						
2	1					
3	2	1				
4	3	2	1			
5	4	3	2	1		
6	5	4	3	2	1	

图 2-58

类似地，引入分数（小数）、无理数、虚数都是为了使得相应的运算获得封闭。这样，新的数集——整数、有理数、实数、复数，每一个集合都是它后面集合的子集。从这个意义上说，"负数使得减法运算实现封闭"才是负数的数学性本质。

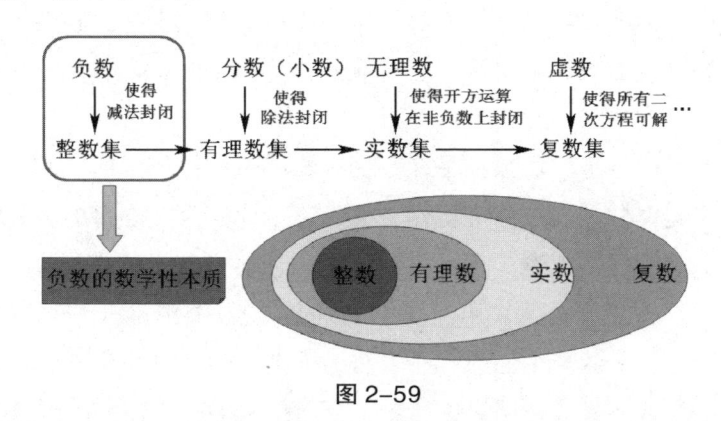

图 2-59

我认为，建立一个核心概念，就要用概念的经验性来表达数学性。而对于负数，它的经验性表现在"记录生活中相反意义的量"，数学性表现在"实现关于减法运算的封闭"，一个是非形式化的结构，一个是形式化的结构，只有将二者统合融通，才能真正理解负数的相反意义。需要说明的是，这里的"相反"绝不仅仅是字面意义上的绝对相反，如向南和向北、上升和下降、收入和支出等，更重要的是以"0"作为标准、作为分界点的相对相反，如与海平面相比的高和低、与标准质量相比的多和少等。所以，理解"0"不仅仅可以表示没有（或起点或数序），还可以作为一个特定的标准去衡量一组数的大小、区分一组数量，这同时也是理解负数核心本质的关键。

（二）对"认识负数"的教学启示

第一，创设真实可感的问题情境，引导学生在确定"标准"的前提下比较事物的量，感悟"0"作为比较标准所得到的引申义，激发认知冲突，帮助学生触及问题的要害——用以前学过的数无法表示一组相反意义的量，启发学生自主探究寻找新的记录方法，体会无论哪种记录方法传递的信息都是一致的——以前学习的数不够用，由此体会负数产生的必要性和独特价值。

第二，教学中要借助符号、表格、数线等这些思维工具帮助学生表征和记录比较的结果，在此基础上帮助学生贯通和理顺负数与"0"的关系，同时体会负数所表达的与正数相反的意义及数值。体会"0"作为标准的重要性，在与标准比较的过程中启发学生用减法算式表征比较的过程，让学生触及负数产生的数学性意义——减法运算封闭的需要。

第三，教学中还需帮助学生感悟"0"作为标准的相对性——标准是可以变换的，体会正、负数都是在和标准比的过程中产生出来的。要让学生体会到：先定标准，把标准看作"0"，表示比这个标准多的、贵的、高的、厚的、重的就是正数，表示比标准少的、便宜的、矮的、薄的、轻的就是负数——即正、负数表示相反意义的量。反思回顾正、负数的来历，只有认识了正、负数产生的原因、过程，才能有效帮助学生理解负数的本质。同时，有必要进一步引导学生对"0"加以辨析，完善关于"0"是区别正、负数的标准和分界点的认识。因为只有贯通了正、负数和"0"的关系，学生才能真正认识负数的意义。

第四，数学中非常重要的一个关联即是数学与生活的关联。所以，认识负数除了要认识它的数学性意义，还要认识它在生活中的意义。为此，教师可以创设丰富的生活情境，使学生在具体的生活情境中去感悟和体会负数的意义。如图2-60中列举的5个不同的"-2"，每个"-2"都表示不同的意思。比如，"张老师儿子的体重是-2千克"。在具体的生活情境中，我国10岁男孩的平均体重约为35千克，如果把35千克作为标准体重,"张老师儿子的体重是 -2 千克"表示的就是张老师儿子的体重比标准体重 35 千克少 2 千克,即他的实际体重是 33 千克。

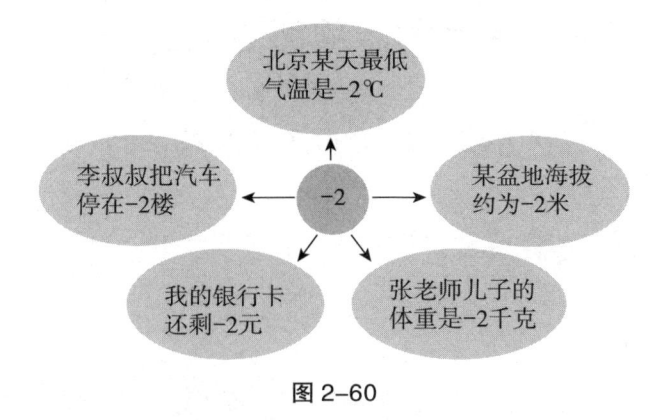

```
        北京某天最低
        气温是-2℃
              ↑
李叔叔把汽车          某盆地海拔
停在-2楼  ← -2 →   约为-2米
              ↙ ↓
        我的银行卡   张老师儿子的
        还剩-2元    体重是-2千克
```

图 2-60

教学中,教师要引导学生根据自己的生活经验来表达对每个"-2"的理解,引导其深入体会每个"-2"所表示的具体含义,并认识到"-2"所表示的含义虽不同,但最后殊途同归——它们都表示的是"比 0 小 2 的数"。通过"不同"与"同"的思考,丰富学生对负数意义的本质理解。

直面现实，从原点到远点

——"方程"前后测及其对教学的启示

一、研究背景

"方程"作为经典的单元核心课，其重要意义不言而喻。它是小学阶段"数与代数"领域的重要内容，是儿童从算术思维走向代数思维的一次飞跃，也是发展儿童模型思想这一数学核心素养的重要基础。作为学生，在学习方程之前并非一张白纸，他们已经知道了什么？学习起点在哪里？认识经验怎么样？在学习方程之后，他们对方程的认识又是怎样的？运用方程解决问题的现状究竟如何？作为教师，了解学生学习方程前后的实际情况，走进学生，读懂学生，基于儿童立场准确把握学生的认知与探究起点以及方程内容的核心本质价值，对课堂的理解和重构才有根和魂。基于以上思考，我对学习方程后的五年级学生进行了后测，同时对学习方程前的四年级学生进行了前测。

二、学情前后测设计与数据分析

（一）五年级学生后测

我首先对五年级（5）班的41名学生进行了后测。

1.后测题目及测试目的

题目1：小明的爸爸今年36岁，比小明年龄的3倍还多6岁，求小明的年龄。

题目2：一个两层书架共有60本书，如果从上层取出9本书放到下层，那么下层书的本数就是上层书的本数的2倍。求上层原来有多少本书？

以上两道题目的目的是了解五年级学生在之前四年级下学期学习完方程之后，主动运用方程解决问题的实际情况。

题目3：你对方程有什么认识？你认为学习方程最大的用处是什么？

题目4：你认为列方程解决问题最重要的是什么？

以上两道题目的目的是了解五年级学生在学习完方程后，对方程的认识及对方程意义和价值的理解情况。

2. 后测数据

题目1的作答情况：正确率92.7%。其中用算术法解决的有30人，占73.2%；用方程法解决的有8人，占19.5%；解决错误的有3人，占7.3%。

题目2的作答情况：正确率85.4%。其中用算术法解决的有30人，占73.2%；用方程法解决的有5人，占12.2%；解决错误的有6人，占14.6%。

题目3：认为方程是"含有未知数的等式""设未知数、列等式、求解""一种比较精准的等式""一种同时含有未知数和已知数的式子"的有33人，占80.5%；谈到方程"可以用正向思维轻松解决问题""解决问题更方便""能把复杂的问题简单化""能解决一些比较难的题"的有8人，占19.5%。

题目4：认为列方程最重要的是"设未知数""写解/设""等号对齐"的有32人，占78.0%；认为"分析、寻找等量关系很重要"的有9人，占22.0%。

3. 对后测数据的分析

纵观后测数据，题目1和题目2正确解决问题中选择用算术法（配合画图策略）解决问题的学生偏多，占73.2%，而主动选择运用方程解决问题的学生仅占19.5%和12.2%，同时还出现了一些错误的理解与解决方法，且均为算术法。由此可见，五年级学生在四年级下学期学习完方程之后，在面临实际问题（即便是稍复杂的问题）时依然不愿意或不喜欢主动运用方程解决，学生对方程没有亲近感。学生解决问题的策略更多地停留或依托于算术思维，即根据条件和信息倒着想问题的逆向思考。这也正是学生普遍存在的不主动运用方程解决问题的现状及现实困境，也折射出学

生的方程应用意识普遍缺失。

对"方程的意义和价值"的认识，超八成学生更多地只关注方程的外在形式（形式化定义），如"含有未知数""是等式"，只有近两成的学生谈到方程是一种正向思维，可以简单、方便地解决一些问题或难题；对"列方程最重要的是什么"的认识，近八成学生更多地关注列方程的程式化格式，如"写解/设""设未知数""等号对齐"等，而仅有两成多的学生认为"分析、寻找等量关系很重要"。由此可见，大部分学生只关注方程形式化的外表，不认识方程的本质，没有体会到方程本身的独特价值。

（二）四年级学生前测

接着，我对四年级（1）班的42名学生进行了前测。

1. 前测题目及测试目的

题目1：只列式（或方程），不计算解答。

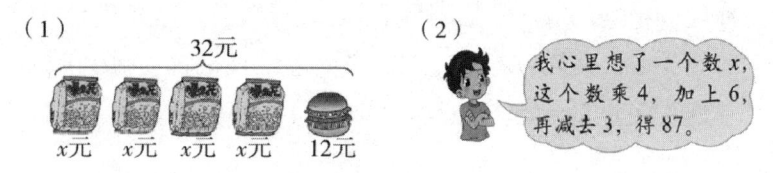

（1）32元，x元 x元 x元 x元 12元

（2）我心里想了一个数 x，这个数乘4，加上6，再减去3，得87。

图2-61

此题目的目的是了解学生在真实可感的问题情境中，在自己现有的知识结构中，对方程意义的认知起点及主动运用方程刻画描述和解决问题的情况。

题目2：你听说过方程吗？下列哪些式子是方程？
① $x+5=11$ ② $x-10>8$ ③ $y+5<9$ ④ $2×6=12$ ⑤ $y÷2=4$
此题目的目的是了解学生根据形式正确辨认方程的情况。

2. 前测数据

题目1的作答情况：题（1）正确率73.3%。其中列算式的有27人，占64.3%；列方程的有8人，占19.0%；列式错误的有5人，占11.9%；不会或留空不答的有2人，占4.8%。题（2）正确率45.2%。其中列算式的有9人，占21.4%；列方程的有10人，占23.8%；列式错误的有18

人，占 42.9%；不会或留空不答的有 5 人，占 11.9%。

题目 2 的作答情况：知道方程且能正确识别的有 18 人，占 42.9%；不知道且完全不认识方程的有 11 人，占 26.2%；知道但识别方程错误的有 13 人，占 30.9%。这 13 人中有 7 人只关注未知数（字母），不关注关系；有 3 人只关注单一未知数（字母），不关注关系；1 人只关注不等关系；1 人只关注相等关系；1 人关注相等关系，但字母只限 x。

3. 对前测数据的分析

纵观前测数据，题目 1 中，仅有两成左右的学生主动列方程刻画和描述问题，而八成左右的学生选择列算式，依然喜欢用算术思维"倒"着想问题，绝大多数学生不愿意主动亲近方程，没有体会到方程在解决问题中的独特价值。

题目 2 中，脱离问题情境，知道并能从外在形式化的角度正确识别方程的学生占到四成多，说明相当一部分学生在学习前对方程已经有所了解。这也正是学生学习方程的大众化的认知起点。

三、由前后测调研引发的思考及对深度教学的启示

进行前后测之后，学生的思维轨迹暴露出的问题引起了我的一连串疑问："含有未知数的等式叫方程"这句话有那么重要吗？它究竟是不是一个严谨的逻辑定义？方程概念的核心究竟是什么？算术法也可以解决实际问题，为什么还要认识方程？"算术"与"代数"的本质区别是什么？学生认识了方程就会用方程了吗？方程不可替代的独特价值和意义在哪儿？说到底，究竟什么是方程？方程的本质是什么？方程模型又是什么？如何在教学中让学生经历发展模型思想的全过程？……

（一）什么是方程

为此，我查阅了相关文献资料。早在 1993 年陈重穆先生就提出："含有未知数的等式叫方程"这样的定义要淡化，不要记，无须背，更不要考。关键是要理解方程思想的本质，它的价值和意义。那么，方程思想的本质到底是什么？它独特的价值和意义在哪儿？张奠宙教授指出：方程是为了寻求未知数，从而在未知数和已知数之间建立起来的等式关系。换句

话说，方程的核心是为寻求未知数，方程刻画的是一种关系，是一种等量关系，这种等量关系的数学符号表达是"等式"。因此，在实际教学中，就要在真实可感的问题情境中凸显让学生不断经历对等量关系的寻找、建立与刻画过程，把未知数和已知数联系起来，借助这样的关系寻求需要的未知数，进而解决问题。

（二）算术思维与代数思维的本质区别是什么

以我之见，算术思维和代数思维的区别可简要归纳如下图 2-62。

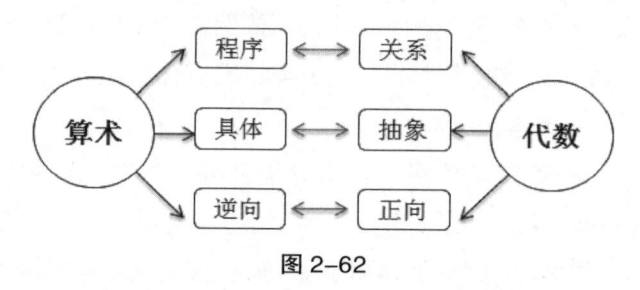

算术 ↔ 程序 ↔ 关系 ↔ 代数
算术 ↔ 具体 ↔ 抽象 ↔ 代数
算术 ↔ 逆向 ↔ 正向 ↔ 代数

图 2-62

算术是由程序思维来描述的，核心是得到一个答案，而代数是由关系或结构来刻画的，目的是发现关系、建立结构，本质是通过对消还原未知数；算术的运作是具体的，代数的运作是抽象的；算术是"数"的运算，是数字计算，而代数是"式"的运算，是类型计算；算术是逆向思维，代数是正向思维，用算术或方程解题的思维路线往往是相反的，有时，计算简单的算术方法往往需要付出的是逻辑思维的代价。

学生已经熟悉了算术方法，对方程没有认同感，所以很自然地就会走老路。因此，教师可以在实际教学中，使学生在认识方程的过程中感受算术法与方程法之间的区别，逐步体会算术思维和代数思维的区别。在问题情境中，应引导学生先用语言描述，即把日常语言抽象成数学语言，进而转换成符号语言。在多次这样的活动过程中积累经验，帮助学生感受到方程与实际问题的联系，领会数学建模的思想和基本过程，就会逐步顺利实现从算术思维向代数思维的过渡。

（三）方程教学还能承载什么

张奠宙教授在《小学数学研究》中提出，现实世界中存在着许多的数量关系，它们都可以归结为一种特别的"式"的相等关系，成为一种抽象的模型，方程就是一种应用广泛的数学模型。我在想：方程的模型是什么？方程教学如何发展学生的模型思想？如何让方程的模型价值在小学生的逻辑思维体系中根深纵远？这让我想到了"鸡兔同笼"问题中方程策略所蕴藏的模型思想。我国古代数学名著《孙子算经》中记载："今有雉兔同笼，上有三十五头，下有九十四足，问雉、兔各几何？"

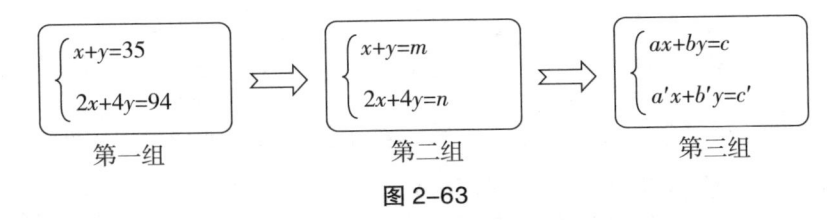

$$\begin{cases} x+y=35 \\ 2x+4y=94 \end{cases} \Longrightarrow \begin{cases} x+y=m \\ 2x+4y=n \end{cases} \Longrightarrow \begin{cases} ax+by=c \\ a'x+b'y=c' \end{cases}$$

第一组　　　　　　　第二组　　　　　　　第三组

图 2-63

如设鸡有 x 只，兔有 y 只，根据题目中的数量关系，可列出如图 2-63 所示的第一组方程（组）来解决这个问题；如"头数"和"腿数"发生变化，则所列方程（组）可扩展为第二组方程（组）来解决这一类问题；如将"鸡兔同笼"变化为本质上一致的同类别的问题，则所列方程（组）可扩展为第三组方程（组）来解决这一大类问题。可见，从"个"到"类"再到"一大类"，在问题解决的过程中，字母提供了方便，学生在学习过程中经过不断地合理抽象、推理，最终将借助于方程（组）在头脑中建立数学模型，这种数学思想的渗透和冲击将会对学生的数学学习产生深远影响。

方程对小学生来说，外在形式上的认识是表面的，更重要的是感受在问题解决的过程中建立模型的过程。而在小学阶段，总量模型和路程模型是最基本也是最重要的两个基本模型（如图 2-64），一个体现加法之间的关系，即"总量 = 部分量 + 部分量"，一个体现乘法之间的关系，即"距离 = 速度 × 时间"。其中路程模型还可外化拓展为小学生最熟悉的"总价 = 单价 × 数量"，本质是一样的。

因此，在实际教学中，教师要借助这些模型帮助学生感受同一个等量关系可以解决同一个情境的不同问题，同一个等量关系也可以解决不同情境的不同问题。既然学生开始习惯于算术思维，那就顺应学生的想法，不回避算术法，引导学生在问题解决的背景下体会方程思想的本质和价值，

$$ax \pm b = cx \pm d$$

方程

加法 — 总量＝部分量＋部分量 — 总量模型

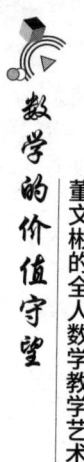

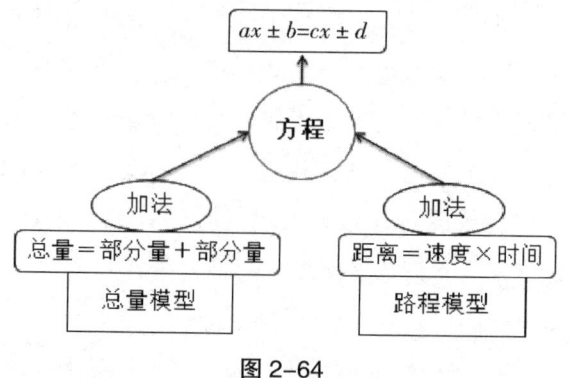

加法 — 距离＝速度×时间 — 路程模型

图 2-64

经历建模过程，感受模型思想。当然，对于方程价值的体会，对于从算术思维走向代数思维的转变，以及模型思想的渗透，并不是一蹴而就的，也不是一朝一夕就能达成的，这需要我们在整个方程单元乃至后续相关教学中逐步去深入思考和实践，但沿着学生的思维轨迹寻找学生困惑的原因，破除雷打不动的经典套路，对"方程"这节课或这一单元进行叩问核心本质、促进深度理解的系统设计，或许是更为合理的解决策略。

基于学生发展的核心概念建构路径

——关于"体积与容积"前测分析与教学思考

"体积与容积"是小学数学中比较抽象的核心概念,也是小学阶段研究物体体积度量的重要开始。那么,学生在初次认识体积与容积时的学习难点是什么?对概念的本质建构造成障碍与干扰的思维节点是什么?如何在教学中设计更有效的核心学习活动路径,帮助学生突破这些难点和障碍,进而在对概念的建立与理解中培养学生的空间观念,发展高阶思维?基于以上思考,我以北师大版五年级下册"体积与容积"一课为例,对执教的一个班的41名学生进行了深入的前测调研,试图探寻、分析、解决上述思考问题。

一、前测调研

(一)调研题目及调研意图

题目1:什么是物体的体积?葵葵和园园各自给出了下面的理解,你同意他们的想法吗?说明理由。

葵葵说:物体的体积就是指它的表面积。比如,一个橘子的体积就是指外面一层橘子皮的面积大小。

园园说:物体的体积就是指它的占地面积。比如,一个水杯放在桌子上,和桌面接触的杯底的面积大小就是杯子的体积。

如果都不同意,你认为什么是体积?可举例说明。

这个题目的调研意图有二:一是想了解表面积、占地面积等二维概念对学生认识与理解三维体积概念的具体干扰情况;二是探寻学生建立体积概念的最原初的认知。

题目2：如图2-65，土豆和红薯相比（目测无法分辨），谁的体积大？淘气、笑笑、奇思、妙想分别给出了以下比较方法，哪些方法可以比较出土豆和红薯体积的大小？在后面的（　　）里打"√"。

图2-65

第①种：先把土豆和红薯分别碾成土豆泥和红薯泥，再把碾好的土豆泥和红薯泥分别装入两个相同的透明的杯子里，均匀抹平，不留缝隙，看哪个在杯子里的高度高，哪个体积就大。（　　）

第②种：先在两个相同的杯子里倒入同样多的水，然后把土豆和红薯分别放入，保证水都不溢出，且没过土豆和红薯，看哪个水面上升得多，哪个体积就大。（　　）

第③种：先用塑料薄膜把土豆和红薯沿着外表面分别包裹起来，然后再把塑料薄膜取下来，看哪个塑料薄膜的面积大，哪个体积就大。（　　）

第④种：分别称一下土豆和红薯的质量，看哪个质量大，哪个体积就大。（　　）

这个题目的调研意图是：在对土豆和红薯这样两个目测无法分辨出谁占的空间大的物体，所实施的不同实验解决方案是否可行的思考中，一方面了解学生解决问题的正误路径，另一方面了解在思维路径中所暴露出的影响体积概念建立的两个重要因素——表面积、质量的具体干扰程度。

题目3：如图2-66，

图2-66

（1）这4个杯子都有容积吗？哪个没有？请指明序号。

（2）你认为哪一杯大米是这个杯子的容积（忽略米间缝隙）？（　　　）

A.①　　B.②　　C.③　　D.④　　E.哪个都不是

（3）你知道什么是容积吗？可举例说明。

这个题目的调研意图是：在引导学生观察的基础上，了解学生容积概念建立中的障碍以及对容积概念认识的具体情况。

（二）数据统计结果及分析

1. 关于体积概念建立的思维障碍

"题目1"作答情况见表2-20、表2-21，"题目2"作答情况见表2-22、表2-23。

表2-20

学生观点	人数/人	占比/%
同意葵葵（体积就是表面积）	6	14.6
同意园园（体积就是占地面积）	2	4.9
两者均不同意	33	80.5

表2-21

"什么是体积"作答情况	人数/人	占比/%	作答举例
数学语言描述相对准确	5	15.2	一个物体在三维空间内所占的空间的大小
用长方体举例量化计算	4	12.0	体积就是长乘宽乘高；一个长方体长是10cm，宽是6cm，高是7cm，它的体积就是$10 \times 6 \times 7 = 420$（$cm^3$）
与容积概念混淆	6	18.2	体积就是某个物体的容积；体积就是一个物体里面的可容量
认知理解完全错误	6	18.2	一个铁块的重量就是其体积；体积就是看某个物体的质量；体积就是物体的密度；比如，一个橘子的体积就是指里面橘肉的大小
描述表达含混不清	7	21.2	体积是一个物体占空间的面积；体积就是一个物体一周的大小；体积就是一个物体的上下左右；体积就是一个物体的大小，比如，一个正方形，它有多大，它的体积就有多大
不知道	5	15.2	

表 2-22

哪些方法可行	人数 / 人	占比 /%
完全正确（选择①②方案）	12	29.3
错误（出现漏选或错选）	29	70.7

表 2-23

具体作答情况	人数 / 人	占比 /%
选择①方案	33	80.5
选择②方案	25	61.0
选择③方案	11	26.8
选择④方案	14	34.1

根据数据统计结果可以看出，对于题目1，有19.5%的学生明确表示同意葵葵或园园的观点——即"体积就是表面积或占地面积"。可见，如同认识面积时，学生把一维概念的表象经验迁移到了二维概念的建立一样，在认识体积时，学生同样把二维概念的表象经验迁移到了三维概念的建立当中。在80.5%不同意两者观点并对体积给出自己认识的学生中，能用数学语言相对准确描述的只占15.2%；而有12.0%的学生用"长方体"举例量化计算，这说明学生对体积的认识仅仅停留在长方体"长 × 宽 × 高"的"量化几何"的经验层面；18.2%的学生将体积与容积概念理解混淆；同样有18.2%的学生对体积的认知理解完全错误，比如，认为体积就是一个物体的质量、重量、密度等；而36.4%的学生对体积的理解（特别是对"空间"和"占空间"的理解）描述表达含混不清或不知道什么是体积。

对于题目2，作答完全正确的学生仅占29.3%，错误率高达70.7%。其中，选择方案①和方案②解决问题的学生分别占80.5%和61.0%，无论是把土豆和红薯碾成泥还是水测法，这都与学生的生活经验直接相关。但我们也发现，26.8%的学生选择方案③，认同通过比较表面积的方式比较体积；还有34.1%的学生选择方案④，认为"质量大的物体体积就大"。

由此可见，造成学生真正认识体积含义的障碍有两个：首先，感受、理解什么是"空间"和"占空间",是学生学习体积含义的难点,这比体积本身更难感受和理解,会越说越糊涂。其次,"表面积"和"质量"是干扰学生正确建立体积概念表象、理解体积概念内涵的两个最重要的因素,教学中不能回避,需充分暴露,层层剥茧。

2. 关于容积概念形成的学习难点

题目 3 作答情况见表 2-24、表 2-25、表 2-26。

表 2-24

"这 4 个杯子都有容积吗"	人数 / 人	占比 /%
都有	26	63.4
不都有 5 人认为①没有;3 人认为③④没有	8	19.5
不知道	7	17.1

表 2-25

哪一杯大米是这个杯子的容积	人数 / 人	占比 /%
选择 A	0	0
选择 B	1	2.4
选择 C	33	80.5
选择 D	4	9.8
选择 E	3	7.3

表 2-26

"什么是容积"作答情况	人数 / 人	占比 /%	作答举例
从容量的角度	6	14.6	容积就是一个容器的容量
数学描述理解准确	6	14.6	容积就是某个物体可以容纳的体积;容积就是一个可容纳东西的物体能装多少东西,东西的体积就是物体的容积
与体积混淆	6	14.6	容积就是一个物体的体积

（续表）

"什么是容积"作答情况	人数 / 人	占比 /%	作答举例
理解错误	5	12.2	容积就是一个物体的内在重量；容积就是一个物体所能容纳的重量
描述表达含混不清	15	36.7	一个物体内可容放的东西；向一个杯子里倒水，里面的水就是这个杯子的容积
不知道	3	7.3	

由表 2-24 可见，19.5%的学生认为这 4 个杯子"不都有容积"，其中 12.2%的学生认为杯子只有在装东西的时候才有容积，空杯子没有容积；7.3%的学生认为杯子在"装满"（包括超出）东西的状态下没有容积。另外，17.1%的学生不知道或不清楚这四个杯子是否都有容积。

对于"哪一杯大米是这个杯子的容积"，作答正确率为 80.5%，作答错误的学生中，有 2.4%的学生将"所能容纳"只理解为"装有"而不是"装满"；9.8%的学生认为"超出容器内部空间的部分"也是杯子的容积。另外，还有 7.3%的学生认为"哪个都不是"，对这部分学生的典型追访如下。

师：你知道什么是容积吗？可以举例说明。
生：容积就是在杯子里装满水。
师：杯子里只能装水？
生：可以装液体。
师：气体可以吗？
生：不行。
师：固体可以吗？
生：也不行。
师：那如果是细沙呢？
生：可以，但不能有缝隙，必须填满整个杯子。

举例说明"什么是容积"时，70.0%的学生只举出"杯子装水"的例子，对于生活中形形色色的容器认识不全面。有 14.6%的学生从容量的角度给出解释，认为"容积就是一个容器的容量"，学生选择了较为直观的方式和贴近生活的词语来刻画容积；同样有14.6%的学生对容积的认识的解释相对准确，认为"容积就是一个可容纳东西的物体能装多少东西，东西的体积就是物体的容积"；44.0%的学生对容积的认识描述含混不清或不知道怎样解释；12.2%的学生对容积的理解完全错误；14.6%的学生将容积与体积混淆，认为"容积就是一个物体的体积"，由此可知体积和容积这两个概念有很多相似之处，容易混淆，学生对两者的区别和联系的认知与体会是理解上的另一重困难。

二、由前测调研引发的教学新思考

（一）围绕"比较"设计核心活动，在问题解决中建构概念本质

在"图形与几何"中，无论是周长、面积还是体积，都属于求"积"问题。而一切求"积"问题的本质认识都源于比较。因此，在认识体积和容积的概念时，学习活动一定是围绕"比较"展开。帮助学生建构体积概念一般分三个阶次：感知物体都各自占有一定的空间；感知所占空间有大有小；感知所占空间大小是可以分辨和确定的。

第一阶次：可以让学生把桌斗清空，伸出双手去摸一摸桌斗，感受一下桌斗的空间；把一摞书放进去，再摸一摸桌斗的空间，体会其空间的变化。借助这样的想象、知觉活动，让学生初步清晰地感受"空间"以及"物体是占空间"的。

第二阶次：需要让学生对物体所占空间的大小进行比较。这里的比较一般分两个层次：一是可以直接通过观察分辨出来的，比如，空调、水杯、乒乓球这三个物体所占的空间。再比如，气球吹起前后所占的空间与一瓶矿泉水相比。通过看、找、想、说的活动，学生经历观察与数学描述的过程，初步感知物体不仅占有空间，而且它们所占的空间还有大小之分。特别是吹气球的演示，可以让学生感悟不仅固体占有空间，气体也占有空间且占有的空间会不断发生大小变化，有利于学生感悟和理解体积概念的丰富内涵。二是无法直接通过观察分辨出来的，比如，土豆和红薯这两个物体无法直接目测出谁占的空间大，这时就需要设计一定的实验方案

进行比较，这也是课堂教学的核心活动。对于这类目测无法分辨出谁占的空间大的物体，启发学生思考设计不同的实验方案，或碾成泥来比，或水测（溢测）来比，或比表面积，或比质量，等等，在引导学生对实验方案是否可行进行质疑交流时，着重对表面积、质量这两个干扰因素进行层层剥茧、深入讲解。

第三阶次：通过现场演示水测法实验并对实验现象进行观察与描述，使学生进一步感知物体都占有各自一定的空间、所占空间有大有小、所占空间大小可以确定。至此，体积概念的建立变得丰富饱满、水到渠成。

在认识容积概念时也是一样，可以围绕"比较"来设计活动。比如，设计这样的问题：两个目测无法分辨出谁的内部空间大的杯子，如何判断哪个杯子装的水多呢？激发学生同样通过设计实验方案来解决问题。在实验演示、求证、比较、描述的过程中，帮助学生感知容器不只能容纳物体，而且所能容纳的物体还有多有少，感知、认识容积的含义，建立容积的概念。

（二）围绕"偏差"设计问题链条，在障碍冲突中领悟概念内涵

小学阶段有些数学概念的表述比较抽象和难以理解。比如，教材是采用体积来定义、刻画容积的——容器所能容纳物体的体积，是容器的容积。对于"所能容纳"，学生很容易产生认识上的偏差和误解。为此，可以先通过"往杯子倒水"初步认识容积，在此基础上，再采用"杯子装米"（如前测题目3）的渐变方式，帮助学生在质疑交流中矫正认识上的偏差和误解。比如，往相同的杯子里分别装入不同量的米，米的量在杯子中呈现出由无到有、从少到多的渐变状态，借此引导学生观察比较：哪个杯子中大米的体积是杯子的容积？这4个相同的杯子容积相等吗？让学生在真切感受中进行比较，在比较中产生认知冲突，在解决冲突的过程中达成平衡和一致，从而准确理解"所能容纳"是指杯子中的米正好装满，没有缝隙，也没有超出；而且能领悟到杯子里即使没有装东西，也是有容积的；杯子里米的量在渐次变化，但杯子的容积没有发生改变；相同的杯子容积是相等的。通过这样的"问题串"设计，能够帮助学生突破原有的偏差认识，进而更透彻地理解容积概念的本质。

（三）围绕"关联"设计思维活动，在猜比想象中透彻理解概念

在建立体积和容积的概念的基础上，还要帮助学生认识两者之间的联系与区别，只有认识了两者之间的关系，学生才能将体积和容积内化为自己的概念。这里重点要明晰以下两种情况。

一是同体积的物体（容器）的容积未必相同。呈现两个相同的纸箱，适时提问：这两个纸箱谁的体积大？在学生得出体积相同的结论后进一步追问，让学生猜一猜：它们的容积是否也相同？有学生认为容积也一样；有学生认为如果两个纸箱里面的构造一样，它们的容积就相同，如果里面构造不一样，容积就不同。教师适时打开两个纸箱，呈现内部的不同构造（如图 2-67），让学生观察到纸箱壁的厚度不一样，这种情况下容积是不相同的。从而让学生认识到，容器容积的大小不能只看外表，体积相同的两个物体（容器）的容积不一定相同。

图 2-67

二是同一个物体（容器）的体积大于容积。还是以纸箱为例，渐次呈现三个问题，引导学生在想象中思考：如果纸箱的外壁不断加厚，与之前相比，体积和容积有什么变化？如果纸箱的内壁不断加厚，与之前相比，体积和容积有什么变化？如果纸箱的内壁不断变薄，与之前相比，体积和容积又有什么变化？在这样充满挑战的渐变式的问题情境中，学生边想象边体会体积和容积随着壁厚的变化而变化。特别是第三个问题，在纸箱的内壁不断变薄的过程中，学生在想象的思维活动中最终慢慢感悟极限思想，逐渐想象到"零厚度"，此时容积即等于体积。这个过程在培养学生的空间想象力的同时，也发展了学生的高阶思维，进而让核心概念的建构与理解走向深刻。

第三章

实践与反思：课堂设计与教学案例

从"数学思考"走向"哲学思维"

——"数与形"教学设计与思考

【课前慎思】

"数与形"是人教版六年级上册第八单元"数学广角"的新增部分,学习内容相对独立,思维性也比较强。教材分两个例题进行编排,"例1"是发现图形中隐含着数的规律,利用数的规律解决图形的问题,是用"数"来解决"形"的问题。"例2"是利用图形直观地解释一些比较抽象的数学原理、事实和思想,是用"形"来解决"数"的问题。"例2"试图通过一道特殊的分数加法的计算,让学生进一步体会"数"与"形"之间的内在联系,借助"形"沟通加法与减法的关系及理解"无限接近1",并能把数形结合的思想迁移到解决一些实际问题,培养学生几何直观,发展学生数学思考,帮助学生积累思维活动经验上来。学生对于结合"形"来分析问题有一定的零散经验,如在第一学段要求学生通过观察"形",发现其中的一些规律,并解决简单的问题。另外,在课堂学习中也曾运用图形解释抽象的数学原理和事实,如利用小棒、计数器模型来认识抽象的数,利用点子图来理解整数乘法的算理,借助线段图来理解分数除法的算理,借助面积模型来解释分数乘法的算理、运算律等,这是本课教学的起点。但以传统的教学审视,"例2"以及后面编排的几道习题都属于思维训练题甚至数学竞赛题,是供学有余力的学生学习的,对普通学生来说要求相对偏高。

课前我调查了一个班的40名学生,题目为"0.9+0.09+0.009+…=?请用你喜欢的方式解释结果。"前测数据显示,认为结果是"0.999…"的学生占62.5%,认为结果是"1"或"无限接近于1"的学生占30.0%,认为"结果无法表示"或"不会解答"的学生占 7.5%。其中，仅有 15.0% 的学生能够主动联想到运用图形（长方形或正方形面积模型、线段长度模型）对运算的过程与结果做出合理性解释。这表明，大部分学生没有主动运用图形来描述、分析和解决问题的意识，没有体会到图形作为数学思考的价值。根据以往的教学经验，学生学习本课的最大难点是"为什么 $\frac{1}{2}+\frac{1}{4}+\frac{1}{8}+\frac{1}{16}+\frac{1}{32}+\frac{1}{64}+\cdots$ 结果无限趋近于 1 或者就是 1"，学生对于极限思想的体会是个很重要的思维节点。另一个难点是学生很难想到借助"形"沟通加法与减法的关系及理解"无限接近 1"，这种几何直观的数学思考是学生需要跨越的一个障碍。基于以上分析，我对本课教学进行了如下设计。

1. 教学目标

（1）在解决"数"的问题情境中，借助"形"（面积模型、线段图等）来直观感受与"数"之间的关系，体会"形"与"数"有时能互相解释，有时能借助"形"解决一些与"数"相关的问题。

（2）经历运用"数"与"形"结合来分析思考数学问题的过程，在"观察—猜想—关联—操作—论证—归纳"等数学活动中，通过撬动"数"与"形"的关系进而发展数学思考，感悟数形结合的思想方法，提高问题解决的能力。

（3）感悟数形结合的思考价值，培养独立思考、合作交流、反思质疑的习惯，感受到问题研究的乐趣，喜欢数学，喜欢思考。

2. 教学重难点

（1）重点：借助"形"感受与"数"之间的关系，用数形结合的思想方法解决数学问题。

（2）难点：体会极限思想，感悟图形作为数学思考的价值。

3. 教学流程图

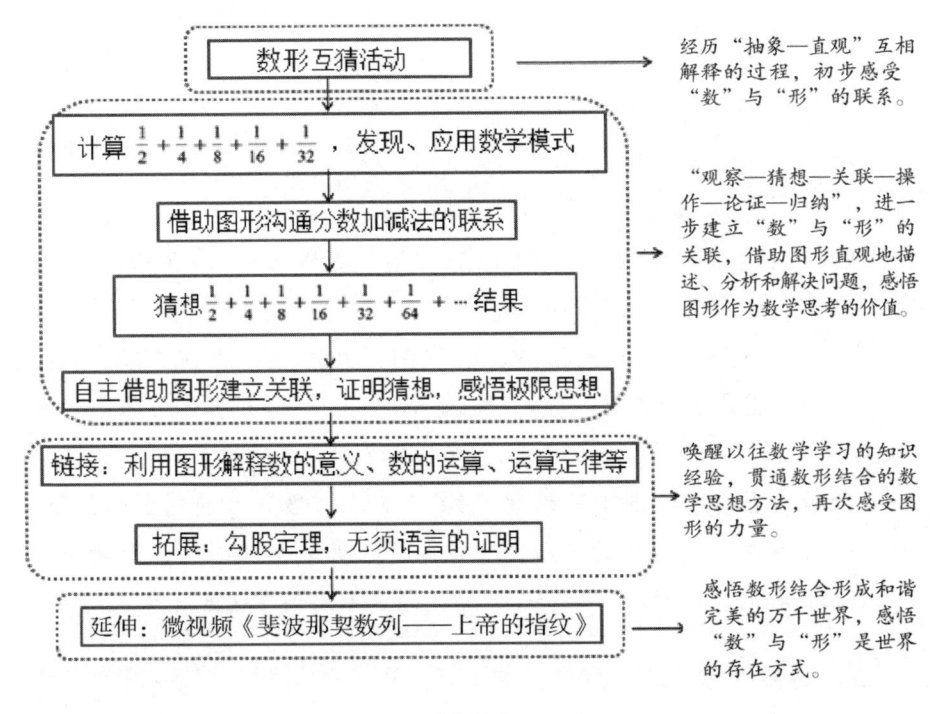

```
         数形互猜活动          →   经历"抽象—直观"互相
                                  解释的过程,初步感受
              ↓                   "数"与"形"的联系。

   计算 1/2+1/4+1/8+1/16+1/32,发现、应用数学模式
              ↓                   "观察—猜想—关联—操
   借助图形沟通分数加减法的联系      作—论证—归纳",进一
              ↓               →   步建立"数"与"形"的
   猜想 1/2+1/4+1/8+1/16+1/32+1/64+…结果   关联,借助图形直观地描
              ↓                   述、分析和解决问题,感悟
   自主借助图形建立关联,证明猜想,感悟极限思想   图形作为数学思考的价值。

   链接:利用图形解释数的意义、数的运算、运算定律等   →   唤醒以往数学学习的知识
              ↓                   经验,贯通数形结合的数
   拓展:勾股定理,无须语言的证明      学思想方法,再次感受图
              ↓                   形的力量。

   延伸:微视频《斐波那契数列——上帝的指纹》   →   感悟数形结合形成和谐
                                  完美的万千世界,感悟
                                  "数"与"形"是世界
                                  的存在方式。
```

图 3-1

【课中践行】

一、数形互猜活动,初步感受关联性

1. 依次出示下面 3 组图形:

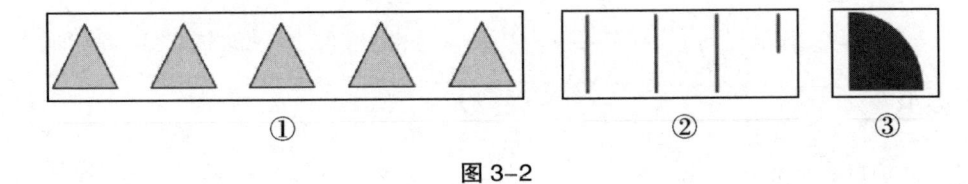

图 3-2

看到它们,你能想到哪些数?

预设:第 1 组有 5,15,…;第 2 组有 3.5,$3\frac{1}{2}$,…;第 3 组有 $\frac{1}{4}$,0.25…

2.再依次出示下面3个数：

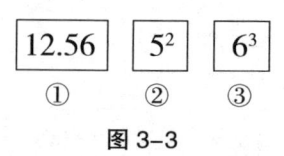

$$\boxed{12.56} \quad \boxed{5^2} \quad \boxed{6^3}$$
　　①　　　②　　　③

图 3-3

看到它们，你又能想到什么样的图形？

预设：第1个为半径是2的圆、直径是4的圆；第2个为边长是5的正方形；第3个为棱长是6的正方体。

小结：通过刚才的互猜游戏，看到图形我们能联想到"数"，看到"数"我们还能联想到图形。看来，数与形之间有一定的紧密联系。今天，我们就一起来研究"数"与"形"之间的奥秘。

【分析与思考】从图形联想到"数"，再从"数"联想到图形，经历"抽象—直观"互相解释的过程，初步感受"数"与"形"之间的关联，突破数形认知转换的障碍，为后续数学问题的解决埋下伏笔。

二、运算问题解决，建立"数"与"形"的关联，感悟数形结合的数学思考价值

（一）计算分数加法，发现、应用数学模式

1.出示 $\frac{1}{2} + \frac{1}{4}$，提问：谁会口算？

2.出示 $\frac{1}{2} + \frac{1}{4} + \frac{1}{8}$，提问：这个呢？

3.继续出示 $\frac{1}{2} + \frac{1}{4} + \frac{1}{8} + \cdots$，提问：如果继续加，你猜接下来会加多少？

预设：$\frac{1}{16}$。

提问：你怎么看出来的？

预设：通过观察可以发现，后面一个分数是前面一个分数的 $\frac{1}{2}$，所以第四个数应加 $\frac{1}{16}$。

4. 如果按这个规律加下去，接下来该加多少？

【分析与思考】在分数加法的计算中，让学生经历发现、应用数学模式（即规律）的过程，学生通过观察发现加数有规律，和也有规律。在数学学习中，要善于发现"数"（或"形"）中的规律，只有发现了规律，才能进一步应用规律。

5. 逐步出示 $\frac{1}{2} + \frac{1}{4} + \frac{1}{8} + \frac{1}{16} + \frac{1}{32}$，这个算式会算吗？说说你是怎么算的。

预设1：通分，即 $\frac{16}{32} + \frac{8}{32} + \frac{4}{32} + \frac{2}{32} + \frac{1}{32} = \frac{31}{32}$。

预设2：不管怎么加，最后一个分数的分母减1就是分子。如式子最后一个分数是 $\frac{1}{32}$，分母是32，分子是31，结果就是 $\frac{31}{32}$。

预设3：发现结果与最后一个分数有关系，都是1减去最后一个分数。原式可以写成 $1 - \frac{1}{32}$，得 $\frac{31}{32}$。

预设4：发现后面的分数依次是前面分数的 $\frac{1}{2}$，可以画图表示……

【分析与思考】在寻找数学模式时，不同的学生思考问题的角度不同，找到的规律也不同。利用若干个数、式中存在的有限规律，通过推理得到一般性的结论，再把这一结论应用到所有符合这一模式的情形中去，这是一种典型的归纳推理的思想和方法。

（二）借助图形沟通分数加减法的联系

课件动态演示：

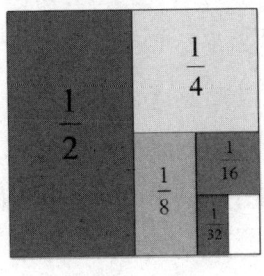

图 3-4

1. $\frac{1}{2}+\frac{1}{4}+\frac{1}{8}+\frac{1}{16}+\frac{1}{32}$ 这个算式在图中表示的是什么？

预设：涂色部分的面积。

2. $1-\frac{1}{32}$ 在图中又表示什么？

预设："1"表示整个正方形的面积，"$\frac{1}{32}$"表示空白部分的面积，"$1-\frac{1}{32}$"表示整个正方形的面积减去空白部分的面积，也就是涂色部分的面积。

3. 要求涂色部分的面积可以怎么算？

预设：$1-\frac{1}{32}$。

【分析与思考】借助面积模型图（形）带来的直观感受，体会与数（式）之间的关系，体会"形"与"数"之间可以互相表达、解释，在"数"与"形"之间建立关联，初步感悟数形结合的思想方法；经历数学中几何直观的过程，初步体会数形结合的好处。

（三）感悟极限思想

1. $\frac{1}{2}+\frac{1}{4}+\frac{1}{8}+\frac{1}{16}+\frac{1}{32}$ 这个算式还能继续往下加吗？

2. 这个算式如果继续不停地加下去，加不加得完？

预设：还能加，永远加不完。

3. $\frac{1}{2}+\frac{1}{4}+\frac{1}{8}+\frac{1}{16}+\frac{1}{32}+\frac{1}{64}+\cdots$，像这样一个加不完的算式，你猜一猜最终的结果会是多少？

预设：$\frac{n-1}{n}$；$1-\frac{1}{n}$；$1-\frac{1}{2^n}$；1。

【分析与思考】猜想是数学思考和创新意识培养的必备前提，让学生联系已有的活动经验经历数学猜想的过程，从而提高后续验证的科学性。

4. 能不能在学习单上画个图，用"形"来证明你的猜想？把你的思考过程画下来。

出示：

$$\frac{1}{2}+\frac{1}{4}+\frac{1}{8}+\frac{1}{16}+\frac{1}{32}+\frac{1}{64}+\cdots$$

要求：
（1）先猜一猜和是多少。
（2）再尝试用"形"来解释你的想法。

图 3-5

学生先独立思考操作、解释、论证，再小组交流，教师巡视指导，与小组学生交流，完成快的小组带着本组的思考成果下座位去与其他小组同学交流。

【分析与思考】 小组合作学习的前提一定是个体独立思考。在前期以"形"助"数"活动经验积累的基础上，出示研究活动学习单，无论是能力强还是能力弱的学生，使之都能明确研究对象、研究任务、有效的研究方法和最终的检查方式，进而独立思考、小组交流，之后在全班汇报时，能够使用条理清晰的模式和语言进行表述，即建立学生的个体数学表达结构，这无疑是一次思维的巨大提升。

5. 反馈。

预设1：正方形图（如图3-6）。

预设2：长方形图（如图3-7）。

预设3：圆形图（如图3-8）。

预设4：线段图（如图3-9）。

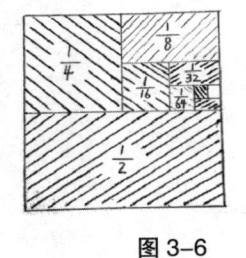

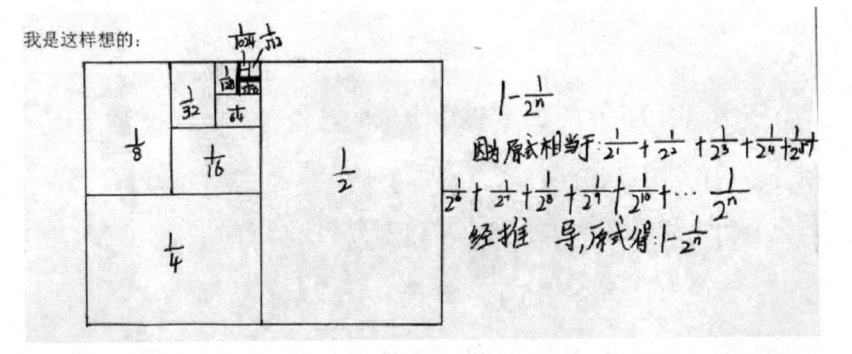

图 3-6

图 3-7

图 3-8

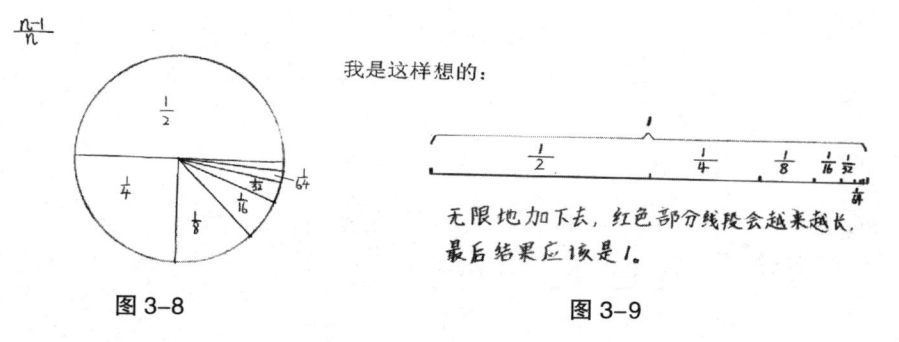

我是这样想的:

无限地加下去,红色部分线段会越来越长,最后结果应该是1。

图 3-9

【分析与思考】尊重学生多样化的图示论证方法,尊重学生数形结合的多元思维表达方式。学生质疑、争论的焦点是图形无限地分下去算式的最终结果到底是不是1,即使有了图形的直观支持,仍有学生对算式的最终结果为1这一事实难以理解,这是十分正常的。课堂上所引发的质疑、争论恰恰是极限思想的精髓、数学思考的魅力所在。

课件辅助演示:

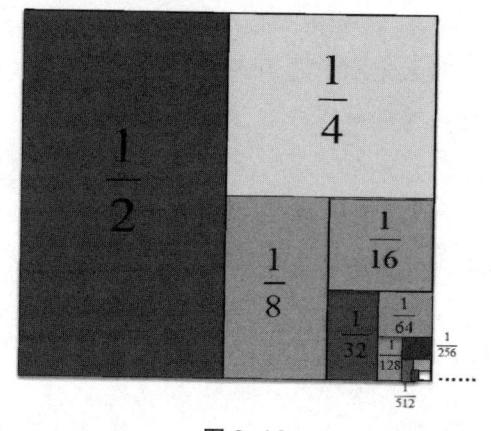

图 3-10

①式子中减去的 $\frac{1}{n}$ 或 $\frac{1}{2^n}$ 在图中表示的是什么?

预设:空白部分的面积。

②想一想,如果继续往下加,空白部分会怎么样?

预设:空白部分会越来越小。(理解 $\frac{1}{2^n}$ 无穷小)

③还能否往下加?如果再继续无休止地加下去,空白部分最终会怎么样?

预设：空白部分最终会被涂色部分填满。

④引导学生发现：不停地加下去，空白部分会越来越小，小到看不见，无限接近于 0，涂色部分越来越大，大到最终充满整个正方形，结果无限接近于 1。

【分析与思考】极限思想是学生理解的最大难点。无论是学生独立论证、小组交流，还是必备的课件动态演示，目的都是借助图形使学生一目了然、关注变化，强调连续运算中的变化，即图形中空白部分与涂色部分的面积变化，理解"无限"与"无穷小"。只有让学生理解了变化中的"无限"，才能理解"有限"，从而理解运算的结果"无限接近 1"。学生在建立数形关联的过程中可以感悟这种极限思想，进而深入体会到采用数形结合的方式来进行数学思考的精妙之处。

（四）总结提升

1.刚才我们是怎么解决数的运算问题的？

小结：我们通过图形发现，像"$\frac{16}{32}+\frac{8}{32}+\frac{4}{32}+\frac{2}{32}+\frac{1}{32}$"这样一个算式可以转化成一个简单的算式"$1-\frac{1}{32}$"来算。我们又借助正方形图、线段图、圆形图等发现，这样一个无止境的算式，它的最终结果无限接近 1。

2.借助图形解决数学问题有什么精妙之处？

小结：这样复杂的计算如果借助图形来解释就会变得直观、简单。看来"数"与"形"的联系非常紧密。"形"不但赋予了"数"实际意义，也给了"数"鲜活的生命。

【分析与思考】回顾以"形"助"数"解决数学问题的意义，体会图形的力量，感受数形结合思考的价值，培养学生归纳、概括的数学能力。

三、唤醒链接，拓展贯通，感悟数形结合思考的价值

1.其实，像这样借助"数"与"形"紧密关联的方法来解决问题的情况在我们以往的数学学习中并不陌生。回想一下，在哪里见过？举例说明。

2. 课件依次演示：

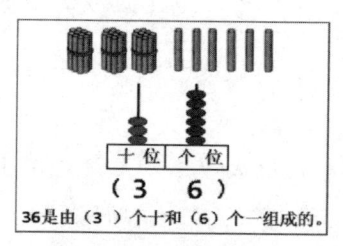

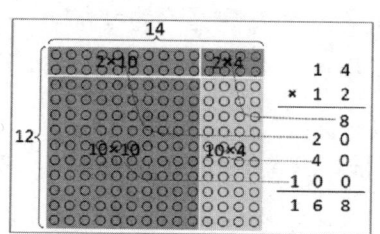

图 3-11　数的认识

图 3-12　整数乘法

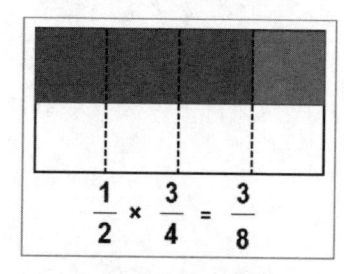

图 3-13　分数乘法

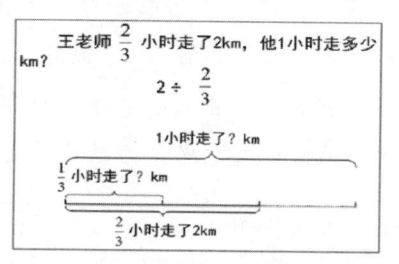

图 3-14　分数除法

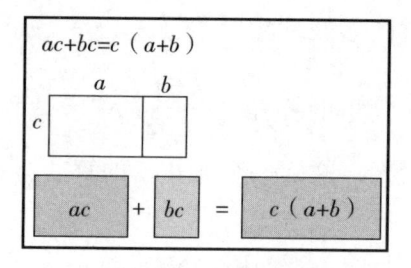

图 3-15　运算定律

小结：有的时候，利用图形来直观地解释一些比较抽象的数学原理与事实，结果会让人一目了然。如利用小棒、计数器模型来认识抽象的数，利用点子图来理解整数乘法的算理，借助线段图来理解分数除法的算理，借助面积模型来解释分数乘法的算理、乘法分配律等。

【分析与思考】回顾小学阶段六年数学学习中用"形"来解决"数"的问题，唤醒、链接以往散落的知识经验，以成体系，感受图形在问题解决中的价值，使抽象的数学原理变得直观、简明，体会数学的不同表现方式之间的关系，体会数形结合思考的意义。

3. 出示：

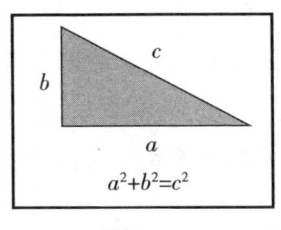

图 3-16

（1）有认识的吗？图中的这个公式主要讲述了一件什么事情？

预设：勾股定理，在直角三角形中，两条直角边的平方的和等于斜边的平方。

（2）勾股定理也叫毕达哥拉斯定理，迄今为止，有几百种证明方式。但有一种不需要语言的证明。

课件演示（如图 3-17）：

小结：给三角形加上一点厚度，从面积问题跳转到了具象的体积问题，这就是图形中的思维变换——数形结合的力量。

图 3-17

【分析与思考】以勾股定理为拓展延伸，关注小学和初中数学课程内容中数学思想方法的衔接，链接"以前"和"以后"。在这种不需要语言的无声证明中，再次体会"形"的力量。

四、课堂延伸，观看视频，感悟数形结合形成和谐完美的万千世界

小结："数"与"形"之间的联系在数学世界里是这样的密不可分，其实，在现实生活中，大自然同样赋予了"数"与"形"千丝万缕的联系，"数"与"形"有机地结合在一起，构成了一个和谐完美的万千世界。让我们一起走进去看看吧！

播放微视频：《斐波那契数列——上帝的指纹》。

（课堂在学生观看微视频感受到的震撼中结束了……）

【分析与思考】通过观看微视频，使学生感悟"数"与"形"不仅是数学的表现方式，也是世界的存在方式。其中蕴藏着的数学规律，支配着自然，鹦鹉螺的花纹，人体结构比例，希腊帕特农神庙……万千世界无不遵从数学的规律，"数"与"形"的有机联系带给世界以和谐的美感。"斐波那契数"是大自然的一个基本模式，它出现在许多场合。数学命题升华为哲学命题。

五、学习效果评价设计

1. 淘气这样计算 5.8×3+7×4.2，5.8×3+7×4.2=（5.8+4.2）×（3+7）=10×10=100。

他这样计算对吗？请你试着借助图形加以解释其是否合理。

【分析与思考】体会借助图形直观简明地解决运算问题，感受数形结合思考的价值。

2. 小兰和爸爸妈妈一起步行到离家 800 米远的公园健身中心，用时 20 分钟。妈妈到了健身中心后直接返回家里，还是用了 20 分钟。小兰和爸爸一起在健身中心锻炼了 10 分钟。然后，小兰跑步回到家中，用了 5 分钟，而爸爸是走回家中，用了 15 分钟。下面的图是分别描述谁离家的时间和离家距离的关系的？为什么？

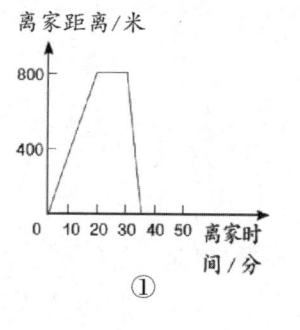

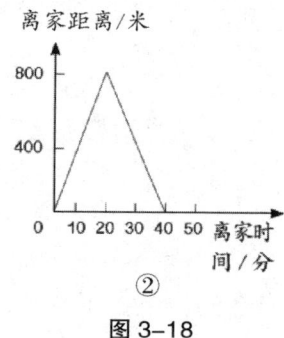

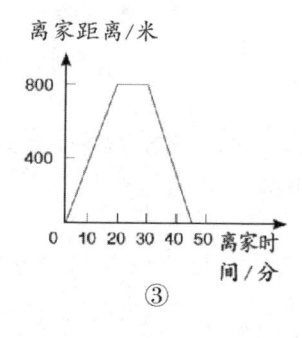

图 3-18

【分析与思考】体会有时候图形可以帮助我们直观地解决问题，有时候也能帮助我们用数学的思维分析问题，厘清题目意思。

3. $(a+b)^2=a^2+2ab+b^2$，这个公式叫作完全平方公式，你能画图来解释这个公式吗？

【分析与思考】借助图形来证明完全平方公式，感受"形"与"数"之间的关系，用数形结合的思想方法解决数学问题。

【教学反思】

第一，本课不仅重视了图形作为数学语言和数学工具所具备的价值，更挖掘了图形作为数学思考在问题解决中的价值。将发现、应用数学模式与借助图形沟通关系、发展数学思考自然地融合在一起，建立"数"与"形"的关联，让学生体会到数学思维中几何直观的力量。

第二，选用的学习素材能够激发学生积极思考，主动寻求图形描述和分析问题的内在需求，保证了教学目标的顺利实现。同时也唤醒了以往的知识，链接"以前"和"以后"，积累了数学活动中的操作经验和思维经验，体会了"数"与"形"既是数学的表现方式，也是世界的存在方式。

第三，学生在本节课中经历不断发现、不断创造、不断质疑、不断收获、不断成功的学习过程，体验数学思考的力量，感受图形作为数学语言、数学工具、数学方法的价值。而且，学生的每一次思考都被充分关注，每一次创造都被肯定，每一次挑战都能激发他们追求成功的信念，保证了数学学习的兴趣，让学生喜欢数学、喜欢思考。

从解构到建构，把握数概念本质

——"分数的再认识"教学实践与思考

【课前慎思】

"分数的再认识"是北师大版五年级上册"分数的意义"单元的起始课，由于分数在小学阶段的数概念认知系统中占有十分重要的地位，因此"分数的再认识"也成为数的认识领域中的一节经久不衰的核心课，其意义不言而喻。

纵观各版教材，学生对分数的认识在小学数学中大致分为两个阶段：第一阶段是在第一学段三年级学习"分数的初步认识"，第二阶段是在第二学段五年级学习"分数的意义"。以北师大版教材为例，在第一学段，学生已经在分物的现实背景下从"平均分"的角度初步认识了分数，从"平均分"一个"整体"（特指一个单独的物体或图形），如苹果、长方形、正方形、圆等，到"平均分"一个"群体"（或称之为"集合"），如一群小鸭子、一堆五角星等。可见，三年级学生已经初步完成了对分数意义（比率层面）的建构与认识：一个物体或图形作为整体的分数认识、一群（多个）物体或图形作为整体的分数认识，这里，"整体"的意义因拓展而使得内涵丰富起来；分数表示的是一个整体的一个部分，是部分与整体相互依存的倍比关系；在用画图的方式表达一个分数的意义时，积累了由面积模型到集合模型的分数表征的活动经验。五年级"分数的意义"是对三年级分数学习的继续深入——在分物或测量的现实背景下继续探索分数的"比率""度量""商"等多维度层面的意义，进而帮助学生从多重角度来理解分数所具有的独特而丰富的内涵，从不同的学习路径完成对分数意义多元性的认识与拓展。"分数的再认识"作为单元起始课，主要是在三年级学习的基础上继续完成对分数"比率"这一维度意义的深化再认识——平均分的对象由一个物体或图形到多个物体或图形，再到多组物体或图形，从不同角度认识整体"1"的丰富内涵，进而概括和深化认识分数比率层面的意义——分数表示部分与整体的关系的本质。换而言之，对分数表达"关系"的认识是"分数的再认识"这节课的核心。

基于以上思考，"部分"和"整体"是分数发展的基础，是学生理解分数概念最基本、最重要的维度。我在这节课中设计了相关的核心学习活动，通过层层深入的学习路径，帮助学生建立对分数比率意义层面的深入理解。从解构到建构，以期在把握数概念本质的过程中帮助学生发展高层次思维水平。

【课中践行】

一、唤醒经验，建构意义

出示活动一：以图形"圆"为素材创作表示出 $\frac{1}{4}$ 这个分数。

师：我们已经初步学习过分数，下面请以图形"圆"为素材表示出 $\frac{1}{4}$ 这个分数。

（学生在学习单上创作，教师巡视指导。）

展示交流学生作品，有如下几种。

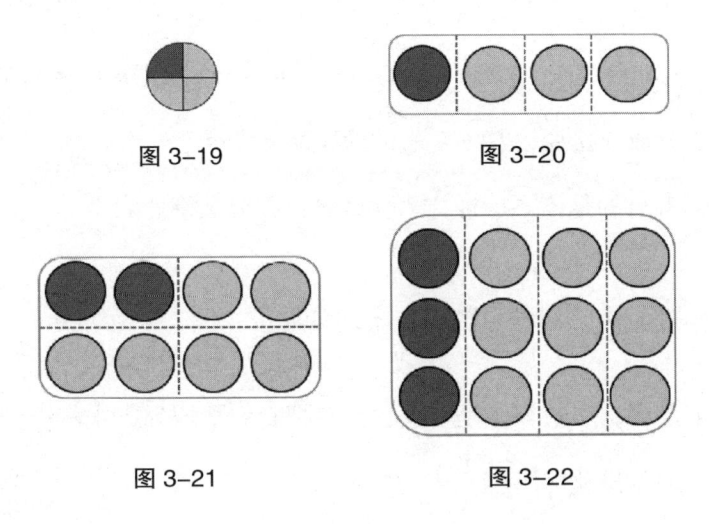

图 3-19　　　图 3-20

图 3-21　　　图 3-22

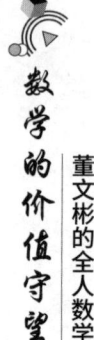

师：大家看，这几幅图都能表示 $\frac{1}{4}$ 吗？具体说说是怎样表示 $\frac{1}{4}$ 这个分数的。

生：（指图 3-19）这幅图是把一个圆平均分成 4 份，其中涂色的 1 份就表示占这个圆的 $\frac{1}{4}$。

生：（指图 3-20）把 4 个圆平均分成 4 份，其中涂色的 1 份是 1 个圆，就表示占这 4 个圆的 $\frac{1}{4}$。

生：（指图 3-21）把 8 个圆平均分成 4 份，其中涂色的 1 份是 2 个圆，表示占这 8 个圆的 $\frac{1}{4}$。

生：（指图 3-22）把 12 个圆平均分成 4 份，其中涂色的 1 份是 3 个圆，就表示占这 12 个圆的 $\frac{1}{4}$。

师：每幅图的涂色部分都表示了 $\frac{1}{4}$，每个"$\frac{1}{4}$"的大小一样吗？

生：不一样。

师：为什么不一样？

生：因为它们各自的整体不一样。

师：什么意思？

生：第一个 $\frac{1}{4}$ 平均分的是 1 个圆，第二个 $\frac{1}{4}$ 平均分的是 4 个圆，第三个 $\frac{1}{4}$ 平均分的是 8 个圆，第四个 $\frac{1}{4}$ 平均分的是 12 个圆。它们各自的整体不一样，平均分成 4 份后，其中 1 份的面积就不一样。

师：它们各自的整体不一样，为什么涂色部分又都能表示"$\frac{1}{4}$"这个分数？

生：因为都是把它们各自的整体平均分成了 4 份，涂色部分占了 4 份中的 1 份。

师：也就是说，不管整体是多少，只要把它们平均分成 4 份……

生：其中的 1 份就可以用 $\frac{1}{4}$ 表示。

师：由此看来，分数实际上是用来表示什么的？

生：表示部分占整体的几分之几。

生：表示部分和整体的关系。

师：以 $\frac{1}{4}$ 为例，它表示了部分和整体之间怎样的关系？

生：其中的部分 1 份占整体 4 份的 $\frac{1}{4}$。

生：也可以反过来看，整体 4 份是部分 1 份的 4 倍。

【分析与思考】让学生以图形"圆"为素材创作表示出 $\frac{1}{4}$ 这个分数，是为了帮助学生唤醒第一学段对分数学习的认识经验。学生从平均分 1 个图形到平均分多个图形，再到平均分多组图形，创作并表示出 $\frac{1}{4}$，学生在这一过程中体会表示同一个分数可以有不同的情形，丰富自身对整体"1"的内涵的认识，同时自我建构分数的数概念的意义。特别是通过对"每个 $\frac{1}{4}$ 的大小一样吗？为什么不一样""它们各自的整体不一样，为什么涂色部分又都能表示 $\frac{1}{4}$ 这个分数"这两个进阶问题的讨论，帮助学生进一步明确分数概念的本质——分数表达的是部分与整体关系。

二、逆向创造，理解意义

出示活动二：一个图形的 $\frac{1}{3}$ 是 ☐☐☐ ，画出这个图形。

（学生在学习单上操作，教师巡视指导。）

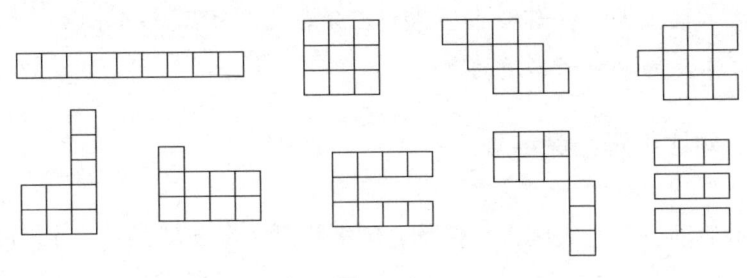

依次呈现下面几种画法。

图 3-23

师：作为 ▢▢▢ 的整体，这些图形画得对吗？

生：都对。

师：可是这些图形的形状各不相同，行吗？说说理由。

生：我认为行，因为形状虽然不同，但都是由 9 个小方格组成的。

师：什么意思？

生：一个图形的 $\frac{1}{3}$ 是 ▢▢▢，是连着的 3 个小方格。也就是说，▢▢▢ 是这个图形整体的一部分，说明这个图形整体应该是部分的 3 倍，应该是 9 个小方格，所以只要画出的这个图形是 9 个小方格就行了。

生：我明白了，不管这个图形画成什么形状，只要 3 个小方格是 1 份，画出这样的 3 份就可以。

师：为什么只要画出这样的 3 份就可以？

生：部分占整体的 $\frac{1}{3}$，那么整体就一定是部分的 3 倍，把部分 ▢▢▢ 看成 1 份，那么整体应该就是这样的 3 份。

师：也就是说，上面所画出的这些图形都表达了……

生：部分和整体之间的关系。

师：什么关系？

生：部分占整体的 $\frac{1}{3}$，整体是部分的 3 倍。

【分析与思考】这个活动是让学生根据图形的一部分画出原来的整体，学生在画的过程中要根据 $\frac{1}{3}$ 的意义思考：▢▢▢（部分）与整个图形（整体）之间的关系，原图形是由几个 ▢▢▢ 组成的。通过这种由部分逆向创造整体的过程，在"同与不同"的深度追问中帮助学生进一步理解部分和整体之间的关系——部分占整体的几分之几，整体是部分的几倍，这是作为"关系"的分数最本质的意义。

三、对比刻画，深化意义

出示活动三：为灾区人民捐款，笑笑捐献了零花钱的 $\frac{1}{2}$，淘气捐献了

零花钱的 $\frac{1}{2}$，他们捐的钱一样多吗？请说明理由。

生：一样多，捐的都是 $\frac{1}{2}$，都是一半。

生：不一定吧，他们的零花钱要是不一样多呢？

师：他们捐的钱到底是不是一样多？请在学习单上写出你的想法。

（学生思考、书写，教师巡视，之后展示学生的想法，如图3-24。）

图 3-24

生：我觉得这个问题的结论有三种可能。（指图2-24）假设笑笑的零花钱是 a 元，淘气的零花钱是 b 元，他们都捐了各自零花钱的一半。当 $a>b$ 时，也就是笑笑的零花钱比淘气多时，笑笑捐的钱多；当 $a=b$ 时，也就是他俩零花钱一样多时，他们捐的钱也一样多；当 $a<b$ 时，也就是笑笑的零花钱比淘气少时，那淘气捐的钱多。

生：我同意他的想法，他们虽然都捐了各自零花钱的 $\frac{1}{2}$，但捐的钱是不是一样多要看他们的零花钱是不是一样多。举例来说，如果笑笑有10元零花钱，淘气有8元零花钱，他们都捐出各自的 $\frac{1}{2}$，就分别是5元和4元，笑笑捐的钱多。反过来，如果笑笑有8元零花钱，淘气有10元零花钱，他们都捐出各自的 $\frac{1}{2}$，就分别是4元和5元，淘气捐的钱多。如果他们的零花钱都是10元，那么他们捐出的钱就都是5元，一样多。

生：我是画图表示的。（指图3-25）大家能看懂我的想法吗？

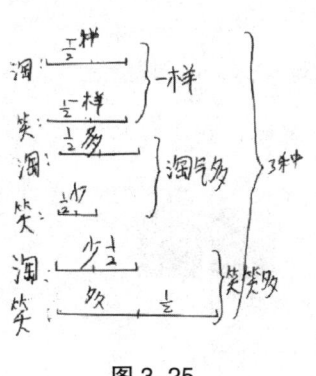

图 3-25

生：其实这和前面的想法是一样的，只不过画图更直观了。

【**分析与思考**】数量的本质是多与少，分数也不例外。这个活动是让学生讨论"两人都捐了零花钱的 $\frac{1}{2}$ 的前提下，捐的钱是否一样多"，让学生进一步理解：对于同一个分数来说，整体的数量不同，对应部分的数量也不同。同时深化理解分数表示多少的相对性，即从相对量的角度理解分数意义中部分与整体的关系。

变换数据，继续出示：为灾区人民捐款，奇思捐献了零花钱的 $\frac{1}{4}$，妙想捐献了零花钱的 $\frac{3}{4}$，他们捐的钱一样多吗？请说明理由。

（学生思考、书写，教师巡视，之后展示学生的想法，如图 3-26。）

图 3-26

生：我是这样想的，假设妙想有 4 元零花钱，捐出 $\frac{3}{4}$，就是捐出 3 元。如果奇思有 28 元零花钱，捐出 $\frac{1}{4}$ 就是 7 元，这时奇思捐的钱多。如果奇思有 12 元零花钱，捐出 $\frac{1}{4}$ 就是 3 元，这时他们捐的钱一样多。如果奇思也有 4 元零花钱，捐出 $\frac{1}{4}$ 就是 1 元，这时妙想捐的钱多。所以有三种情况。

课件动态演示，帮助学生直观理解上述三种情况（如图 3-27）。

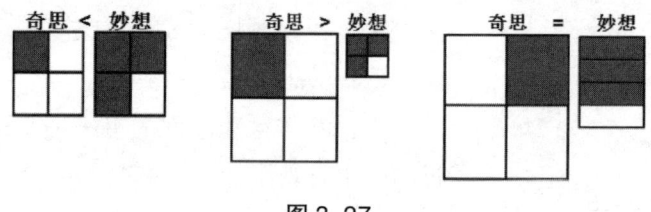

图 3-27

师：通过讨论这个问题，你对分数有什么新的认识吗？

生：只知道各自捐的钱占各自零花钱的几分之几，不知道各自零花钱的总数，无法确定谁捐的钱多，判断谁捐的钱多要根据他们零花钱的总数而定。

生：只知道各自部分和整体的关系，不知道各自整体是多少，就无法确定各部分的大小。

【分析与思考】这个活动是对上一个问题的进阶思考，学生进一步讨论"各自捐的钱占各自零花钱的几分之几不同的前提下，捐的钱是否一样多"，通过举例、画图进一步理解：对于不同的分数，整体的数量不同，对应部分的数量有时不同，有时相同。对这种不确定性的讨论，是对"分数表示多少的相对性"的再次深入认识，深化作为"关系"的分数的意义，同时帮助学生在把握数概念本质的过程中发展高层次思维水平。

四、关联话题，延伸意义

出示信息：

捐款10000元
捐款100元

图 3-28

师：在为灾区捐款的活动中，甲、乙两人一位捐款10000元，一位捐款100元。有什么感受？

生：甲捐的钱多，乙捐的钱少。

生：甲很慷慨，乙很抠门。

（教室里一片笑声。）

补充出示信息：

一位亿万富翁捐款10000元。
一位清洁工捐款100元。

图 3-29

师：甲是一位亿万富翁，乙是一位清洁工。

（教室里一片哗然，而后又安静下来。）

师：大家有什么想说的吗？

生：开始只看甲、乙捐款的钱数时，我也认为乙捐得少，有点儿抠门。但看到他们各自的身份后，我的想法改变了，我觉得甲捐得不算多，乙也并不抠门。因为甲是一位亿万富翁，他捐 10000 元，与他的身家相比只是他总收入的一小部分而已，而乙是一位清洁工，收入很低，他捐 100 元，和他的收入相比，已经不少了。

师：谁能具体解释一下？

生：假设甲有 1 亿元，而他捐了 10000 元，相当于他只捐了他收入的 $\frac{1}{10000}$，而乙是个清洁工，假设他的月收入是 3000 元，他捐 100 元相当于他收入的 $\frac{1}{30}$，所以我觉得相比之下清洁工更慷慨。

生：看谁更慷慨不能只看他捐了多少钱，还要看他的收入或身家，要看他捐款的钱数和他的收入或身家的比例关系。

师：其实就捐款这件事而言，只要为灾区人民捐出了自己的钱，奉献了爱心，就都是好样的。但这个话题能够让大家联想到用分数关系来进行思考，表达自己的观点，老师还是为你们感到高兴的！相信你们对分数一定又有了更高层次的认识。

【分析与思考】这个活动是在捐款的情境中让学生直观感受和讨论"两人捐款的多与少"，在补充信息的过程中引起学生认知的变化。学生在表达自己观点的过程中，自然地在头脑中构造和关联分数的意义，发现在看待问题时不能只关注部分，还要关注整体，关注部分与整体的关系，这正是分数作为比率维度的最基本的意义。本次教学在发展学生的数感的同时也培养了学生的分数应用意识。

探本溯源：作为关系的比

——"比的应用"教学实践与思考

【课前慎思】

"比的应用"是北师大版六年级上册"比的认识"单元的最后一课。在学习本课之前，学生已经较好地认识了比的意义，是在学习了"生活中的比""进一步认识比""比的化简"之后开始进一步学习的。学生对于比的意义的理解主要建立在：在丰富的问题情境中逐步感知比，经历从具体情境中抽象出比的过程，充分体会比既可以刻画两个同类量之间的关系（倍比关系），也可以刻画两个不同类量之间的关系（衍生的量）；深入理解比表示一种关系，一种"怎样"的关系，突出"1份"作为度量单位的重要性；同时沟通比与倍、除法、分数、百分数的联系，在表示两个量之间的关系的意义上，它们本质上是相通的。

课前我一直在思考：学生对按比分配解决问题有着怎样的认识？学习时会遇到哪些困难？课前调研发现，半数以上的学生对于将一定数量的物体按一定的比进行分配的问题都能顺利解决，方法几乎都是将比的问题转化成分数乘法解决，思维路径表现单一，且对于"为什么这样解决"的认识还是比较模糊。因此，我进一步思考："比的应用"这节课的价值到底是什么？这部分内容的学习最终要给学生留下什么才是最宝贵的？首先，比的应用是运用比的意义解决按一定的比进行分配的实际问题，那么比的应用的实质还是在问题解决中对比的意义的再认识，是对比表示量与量之间关系（倍比关系）的再认识，是对从"份"的度量角度理解比的这种倍比关系的再认识，是对现实或数学世界里比与除法、分数等之间联系的再认识。因此，比的应用一定要体现按比分配的本质，这是对比的意义的再理解。其次，比的应用要重点发展学生的应用意识，在理解比的意义的基础上运用比的意义去解决实际问题。在问题解决时，要借助比与分数、除法、"份"之间的本质联系体现丰富多元的思维路径和策略方法，充分展现学生的思维过程，培养学生多角度的数学思考。这种思维可以是算术思维，也可以是代数思维，但应是能突出关联和转化的数学思维。再次，要让学生认识到以前学习的"平均分"问题是按比分配问题的特殊情况（即按1∶1分），按比分配是"平均分"问题的发展，它们之间是一脉相承的关系。最后，要让学生了解一些按比分配的古今中外的知识趣题，感悟按比分配的数学史文化价值。基于上述认识与思考，我展开了"比的应用"的教学实践，记录如下。

【课中践行】

一、初步讨论，产生需求

师：分东西是我们生活中常见的事情。幼儿园张老师要把一些橘子分给两个班的孩子，怎样分合理呢？说说你是怎么想的。

生：一共两个班，每个班各分一半。

生：我觉得每个班分一半的方法不一定合理，万一这两个班的人数不一样多呢？

（出示：一班30人，二班20人。）

师：现在你认为该怎样分合理呢？

生：一班多给一些，二班少给一些。

生：按两个班的人数的比来分比较合理。

生：一班和二班人数的比是30∶20，化简后是3∶2，按3∶2来分。

二、问题解决，获得策略

1.理解本质，寻求方法

师：这筐橘子具体数目不详，按3∶2应该怎样分？想一想，分一分，可以借助列表或画图帮助你思考，在学习单上把你解决问题的思考过程写出来，并与同伴交流分的过程和结果。

（学生思考、交流，教师巡视指导，之后展示学生的"想法1"，如图3-30。）

一共	一班	二班
5	3	2
10	6	4
15	9	6
20	12	8
25	15	10
30	18	12
35	21	14
40	24	16
⋮	⋮	⋮

图 3-30

生：我是这样解决的：把这筐橘子按 3∶2 来分，比如，第一次一班分 3 个，二班就分 2 个，第二次一班分 6 个，二班就分 4 个，第三次一班分 9 个，二班就分 6 个，第四次一班分 12 个，二班就分 8 个……这样一直分下去，直到把这筐橘子分完为止。

师：这种方法能解决我们的问题吗？

生：能解决。

师：仔细观察表中每一次分的过程和结果，看看有什么发现。

生：我发现每一次分的过程中，一班分到的橘子数扩大到原来的几倍，二班分到的橘子数也扩大到原来的几倍。比如，第一次到第二次，一班从 3 个到 6 个扩大到的原来的 2 倍，二班从 2 个到 4 个也扩大到原来的 2 倍。第二次到第三次，一班从 6 个到 9 个扩大到原来的 1.5 倍，二班从 4 个到 6 个也扩大到原来的 1.5 倍。每一次两个班分到的橘子数是一样的，和上一次比扩大到原来的倍数也是一样的。

师：也就是说，这两个班每一次分到的橘子数目都在发生着相同倍数的变化？

生：对。

师：什么是不变的？

生：每一次两个班分到橘子的个数比是不变的，都是3∶2。

生：我还发现一班分到的橘子每增加3个，二班就增加2个。

师：两个班每一次增加的个数有变化，但增加个数的什么是不变的？

生：比是不变的。

师：都是多少？

生：都是3∶2。

（展示"想法2"，如图3-31。）

$$\begin{array}{c}一∶二\\ 人：30∶20\\ =3∶2\end{array}$$

平均分成5份　二班2份　一班3份

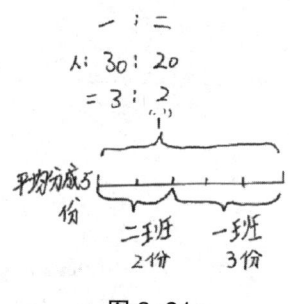

图3-31

生：我的想法是，要把这筐橘子按3∶2来分，先把这筐橘子总数看成整体单位"1"，然后把它平均分成5份，那么一班分其中的3份，二班分2份。所以，如果知道这筐橘子的具体数目，只要求出1份的数量，两个班分得的数量就都知道了。

师：大家看这个思路怎么样？评价一下这种方法。

生：这种方法挺好的，两个班人数的比是3∶2，分的时候就应该按照"3份∶2份"来分，相当于把橘子总数平均分成5份，只要求出1份是多少，问题就能解决。

生：他由"比"想到了"份"。

师：是呀，把按比分配的问题转化成了按"份"分配的问题，真会思考！

师：大家看这种把比转化成"份"之后的问题解决思路，再回想我们过去的学习，有没有似曾相识的感觉？

生：哦——"归一"问题！就是解决"归一"问题的思路。

生：只要知道总量和平均分的份数，先求1份是多少，再求几份是多少。

（展示"想法3"，如图3-32。）

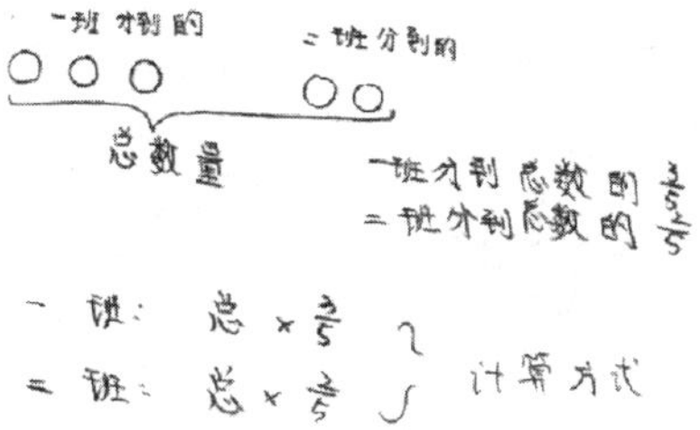

图3-32

生：我是这样想的，两个班人数的比是3∶2，两个班最后分到的橘子数的比也一定是3∶2，也就是3份比2份的关系，那么橘子总数就是5份，这样一班分得总数的$\frac{3}{5}$，二班分得总数的$\frac{2}{5}$。所以要解决这个问题，只要知道这筐橘子的总数就可以了。

师：这个思路怎么样？能解决问题吗？

生：能解决。他是把比的问题变成了分数问题来解决的。

生：他由两个班人数的比想到了两个班分到橘子数的比，又由此想到两个班各自分到的橘子数分别是这筐橘子的几分之几。

师：是啊，比和分数之间是有一定关系的，他由两个班人数之比读出了各自分到橘子数与橘子总数之间的关系，将比的问题转化成分数乘法问题来解决，真了不起！

（展示"想法4"，如图3-33。）

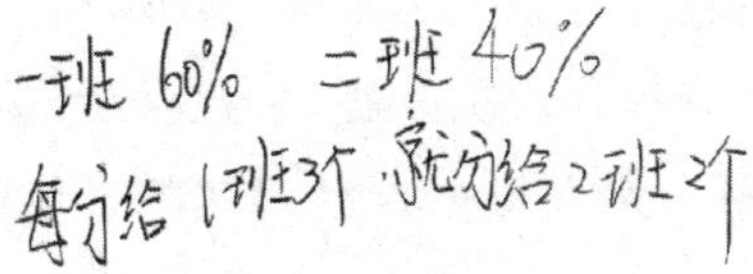

图3-33

生：我的想法其实和上一个差不多，由两个班人数的比可知，每分给一班3个，就分给二班2个，那么最后一班分到这筐橘子的$\frac{3}{5}$也就是60%，二班分得这筐橘子的$\frac{2}{5}$也就是40%，同样只要知道这筐橘子的总数就可以了。

生：和上一个是一样的思路，只不过他把比的问题转化成百分数问题来解决了。

师：是啊，由比想到了分数，又进一步想到了用百分数来解决，真的很会学习！

（展示"想法5"，如图3-34。）

图3-34

师：再看看这种方法，你们能读懂吗？

生：他是假设这筐橘子总数有 x 个，用总数 x 除以（3+2）也就是5份，先求出1份的数量 $\dfrac{x}{5}$，用1份的数量乘3份就是一班分得的数量 $\dfrac{3}{5}x$，再用1份的数量乘2份就是二班分得的数量 $\dfrac{2}{5}x$。

生：这个方法和前面的"想法2"差不多，也需要知道橘子总数。

师：现在不知道这筐橘子的总数，他想到用字母 x 来表示橘子总数这个未知数，以帮助自己分析和解决问题，为这位同学的符号意识点赞！

师：针对这个问题，大家根据自己对比的理解给出了很多解决方法。不管哪种思路，只要再给出什么条件，就可以求得两个班最终分到的橘子数？

生：这筐橘子的总数。

补充出示信息：这筐橘子有120个，按3∶2分，每个班各分到多少个橘子？

（学生作答，之后展示交流典型解法如下。）

方法一：

总橘子：120个

1份：120÷5=24(个)

一班：24×3=72(个)

二班：24×2=48(个)

图 3-35

方法二：

橘子有120个

一：120×3/5=72个

二：120×2/5=48个

图 3-36

方法三①：

1班	2班	共
3	2	5
6	4	10
30	20	50
15	10	25
18	12	30
72	48	120

方法三②：

一共	一班	二班
5	3	2
5	3	2
5	3	2
5	3	2
5	3	2
120个	72个	48个

共24次

方法三③：

总	一班	二班
① 50	30	20
② 50	30	20
③ 20	12	8
120	72	48

图 3-37

方法四：

3份（1班）+2份（2班）=120个

解：设每份橘子是 x 个，那么一班 $3x$ 个，二班 $2x$ 个。

$3x+2x=120$

$5x=120$

$x=24$

一班：$3x=3×24=72$

二班：$2x=2×24=48$

答：一班分到72个，二班分到48个。

图 3-38

（其中"方法四"用方程解决的策略在学生中没有出现，教师直接出示后引导学生读懂交流，特别是关注间接设未知数的巧妙。）

师：这几种方法都求出一班分得72个，二班分得48个，答案是否正确呢？

生：可以检验一下。

师：怎样检验？

生：只要验证一下两个班分的橘子数量的和是不是120个，两个班分的橘子数量的比是不是3∶2就行。

（学生验证。）

2. 贯通联系，提升认识

师：刚才我们是把这筐橘子按两个班人数的比来分的，而没有采取平均分的方式，请你想一想，什么情况下可以采取平均分呢？

生：两个班的人数相等时。

师：这时该怎么计算？

生：每个班分到的一样多，"橘子总数÷2"或"橘子总数×$\frac{1}{2}$"。

师：两个班的人数如果相等时，能否也采取今天学习的按比分配呢？

生：能。

师：按哪个比来分呢？

生：1∶1，两个班人数相等也就是两个班人数的比是1∶1。

师：该怎么计算？

生：1+1=2，橘子总数÷2。

生：1+1=2，橘子总数×$\frac{1}{2}$。

生：哦，和平均分的计算方法一样啊。

师：有什么想说的？

生：我们过去学的平均分问题其实就是今天学习的按比分配，只不过这个比有点特殊，是1∶1。

师：按1∶1分就是把总数平均分成几份？

生：2份。

师：那要平均分成3份呢？就是按什么样的比来分呢？

生：1∶1∶1。

师：4份呢？

生：1∶1∶1∶1。

生：我有补充，我觉得今天学习的按比分配其实也是在平均分，比如，在求1份是多少时，就是把总量平均分成了几份。

生：不管是平均分还是按比分配，都是为了分得公平。

190

三、巩固延伸，进阶拓展

师：前面的问题，如果橘子就这样按一班和二班人数的比分了，三班的小朋友会不高兴的。（出示"三班 10 人"）还是这筐 120 个橘子，这回该怎么分呢？

生：按三个班人数的比来分。

生：三个班人数的比是 30∶20∶10，也就是按 3∶2∶1 来分。

师：每班各分得多少个呢？说说解决思路。

生：按 3∶2∶1 来分，也就是把这筐橘子平均分成 3+2+1=6 份，一班分 3 份，2 班分 2 份，三班分 1 份。先求 1 份是多少，再求各班的。

生：把这筐橘子按 3∶2∶1 来分，说明一班分得这筐橘子总数的 $\frac{3}{6}$，二班分得这筐橘子总数的 $\frac{2}{6}$，三班分得这筐橘子总数的 $\frac{1}{6}$，用分数乘法解决就行了。

生：也可以用方程做，设每份橘子是 x 个，那么一班 $3x$ 个，二班 $2x$ 个，三班 x 个，列方程是 $3x+2x+x=120$，求出每份 x 是多少，各班的数量就知道了。

四、走进历史，感悟文化

师：其实，古时候人们就已经懂得按比分配了，并且在实际运用中留下了许多经典的数学问题。下面我们就来领略其中两道题的魅力。

1. 出示一个有关财产分配的题目。

古希腊有一位女子，要同她即将出生的孩子一起分配她丈夫遗留下来的 4200 元财产。按照古希腊的法律：如果生的是女儿，母亲分得女儿份额的两倍。母女俩该怎样分财产呢？

师：从分配的角度看，属于按比分配吗？

生：属于。

师：可是我看不到比呀？

生：母亲分得女儿份额的两倍，说明母女按 2∶1 来分配这笔财产。

师：（再出示）如果生的是儿子，母亲分得儿子份额的一半。现在母子俩是按什么比分配的呢？

生：母子按1∶2分配。

师：看来古希腊的法律有点儿重男轻女呀。（生笑）后来孩子出生了，是双胞胎，而且是一男一女！那财产怎么分呢？

生：女儿、母亲、儿子按1∶2∶4分配。

2.《巧女织布》

今有女子善织，日自倍。五日织五尺，问日织几何？

（与学生一起明晰题意：有一女子很会织布，她每天织布的数量是前一天的2倍。5天共织布5尺。问这5天她每天各织多少布？）

师：这是按比分配吗？

生：是。

师：分的是什么？分的几部分的比是多少？

生：分的是5尺布，她每天织布的数量是前一天的2倍，如果第1天织的布是1，那么第2天就是2，第3天是4，第4天是8，第5天是16，第1天到第5天按1∶2∶4∶8∶16来分。

师：这道题选自大约2000年前的《九章算术》，里面凝聚着我国古代劳动人民的经验和智慧。（配乐介绍）古人把分配的方法分为两种：一种叫"均分"，也就是"平均分"；另一种是"衰分"，有差别地分配，主要是指按比分配。

师：对于"平均分"和"按比分配"的关系，前面我们已经探讨得很清楚了。那么，今天这节课就上到这里，谢谢同学们的精彩表现。

变量世界，让思维方式发生深度转变和进阶

——"变化的量"教学实践与思考

【课前慎思】

"变化的量"即变量，是北师大版六年级下册第四单元"正比例和反比例"第 1 课时的教学内容。我们每天生活在一个变化的世界里，周围的一切都在发生着变化，如温度的变化、季节的变化、速度的变化、物价的变化等。从数学角度探索现实世界的变化及变化规律，研究变量和变量之间的关系，使学生从固定的常量世界进入变化无穷的变量世界，开始接触一种新的思维方式，将有助于学生更好地认识现实世界、预测未来。函数是研究现实世界变量之间关系的一个重要模型。在正式学习正比例、反比例之前，结合学生熟悉的日常生活中的具体情境，使学生了解生活中存在着很多变量，初步体会变量之间的变化关系，并尝试对这些关系进行大致的描述，为后面学习正比例、反比例提供丰富的知识背景，使学生在学习正比例、反比例时不再觉得抽象难懂，也有利于学生函数思想的形成。这样的教学安排，有助于学生对函数内容的学习从实际背景和生活经验开始，经历"数学化"的过程，并逐步向广度和深度两个方向拓展——小学阶段主要理解正比例和反比例的初步模型，到中学阶段逐步上升到严谨、抽象的数学概念。

在学习本课内容之前，六年级学生已经认识过数学运算中的变化规律（如和、差、积、商等），特别是学习过用字母表示数，体会过变与不变的函数思想和代数思维方式，这对本课认识和研究变量及变量之间相互依存的变化关系是十分重要的知识基础。另外，现实生活中到处存在着变化的现象和变量，学生已经积累了一定的生活经验。为了解学生在正式学习前

对变量的认识情况，我对要任教的班级学生进行了一次简单的前测调研。

调研对象：六年级（2）班 41 名学生。

调研题目：生活中有哪些变量呢？请你举 1—2 个例子，并说说它是怎样变化的。

调研意图：调研学生对变量的生活经验和认识程度，能否从关联的角度认识和描述变量。

数据统计结果：

表 3-1

举例情况	关联视角	单一视角	个例或错例	举不出
人数/人	11	24	2	4

表 3-2

描述情况	能用数学语言从关联的角度准确描述	单一描述或模糊描述	未描述或不知如何描述
人数/人	9	16	16

调研结果表明：关于举例情况，41 人中能从关联视角举例的仅有 11 人，如"身高、体重在我们的成长过程中就是变量，年龄增长，身高和体重也会增长"；而有 24 人只能从单一视角举例，如"油耗""速度""支付宝余额""年龄""音量"等，学生举出的都是单一或单个的变量，缺乏关联的眼光和视角；有 2 人举出的是个例或错例，其中有位学生举出"地图，为方便观看使用，将国家、地区、城市等按比例缩小"的例子，诚然，地图中的国家、地区、城市、河流、山脉等与实际相比，大小的确是变小了，但这种变小并不是随着另一个量而发生的持续性的变化，因此不是我们所要研究的变量，只能说是个例或错例；此外，还有 4 人举不出变量的实际例子。关于对变量的描述情况，能从关联的角度准确描述的仅有 9 人；有 16 人只能凭借自己的感觉对变量进行单一描述或模糊描述，如"苹果的价格会发生变化，可能变便宜，也可能变贵"，但对于苹果的价格会随着哪个量发生变化并没有联系说明；另有 16 人对变量是怎样发生变化的未作描述或不知如何描述。

那么，如何帮助学生用关联的视角认识和描述现实世界中或数学世界中存在的变量？对变量之间的变化关系，又该如何帮助学生整体把握和进一步认识，进而让学生的思维水平向高层次进阶和提升？基于以上思考，我确定了本节课的如下教学目标和重难点。

1.教学目标

（1）结合具体情境体会生活中存在着大量互相依赖的变量，认识相关联的变量及变量之间相互依存的变化关系，知道两个变量间的变化关系可以用表格、图像、关系式来表示。

（2）学会在问题情境中借助直观具体的生活现象感知变量，尝试用数学语言描述两个变量之间存在的变化关系，初步体会函数思想。

（3）在数学活动中养成认真勤奋、独立思考、合作交流、反思质疑的学习习惯。

2.教学重难点

（1）体会相关联的变量及变量间的变化关系，并能用数学语言大致描述。

（2）对多组情境中的变量进行分类，"跳"出来整体把握，进一步认识变量之间的变化关系。

【课中践行】

一、旧事重提，生发新思考

出示"乌鸦喝水"的两张图片。

图 3-39

师：乌鸦喝水的故事我们已经很熟悉了，从数学的角度思考，哪些量在发生变化呢？是怎样变化的？

生：瓶子里水面的高度在发生变化，水面升高了。

生：石子数也在发生变化，石子数变多了。

师：这两个量都在发生变化，它们之间有联系吗？是谁的变化引起了谁发生变化呢？

生：有联系，石子数的变化引起水面高度的变化。

师：看来，任何变化的背后都是有原因的，这里水面高度的变化与石子数的变化就是有关联的。今天这节课，我们就用关联的眼光来一起认识变化的量，也就是变量。

【分析与思考】借助"乌鸦喝水"的情境，引导学生发现其中存在着的变量，初步体会两个变量之间是存在着联系的，认识"关联"这件事很重要，旧情境生发新思考。

二、寻识变量，体会变化关系

情境一：淘气打字。

表 3-3

时间/分	1	2	3	4	5
字数/个	25	60	74	120	150

师：（出示表格）这是淘气打字时的字数变化情况。观察表格，想一想，哪些量在发生变化？

生：时间在发生变化。

生：字数也在发生变化。

师：你能发现它们是怎么变化的吗？能试着描述一下吗？

生：时间在增加，字数也在增加。

师：时间和字数都在增加，这两个变化的量之间有联系吗？

生（众）：有。

师：你能不能用一句话来概括一下它们之间的变化情况？

生：字数随着时间的增加而增加。

师：说得真清楚！谁能像他那样用一句话再说一遍？谁随着谁怎样变化？谁能再说一遍？

生：随着时间增加，字数也在增加。

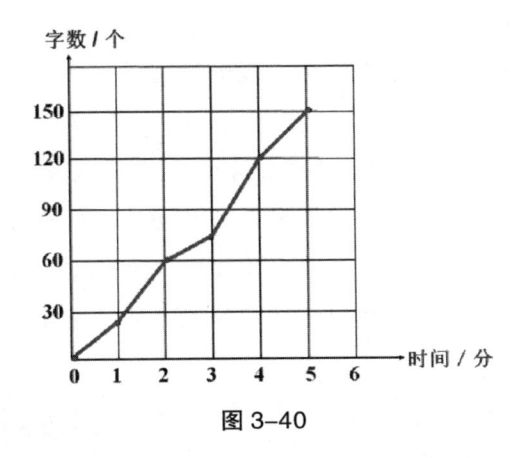

图 3-40

师：（出示图 3-40）淘气打字时的字数变化情况还可以用这幅图来表示，从图中你还能看出"字数随着时间的增加而增加"的情况吗？

生（众）：能。

师：从哪能看出来？

生：图中的这条线在不断上升，表示时间增加，字数也在增加。

师：如果这样竖着画一条直直的线（如图 3-41），不也能表示字数在上升吗？

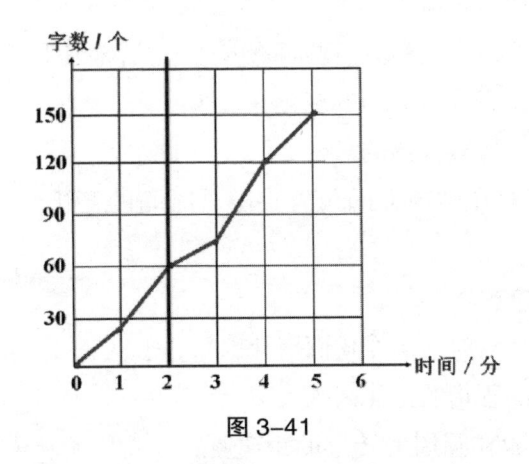

图 3-41

生：这样画不行，这样画字数是在增加，但时间就是不变的了，这里时间也必须是增加的。

师：也就是说，只有像这样一条上升趋势的线才能表示出字数是与时间关联着并发生变化的，对吗？

生（众）：对。

师：从刚才淘气打字的情境中，我们发现了一个量会随着另一个量的变化而变化，像这样的相关联的变量在生活中还有很多，我们接着看。

【分析与思考】在"淘气打字"的情境里，学生先通过表格数据自主寻找"字数"和"时间"两个变化的量，并初步用数学的语言概括地描述这两个变量之间的变化关系，再借助图像进一步认识、体会这两个变量之间是相关联着发生变化的，同时初步感悟表格和图像都可以用来刻画变量之间的变化关系。

情境二：摩天轮转动。

师：（出示摩天轮图片）大家坐过摩天轮吗？

生（众）：坐过。

师：一个人坐某个座舱里随摩天轮转动时，有没有相关联的变量呢？

生（众）：有。

图 3-42

师：是哪个量随着哪个量的变化而发生变化呢？（学生陆续举手）快把你的想法和小组成员说说。

（学生在组内交流，教师巡视听取想法，之后全班汇报。）

生：座舱的位置随着时间的变化在发生变化。

师：你说的位置具体指的是什么？

生：就是座舱在圆周上的位置，随着时间的变化，这个位置在发生变化。

生（众）：同意。

生：路程在随着时间的变化而变化。

师：你说的路程指的是什么呢？

生：就是座舱在圆周上转过的距离呀，你看座舱从最低点开始计算，随着时间的增加，座舱在圆周上转过的距离也在增加。

生（众）：同意。

师：真好！他从另外一个角度又找到了一组新的变量。还有其他的吗？

生：角度随着时间的变化而变化。就是假设座舱从最低点开始，从圆心往下画一条线，随着时间的增加，摩天轮在转动的过程中，座舱与圆心的连线就会转过一个角度，这个角度在随时间而发生变化。

（学生鼓掌。）

生（众）：同意。

师：特别好，又是一组新的变量。还有吗？

生：随着时间的变化，座舱离地面的高度也在发生变化。

师：大家想想，是这样吗？

生（众）：是。

生：我还有想法，我认为座舱的高度也在随着角度的变化而发生变化。

（学生沉默。）

师：同学们太会联想和思考了，在一个情境里居然发现了这么多组变量，真了不起！

【分析与思考】 在"摩天轮转动"的情境里，只提供摩天轮的图片，激发学生主动思考和寻找其中相关联的变量。学生在寻找变量的过程中需要在头脑中想象、关联和还原摩天轮旋转的现实情况，寻找到多组相关联的变量，在培养想象力的同时也发展了学生多角度思考问题的能力，这是一种主动建构变量模型的创新意识。

师：刚才有人提到了座舱高度随着时间在发生变化，它们具体是怎么变化的呢？能以摩天轮转一圈为例描述一下吗？

生：（用手势一边比画一边说）座舱从最低点开始随着时间先是越来越高，到达最高点之后，随着时间再逐渐下降，最后回到最低点。

生：也就是随着时间的增加，座舱的高度先升高后降低。

师：（出示空白方格图）如果我们把这个变化过程表示在这个方格图上，是这样的变化趋势吗？（出示"转一圈"座舱高度变化的曲线，如图3-43）和你刚才想的一样吗？

图 3-43

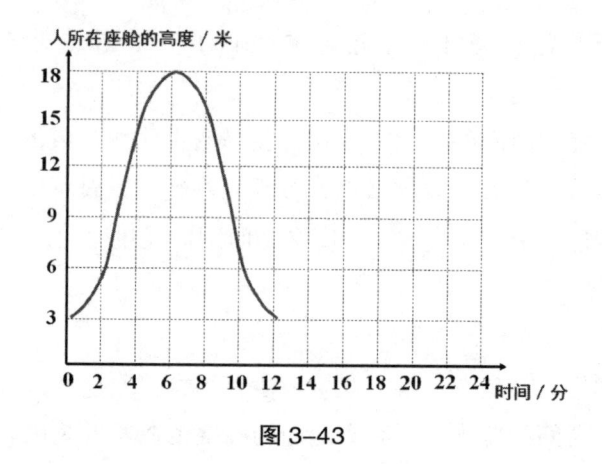

生：是，一样。

师：从图中你能进一步获取到哪些信息？

生：最高点是 18 米，最低点是 3 米。

生：转动一圈的时间是 12 分钟。

生：1~6 分钟座舱高度在增加，6~12 分钟座舱高度在降低。

师：这是摩天轮转一圈的情况，如果摩天轮再转一圈，图像会怎么样呢？

生（众）：和第 1 圈一样。

师：（出示"转两圈"的图像，如图 3-44）座舱第一次到达最高点以后，再一次达到最高点需要经过几分钟？

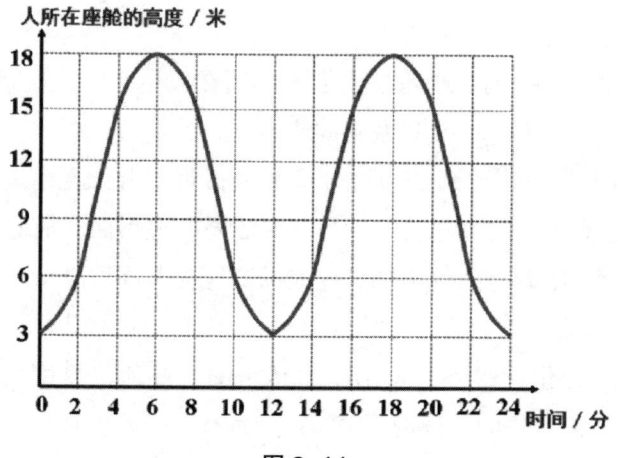

图 3-44

生：12分钟。

师：你是怎么得到的？

生：第一次到达最高点是6分钟，第二次到达最高点是18分钟，两次的时间间隔是12分钟。

师：如果再转一圈，图像接下来会怎么样呢？

生：和前面一圈一样，先升高后下降。

师：再转一圈呢？

生：还是和前面一样。

师：如果摩天轮就这样一圈一圈一直转下去，图像就会……

生：和前面一样，先升高后下降，再升高再下降，不断重复下去。

师：也就是说，随着时间不断增加，座舱高度就会"升高—下降—升高—下降"不断循环往复重复进行，图像也会这样"升高—下降—升高—下降"不断循环往复重复出现下去。

生：对。

师：（出示图3-45）你们知道座舱高度随时间发生的这种变化叫什么变化吗？

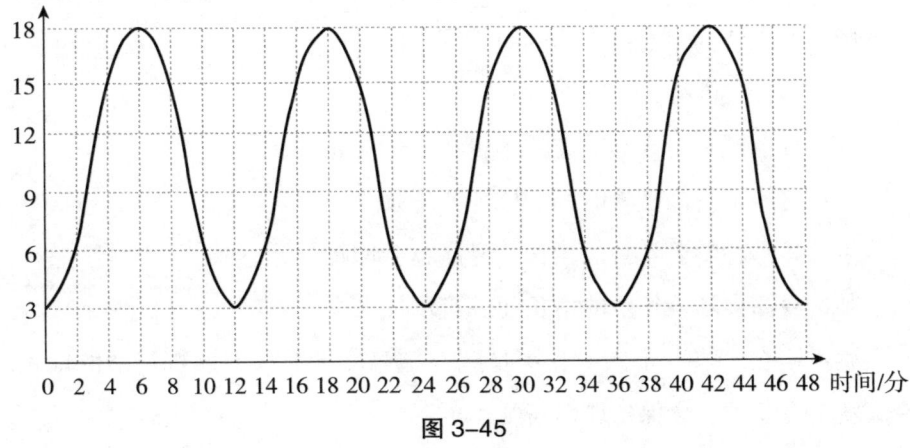

图3-45

生：周期。

师：对，叫"周期性"变化。在这里，摩天轮转一圈的周期是多长时间呢？

生：12分钟。

【分析与思考】在学生寻找到多组变量中拾级聚焦"座舱高度—时间"这组相关联的变量进行研究交流，先以摩天轮转一圈为例，让学生一边想象动作表征，一边用自己的语言大致描述座舱高度随着时间的变化而发生了怎样的变化，然后再把这个变化过程表示在方格图上，形成表示两个变量之间变化关系的图像，这个过程是引导学生在头脑中主动建构图像、建构变化关系的过程。在引导学生读图，从中进一步获取信息之后，让学生思考摩天轮转一圈、再转一圈……就这样一圈一圈一直转下去，表示座舱高度与时间变化关系的图像会是怎么样的，这个过程是在帮助学生主动建构图像，也是在帮助学生进一步建构和认识周期性变化关系。

三、丰富素材，再度寻识描述变量及变化关系

1.回应前测，关联描述变量

师：刚刚我们通过"淘气打字"和"摩天轮转动"两个情境发现了其中存在的相关联的变量以及两个变量之间的变化关系。在课前，有很多同学也找到了生活中存在的一些变量，我们一起来讨论一下。

师：有人认为"身高"是变量，同意吗？

生（众）：同意。

师：你能想到身高是随着哪个量在发生变化吗？

生：时间，身高随着时间的增加而增加。

生：年龄，随着年龄的增长，身高也会增加。

师：身高会随着年龄的增长而一直增加下去吗？

生：不会，当一个人的身高长到一定高度的时候，随着年龄的增长，身高就不再长了，会保持那个高度不再变化。

师：也就是说，人的身高随着年龄增长而增加这件事只发生在某个阶段，超过特定年龄段这个规律就不存在了，对吗？

生（众）：对。

师：也有人认为"温度"是变量，同意吗？

生（众）：同意。

师：那么温度是随着哪个量在发生变化呢？

生：时间，一天中从早到晚，温度会随着时间的变化而变化。

生：季节，随着季节的更替变换，温度也会发生变化。

生：环境，环境发生变化，温度也会发生变化。

生：纬度，从赤道到北极，温度会随着纬度的变化而变化。

生：海拔，随着海拔的升高，温度会逐渐下降。

师：真是太棒了！你们仅仅从"温度"这个变量，就能联想到这么多与它相关联的变量。

师：还有人认为汽车的"油耗"也是变量，同意吗？

生（众）：同意。

师：那么油耗又会随着哪个量发生变化呢？

生：里程，随着汽车行驶里程越长，油耗就越多。

生：速度，汽车的行驶速度越快，油耗就越多。

生：路况，汽车要是上坡，油耗就多；要是下坡，油耗就省一些。

生：车型，大货车就比小汽车油耗要多一些。

生：品牌，车的品牌不一样，油耗也不一样。有些品牌的车省油，有些就费油。

师：一个"油耗"，你们就又联想到这么多与它相关联的变量，真了不起，为你们点赞。

【分析与思考】这个活动主要是回应学生在前测中出现的问题。出示学生在课前找到的变量的例子，让学生联想它是随着哪个量在发生变化，一方面启发学生从不同角度思考，认识到与某个变量相关联的变量有很多，发展了多角度的数学思考；另一方面不回避问题，让学生从关联的视角来描述变量，认识到变量与变量之间是相互影响、相互依存的，真实体现学习上的生长。

2. 补充素材，寻找描述变量

出示：

平行四边形的面积是24cm²。

高/cm	2	3	4	5	6
底/cm	12	8	6	4.8	4

①

$C=\pi d$

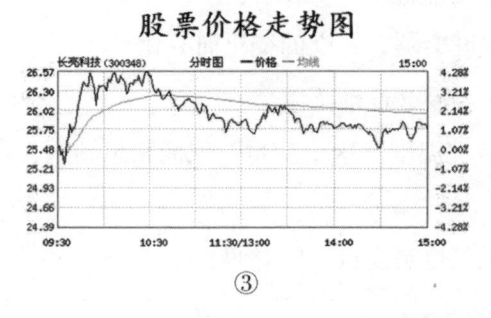

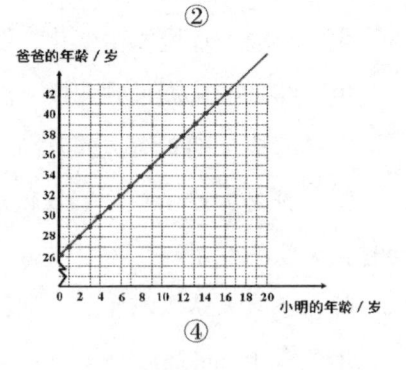

②

股票价格走势图

③

④

图 3-46

师：老师这里也收集了几个情境素材，请你认真看一看，每个情境中有哪些相关联的变量呢？你能找出来吗？一个量随着另一个量的变化而发生了怎样的变化呢？你能描述清楚吗？（学生陆续举手）请打开"1号学习单"，先独立思考，再把你的想法和同伴交流，在组内达成共识后以小组为单位全班汇报。

出示小组活动要求：

（1）找出每个情境中有哪些相关联的变量？

（2）描述清楚一个量随着另一个量的变化而发生了怎样的变化？

（学生思考交流，教师巡视指导，之后全班汇报。）

第一组汇报

生：我选择①号情境，变化的量是平行四边形的底和高，随着高的不断增加，底在不断减少。大家有什么问题吗？

生：我的想法和你一样，我补充一点，平行四边形的高增加，底就减少，方向是反着的，但这个过程中，平行四边形的面积一直是24平方厘米，保持不变。

师：你还看到了变化中不变的东西，好眼力！

生：我选择②号情境，变化的量是圆的周长 C 和直径 d，随着 d 的不断增加，C 也在不断增加。

生（众）：同意。

第二组汇报

生：我选择③号情境，变化的量是股票的价格和时间，随着时间的增加，股票的价格先下跌再升高，升高，再下跌，再升高，又下跌，又升高……股票的价格随着时间的增加呈现波动变化。

师："波动"这个词形容得好！

生：股票的价格随着时间的增加一会儿升一会儿降，好像没有什么规律。

生（众）：嗯，同意。

生：我还找到一组变化的量是股票的价格和均线，股票的价格随着均线的变化而变化。

生（众）：哦，可以！

生：我有不同意见，我认为是均线随着股票的价格的变化而变化，而不是股票的价格随着均线的变化而变化。

师：有不同意见。

生：应该是股票的价格随着均线的变化而变化吧？

生：什么是均线？我认为均线应该是这只股票的平均价格，应该是股票在这段时间的价格变化引起平均价格的变化，而不是平均价格引起股票价格的变化。

生（众）：有道理。

师：理不辩不明，你们理解得很深刻。

生：我选择④号情境，变化的量是爸爸的年龄和小明的年龄，爸爸的年龄随着小明的年龄的增长而增长。

生：我同意你说的。我觉得这里面，爸爸的年龄也随着时间的变化而变化，小明的年龄也随着时间的变化而变化。

生：你们说得都对，但这里面爸爸的年龄和小明的年龄的差是不变的，一直是26。

【分析与思考】这个活动主要是提供不同的素材，让学生在丰富的情境中主动寻找变量，并描述清楚一个量随着另一个量的变化而发生了怎样的变化。这个过程是借助直观具体的生活现象或数学世界进一步感知变量，尝试用数学语言描述两个变量之间变化关系的过程，可帮助学生初步体会函数思想。

四、尝试分类，深化理解变量及变化关系

师：刚才我们在上述四个情境中分别找到了相关联的变量，并知道了它们之间的变化情况。下面这些是前面我们探讨过的 8 个情境素材。

出示：

平行四边形的面积是24cm²。

高/cm	2	3	4	5	6
底/cm	12	8	6	4.8	4

①

$$C=\pi d$$

②

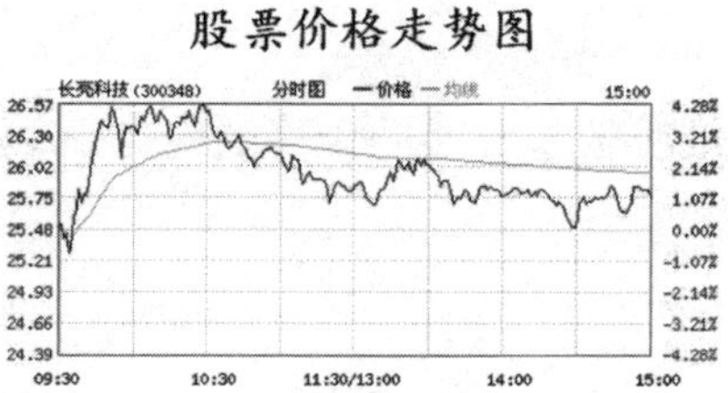
股票价格走势图
长亮科技（300348）
分时图
价格
均线
15:00
09:30
10:30
11:30/13:00
14:00
15:00

③

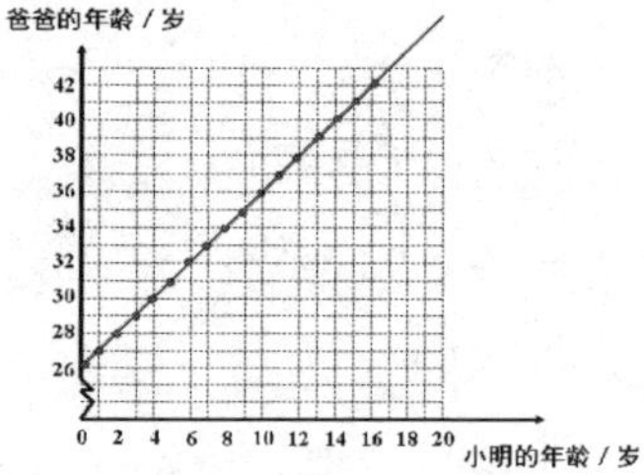
爸爸的年龄 / 岁
小明的年龄 / 岁

④

淘气打字数量

时间 / 分	1	2	3	4	5
字数 / 个	25	60	74	120	150

⑤

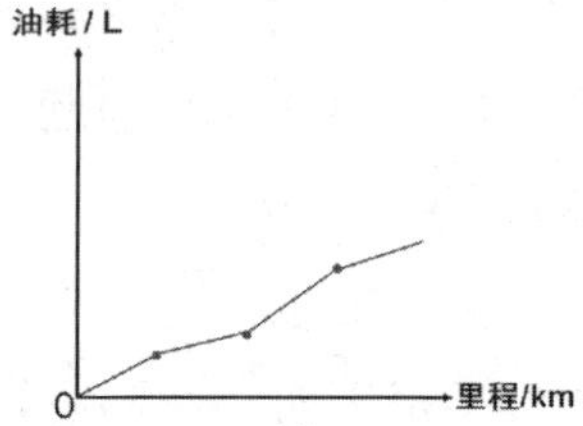
油耗 / L
0
里程/km

⑥

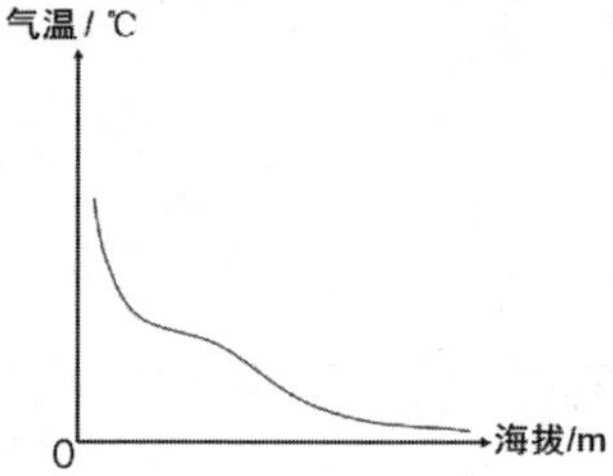
气温 / ℃
0
海拔/m

⑦

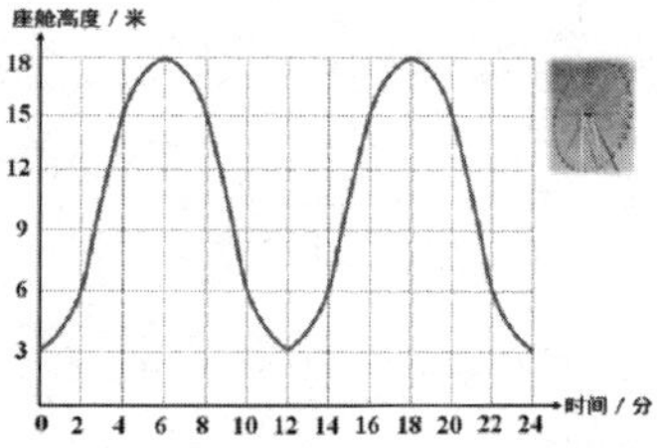
座舱高度 / 米
时间 / 分

⑧

图 3–47

出示小组活动要求：

（1）尝试把这8组变量分分类。

（2）汇报时说清楚是怎样分的，按什么标准分的，为什么这样分。

（学生组内交流，教师巡视指导，之后全班汇报。）

组1：我们分成三类：①⑦／②④⑤⑥／③⑧。①⑦是一类，都是一个量随着另一个量的增加而减少；②④⑤⑥是一类，都是一个量随着另一个量的增加而增加；③⑧是一类，都是一个量随着另一个量上下波动变化。

师：你们是按什么标准分的？

生：按两个量的变化趋势分的，有的同向变化，有的反向变化，有的上下波动变化。

组2：我们分成两类：①②④⑧／③⑤⑥⑦。①平行四边形的面积是不变的，一直是24平方厘米，②圆周率是不变的，④爸爸的年龄和小明的年龄的年龄差是不变的，都是26岁，⑧摩天轮转动一周的周期是不变的，是12分钟。而③⑤⑥⑦没有不变的量。

师：你们又是按什么标准分的呢？

生：是按是否含有不变的量来分的。

生：①②④⑧不管一个量随着另一个量怎样变化，但始终都有不变的量存在，而③⑤⑥⑦找不到这个规律。

师：他们组给我们提供了一个全新的角度。还有不同的分法吗？

组3：我们是按表现形式分的，①⑤／③④⑥⑦⑧／②。①⑤都借用了表格，③④⑥⑦⑧都借用了图像，②是用关系式来表示的。

师：又一个看待问题的角度。的确如此，这节课我们一直在借助表格、图像和关系式这三种工具来帮助我们描述两个变量间的变化关系。你们很会总结，真了不起。

【分析与思考】这个学习活动难度较高，挑战性也比较大。让学生尝试对8个情境素材中的变量进行分类，不给确定的分类标准，让学生自己定标准然后分类，开放的空间可以使学生展现出不同的看待问题的视角，包括变化规律的共性与区别、变化中的不变、刻画变量的表现形式等，学生经历的思维高度、水平不一样，结果不一样，收获也不一样。学生分类的结果不唯一，只要学生分类的标准明确，能说明理由，即为合理。这个核心活动其实是让学生在经历抽象概括、从一般到特殊的过程后，对变量和变量之间的变化关系有进一步的深化再认识，让学生"跳"出来整体把握变量之间的变化关系，是学生的思维水平向高层次进阶和提升的过程，同时也为正比例、反比例的学习做好铺垫。

五、全课小结

（略。）

转换与对应，让想象飞翔

——"有趣的折叠"教学实践与思考

【课前慎思】

"有趣的折叠"是北师大版五年级下册"数学好玩"单元的一节课，也是"综合与实践"领域的学习内容。教材在"仓库模型"的主题情境中引导学生解决有关图形"折叠"的问题，让学生将二维平面展开图折叠成三维立体图形，在综合应用知识解决问题的过程中培养空间观念。

那么，如何充分调动学生已有的知识经验，启发学生在图形的空间转换中积累有关想象的思维活动经验呢？如何帮助学生在寻求平面与立体图形之间的位置对应关系中发展空间想象力呢？如何以"有趣的折叠"问题为载体设计课堂核心活动以促进学生空间观念的进一步发展呢？基于此，我对本课进行了教学实践与思考。

【课中践行】

片段一：情境猜想，提出问题。

师：世界的许多发明创造都是以实物的形态呈现，作为设计者，要先从自身的想象出发画出设计图，再根据设计图做出实物模型（即概念模型），再根据模型修改设计，最终完善成型。我们来看下面这幅图，这就是一个设计图。

（出示图 3-48。）

师：看到这幅图，你有什么想研究的问题吗？

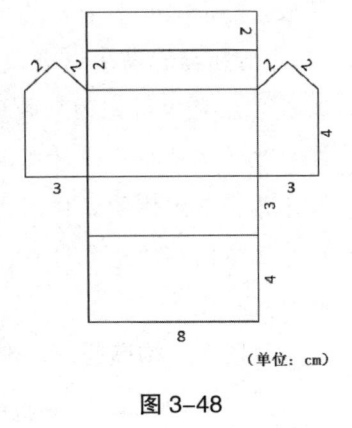

图 3-48

生：这个设计图如果还原成立体图形，会是什么？

生：怎样才能把这个设计图还原成立体图形？

生：按照这个设计图做成一个实物，都需要什么材料？它的表面积是多大？

生：实物模型的体积占空间是多大？

师：这些问题很有意思，都值得研究。我们先来聚焦第一个问题，如果把这个平面设计图折叠成一个封闭的立体图形，想一想，它的形状像什么？

生：像个盒子。

生：像小房子。

师：它可能是个长方体吗？

生：不可能。因为长方体一共有6个面，而这个平面图是7个面。

生：长方体的6个面是长方形或者正方形，而这个设计图中有的面是五边形，所以不是长方体。

师：那可能是正方体吗？

生：正方体更不可能了。正方体也是6个面，而且每个面都必须是个正方形才行。

生：我觉得它应该是个小房子。（上前指）这两边的五边形往里一折应该是房子的左右两个面，上面这两个小长方形往里一折应该是房子隆起的顶，这个是底面，最下边的这个是后面的面。

师：特别好，这实际是个图书仓库模型，是设计者专门为灾区孩子们储藏公益捐赠的图书而设计的。

【分析与思考】以平面设计图为情境，启发学生提出想要研究的问题，激发学生数学研究的兴趣，培养问题意识。聚焦学生发现和提出的问题，在引导学生猜想将设计图折叠还原成立体图形的过程中，再次唤起学生对长方体、正方体等立体图形特征的认识经验。同时，学生用语言描述对还原后立体图形的想象过程，可以帮助学生初步建立平面图形与立体图形之间的对应关系。

片段二：构造空间，形成经验。

师：要想把这个平面设计图还原成仓库的实物模型，在折叠时需要将展开图有些面的边粘贴重合在一起，我们管它叫"粘贴处"。假如你是设计师，请你设计一下仓库模型的粘贴处，使展开图沿着这些粘贴处能够还原成仓库模型。设计时，可用彩笔在展开图上描出边线，并标注序号说明。

（学生自主探究设计粘贴处，在小组内交流想法，之后以小组为单位，组员接力汇报成果。）

师：我们一起来看这幅作品（如图 3-49），说一说，你们是怎么设计粘贴处的？一共设计出多少？

（组 1 汇报。）

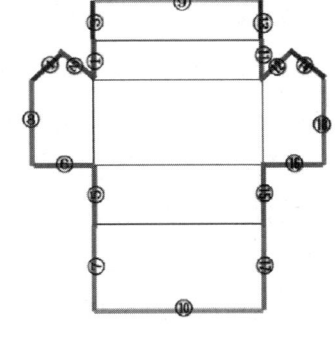

图 3-49

生：（指图 3-49）我是想象着把这个展开图折叠回去还原成仓库。这个仓库的房顶是隆起的屋脊，这两个小长方形是屋脊的前、后两个斜坡，这两个五边形是仓库的左、右两个面，这是前面，这是底面，这个应该是后面，前面和后面是相对的面，形状、大小一样。

生（众）：同意。

生：我们再来看边，展开图中的①号边是屋脊前面斜坡左边的棱，②号边是仓库屋脊左面前边的棱，它们折叠后应该粘贴在一处；③号边是屋脊后面斜坡左边的棱，④号边是仓库屋脊左面后边的棱，它们还原后应该粘贴在一处；⑤号边应该是仓库底面左边的棱，⑥号边是仓库左面下边的棱，它们还原后应该粘贴在一处；⑦号边应该是仓库后面左边的棱，⑧号边是仓库左面后边的棱，它们还原后应该粘贴在一处；⑨号边是屋脊后面斜坡后边的棱，⑩号边是后面上边的棱，它们还原后应该粘贴在一处。这样就有 5 条粘贴处了。

生：由于这个设计图左右是对称的，所以它右半部分的粘贴处和左边是一样的，也就是 ⑪ 和 ⑫ 粘贴在一处，⑬ 和 ⑭ 粘贴在一处，⑮ 和 ⑯ 粘贴在一处，⑰ 和 ⑱ 粘贴在一处，这样就又出现 4 条粘贴处，和前面的 5 条加起来，我们组认为一共需要设计 9 条粘贴处。

组 2：你们找得很清楚。我们组和你们设计的过程差不多，只不过我们设计的是 7 条粘贴处，我们把屋脊左边的①和②、③和④形成的两条粘贴处看成一条了，右边也是，这样就是7条粘贴处。

生：实际结果是一样的。

师：设计好粘贴处，才能将设计图折叠还原成仓库模型。那么，在设计粘贴处的过程中，你觉得什么是很重要的？

生：我觉得寻找对应面很重要，我们要想象展开图中的各个面在折叠还原后对应的是仓库立体图形的哪个面。

生：寻找对应线也很重要。我们要想象平面图中哪些面的边在还原后能重合粘在一起，还有就是折叠后这些粘贴在一起的边对应的是立体图形的哪条棱。

师：你们同时提到了一个词"想象"，说明事先在头脑中想象很重要。

生：我觉得实际折一折也很重要。我们组在开始想哪条边和哪条边能粘在一起时没想出来，感觉很混乱，也很困难，于是我们就拿这个设计图试着折叠，在折叠的过程中，我们发现了哪些边是可以重合在一起的，最后对应着记录下来，我们得到的也是9条粘贴处。

师：特别好，想不出的时候就实际折叠一下，帮助想象解决问题，这说明操作也很重要。

【分析与思考】让学生化身"设计师"为平面展开图设计粘贴处，学生要在头脑中想象着把平面图形折叠回去还原成立体图形，不断在二维和三维空间的转换中寻找平面图形中的面、边与立体图形中的面、棱之间的相互位置对应关系。这个过程需要学生不断地想象、思辨、分析、推理，必要时借助实际操作帮助想象，在头脑中不断建立图形要素的对应关系，这是学生空间观念明晰和形成的过程。最后，通过生生之间对问题解决过程的反思、总结、交流，进一步帮助学生积累空间想象的思维活动经验。

片段三：标注图设，生发思维。

师：为了体现这个仓库模型的公益特色，设计师巧妙设计了三角图标"▽"。要在仓库的任意面的右上角都能看到"▽"这样的图标（屋顶和底面除外），请你在平面展开图上做出标注。

（学生在展开图上做标注，之后展示交流成果。）

生：（指图3-50）我是在头脑中想着一边把这个展开图折叠成立体实物一边标注。折叠后这是仓库的前面，三角就对应画在平面图形中这个面的右上角；折叠后这是左面，三角要画在左面的右上角，就是对应平面图形中这个面的右上角；这是右面，同样三角要画在右上角，对应着应该是平面图形中这个面的右上角。这样，前面、左面和右面都标注完了。

师：大家试着在头脑中把这个展开图折叠，想象一下，是不是在这三个面的右上角都能看到这样的三角？

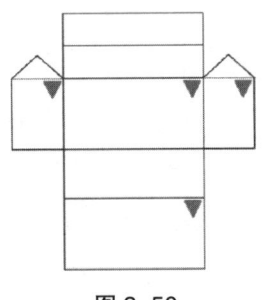

图 3-50

生：是。

生：还有一个面，就是最下面这个面，还原后是仓库的后面，三角对应着标注在这里。

生：好像不对，这个面折叠后是仓库的后面，但把这个面翻折上去后，三角不应该画在它的右上角了，应该画在这个面的左上角才对（如图 3-51）。

生：嗯？好像也不对啊……

生：是不对，三角应该像这样画在它的左下角（如图 3-52），这样这个面翻折上去后，这个面的左下角才是仓库后面的右上角。

生（众）：这回对了！

（教室里响起掌声。）

生：我觉得这样画还不对，三角的位置找对了，但三角的尖不应该朝下，应该朝上画，只有朝上画，把这个面折上去还原后，三角的尖才能在后面的右上角朝下（如图 3-53）。

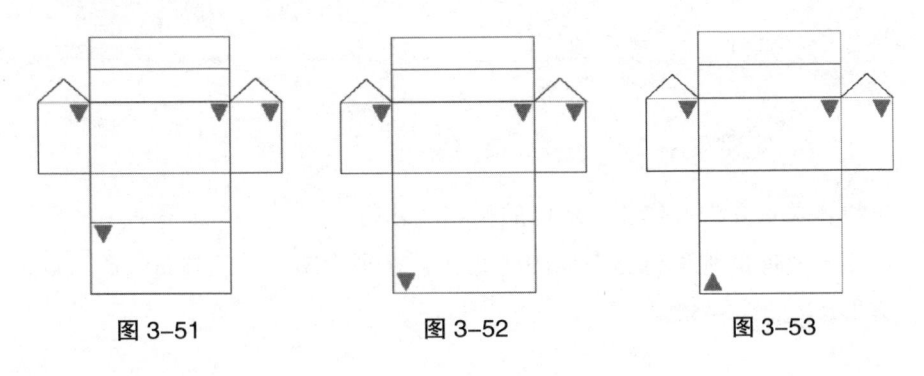

图 3-51   图 3-52   图 3-53

生：哦——有道理！

生：我明白了，这个面翻折上去还原成仓库模型后，平面图形中的左右、上下位置都要相反着才对，三角的尖也应该是相反着朝上才可以。

【分析与思考】引导学生以"设计师"的身份按要求给仓库模型设计三角图标。在这种角色化的实践中，学生同样要想象平面图形还原成立体图形后的图形要素，特别是点与面的位置对应关系，三角的位置对应的是四周各面上的一个点，学生要不断地在二维和三维空间之间进行想象、转换与对应，特别是后面三角图案的位置、样态的确定，不断造成新的认知冲突，学生在不断地想象、思辨、分析、交流、质疑后，最终确定其正确画法。让学生在头脑中不断对展开图想象、折叠，不断在转换中寻找点与面的位置对应关系，引导学生经历空间观念的形成过程，并不断积累想象的经验以发展空间观念。

片段四：关联延伸，体会应用。

师：如果仓库各边的实际长度是图中相应长度的100倍，你能求出这座仓库的占地面积是多少吗？（如图3-54）

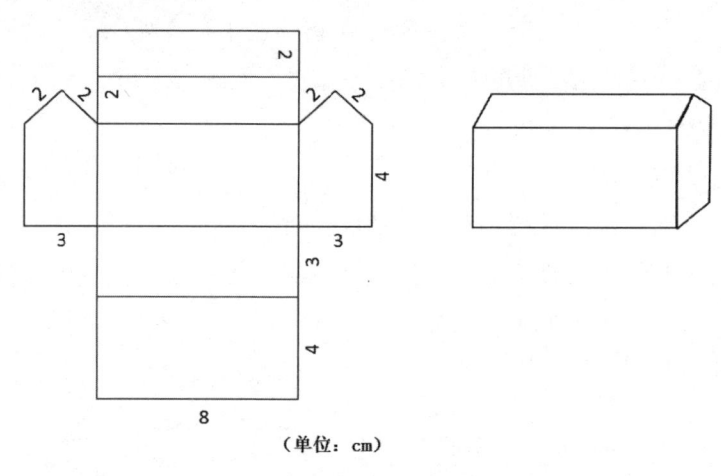

（单位：cm）

图3-54

生：关键要先确定仓库地面的长和宽才行。

生：仓库的地面就是立体图的底面，在平面图中是长8cm、宽3cm的长方形。（如图3-55）

图 3-55

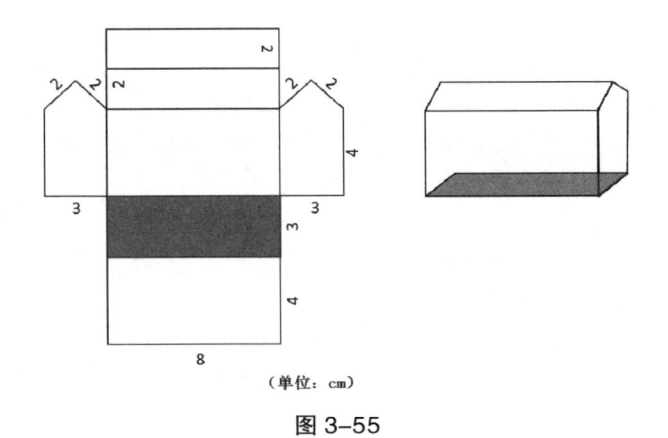

生：先把平面图上的长和宽分别乘100，算出实际的长和宽，然后就可以计算出占地面积了。

（学生计算：长 $8\times100=800$ cm$=8$ m，宽 $3\times100=300$ cm$=3$ m，占地面积 $8\times3=24$ m^2）

【分析与思考】这个活动是求仓库的实际占地面积，学生需要再次将平面展开图在头脑中还原成立体图形，想象寻找平面图中的哪个面对应的是仓库立体图形的底面，然后计算解决问题。这个过程在进一步发展学生的空间观念的同时，也在帮助学生体会知识在生活中的应用，培养学生在实践中的数学应用意识。

看得见的生长，从已知到未知

——"涂色知多少"教学实践与思考

【课前慎思】

小学数学中，关于空间观念的教学无疑是最难的，同时也是发展学生高层次数学能力的重要内容。如何开发空间观念的教学资源，使之能在课堂核心活动的设计中集观察、比较、联系、思辨、想象、推理、概括于一体，以问题情境和学习内容为载体，培养学生的空间观念，进而发展学生的高层次数学能力及高阶思维？我与学生一起，以正方体为研究对象，以正方体表面涂色等分切割后"涂色知多少"为研究内容，进行了一次致力于高层次思维能力发展的教学实践研究。

【课中践行】

片段一：情境引入，引发问题。

（出示图片及信息。）

图 3-56

师：一个五面涂奶油的蛋糕，被平均分成九块。可是有人不喜欢吃奶油，而有人喜欢吃奶油，还有人想吃一点奶油但不要太多。他们该选哪一块呢？

生：正中心的那块蛋糕只有一面有奶油，不喜欢吃奶油的可以选这块。喜欢吃奶油的选择四个角的，因为四个角的蛋糕三面有奶油。想吃一点奶油又不能太多的选择其他那四块，因为那四块有两面有奶油。

生：哈哈，真有趣！

师：看来挑蛋糕中也隐藏着不小的学问呢，让我们一起来研究吧。

【分析与思考】问题能够引领儿童的数学学习，而好的问题来源于现实生活。以现实生活中"分选蛋糕"的问题情境为载体，引发学生思考切分后每块蛋糕表面的奶油特征，从而抽象孕育有关立体图形表面涂色的相关问题，为接下来的学习活动研究做准备。

片段二：自主探究，积累经验。

（出示学习单，学生独立自主完成。）

涂色知多少

1.把表面涂色的正方体每条棱二等分，然后沿等分线把正方体切开，得到的小正方体的涂色会是什么情况呢？自己动手分一分，画一画，试一试吧。
完成信息填写：
一共得到_____个小正方体；
三面涂色的小正方体有_____个；
两面涂色的小正方体有_____个；
只有一面涂色的小正方体有_____个；
各面都没有涂色的小正方体有_____个。

2.把表面涂色的正方体每条棱三等分，然后沿等分线把正方体切开，得到的小正方体的涂色又会是什么情况呢？自己再动手分一分，画一画，试一试吧。
完成信息填写：
一共得到_____个小正方体；
三面涂色的小正方体有_____个；
两面涂色的小正方体有_____个；
只有一面涂色的小正方体有_____个；
各面都没有涂色的小正方体有_____个。

图 3-57

师：刚才，大家已经把表面涂色的正方体每条棱分别进行了二等分、三等分，并对得到的小正方体的涂色情况进行了探究。请大家先在小组里交流：你的结论是什么？你是怎样画图并观察思考的？等会儿我们全班交流。

（学生小组交流。）

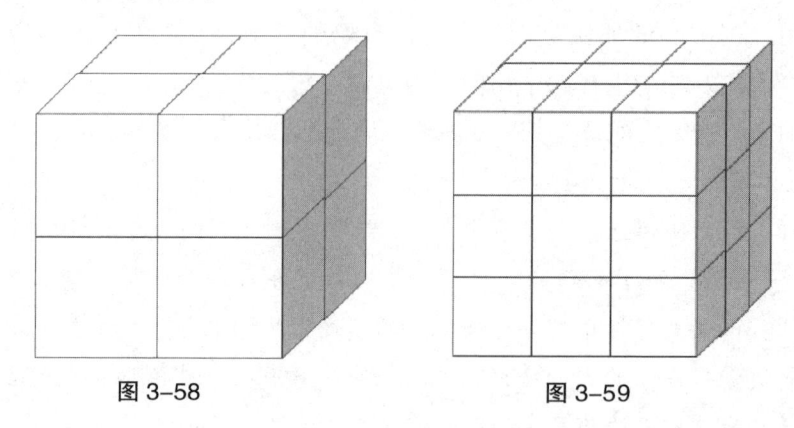

图 3-58　　　　　　　　图 3-59

生：首先我们看，（指图 3-58）把表面涂色的正方体每条棱二等分，通过分割，我画出了这个图，一共得到 8 个小正方体，这 8 个小正方体都是三面涂色的，两面涂色、只一面涂色、各面都没有涂色的小正方体没有，都是 0 个。我们再来看，（指图 3-59）把每条棱三等分，通过分割，我又画出了这个图，一共得到 27 个小正方体，其中三面涂色的有 8 个，两面涂色的有 12 个，只一面涂色的有 6 个，各面都没有涂色的有 1 个。

（全班鼓掌。）

师：大家看了他的探究，听了他的分享，好在哪儿？

生：我觉得他最后填写的结果都十分正确。

生：他对每种情况都分别画了图，这样画图分割后很直观，容易观察，而不是凭空想。

生：我想帮他做个补充。刚才他只是介绍了画的图和得出的结果，我想帮他补充这些小正方体涂色情况分别在哪儿。二等分的就不用说了，都是三面涂色。我们看三等分的，三面涂色的在正方体的 8 个角处，这 7 个可以看见，有 1 个被遮挡了。两面涂色的，先看最上面一层，有 4 个，再看中间这层，这 3 个可以看见，有 1 个在左后面被遮挡了。再看最底下这层，有两个可以看见，还有两个也是被遮挡了，这样加起来一共是 12 个。只有一面涂色的在各个面的中间，有 3 个可以看见，还有 3 个也被遮挡了。各面都没有涂色的那个在大正方体的正中心，完全被遮挡了，就是在第二层的最中间那个，大家能想象出来吧？我还验证了一下，把各种涂色情况加起来，8＋12＋6＋1＝27，总数正好够 27 个。

（全班再次鼓掌。）

师：掌声代表态度。听了这位同学的补充，你觉得又好在哪儿？

生：我觉得她把三面涂色、两面涂色、只有一面涂色、各面都不涂色的这些小正方体分别在什么位置讲得特别清楚。

生：特别是两面涂色的情况，她一层一层地观察指给我们看，非常有顺序。还有就是各个面都不涂色的、在正方体正中心藏着的那个很不容易想，我开始没找到，听她这么一说，我明白了。

【分析与思考】由现实生活情境进入相关联的数学问题情境——把表面涂色的正方体每条棱分别进行二等分、三等分，从最简单的情形入手，让学生对得到的小正方体的涂色情况分类进行独立探究。学生通过尝试画图、切分、观察、发现、想象、寻找分布位置、有序思考、计算、验证等，层层深入，分析出答案；通过互动交流、评价、反思，积累初步探究解决问题的数学活动经验。

片段三：化繁为简，寻求模式。

师：刚才我们是把表面涂色的正方体的每条棱二等分、三等分，如果要把每条棱等分成更多份，然后沿等分线把正方体切开，得到的小正方体的涂色情况又会是怎么样的呢？我们该怎么办？

生：我觉得可以把每条棱平均分成四份、五份，然后切开，分别画一画，再看看各面涂色的结果。

生：我们也可以画一个表格来帮忙，把每条棱各等分的情况列举一下，找一找，看看有什么规律没有。

师：这个办法不错！可是该怎么画表格呢？表格中要有哪些要素呢？

生：我觉得应该有这么几项，首先是每条棱等分成几份，然后是切开后小正方体总数，后面可以依次是小正方体三面涂色数、两面涂色数、一面涂色数和各面都不涂色数。

生：每条棱的等分数依次是 2，3，4，5……，也可以多列几个，一直到等分成 n 份，看看结果都是怎么样的，有什么规律。

（根据学生做的讨论，共同设计如下表格。）

表 3-4

每条棱等分数	小正方体总数	三面涂色数	两面涂色数	一面涂色数	各面无涂色数
2					
3					
4					
5					
…					
n					

师：下面请大家借助表格先独立研究，看看有什么发现。然后在小组内交流想法，一会儿我们以组为单位全班交流。

【分析与思考】由简入繁，由前面探讨将正方体的每条棱二等分、三等分，到探讨如果要把每条棱更多等分，得到的小正方体的涂色情况又会是怎样的，我们该怎么办，引导学生接着研究四等分、五等分的情况，在借助画图、列表中发现规律。特别要说明的是，这里教师没有给出一个现成的表格，而是由学生根据要研究的问题亲自设计、讨论表格的结构、要素。这里从始至终发展的都是学生高层次的数学思维能力。

（第1组展示如下。）

表 3-5

每条棱等分数	小正方体总数	三面涂色数	两面涂色数	一面涂色数	各面无涂色数
2	8	8	0	0	0
3	27	8	12	6	1
4	64	8	24	24	8
5	125	8	36	54	27
…	…	…	…	…	…
n	n^3	8	12（n-2）		

生：之前我们研究了把正方体每条棱二等分、三等分的结果，直接填在表中就行了。接着我画图研究了四等分、五等分的情况。把每条棱四等分，一共能得到 4×4×4=64 个小正方体，三面涂色的在正方体的顶点处一共还是 8 个；两面涂色的在正方体的棱上，每条棱有 2 个，12 条棱就有 2×12=24 个；一面涂色的在正方体的面上，每个面有 4 个，6 个面就有 4×6=24 个；剩下的就应该是各面都不涂色的了，64-8-24-24=8 个，在正中心处。

生：把每条棱五等分，一共能得到 5×5×5=125 个小正方体，三面涂色的还是在正方体的顶点处一共 8 个；两面涂色的在正方体的棱上，每条棱有 3 个，12 条棱就有 3×12=36 个；一面涂色的在正方体的面上，每个面有 9 个，6 个面就有 9×6=54 个；剩下的就应该是各面都不涂色的了，在正中心处，有 125-8-36-54=27 个。

生：通过研究观察我们发现，每条棱几等分，得到小正方体的个数就是几的立方，而且不管几等分，三面涂色的个数都是 8 个。对于两面涂色的个数，通过观察我发现，0，12，24，36 都是 12 的倍数，分别是 0×12，1×12，2×12，3×12，都是等分数减 2 之后再乘 12，所以 n 等分时两面涂色的个数就是 $12(n-2)$。可是 n 等分时一面涂色和各面都不涂色的个数，我们没表示出来。

师：听了第 1 组的汇报，你有什么想说的？可以评价、质疑或补充。

生：我觉得他们把每条棱四等分、五等分的情况研究得很清楚，而且总结出了更多等分时小正方体总数、三面涂色数和两面涂色数的规律。

师：第 1 组能够探究出这些结果或规律实属不易，你觉得在这个过程中，他们做的哪一点最关键？

生：画图。

生：观察后有发现。

师：发现了什么？

生：我觉得，他们发现三面涂色、两面涂色、一面涂色和各面都不涂色的这些小正方体分别分布在什么位置这一点很重要，可以帮助我们快速分析出结果。

师：说得特别好！在数学学习中，光画图还不行，还要学会观察思考，在观察中能发现一些规律是学习数学的最高境界。对于每条棱更多等分的情况，还有要补充的吗？

（第2组展示如下。）

表3-6

每条棱等分数	小正方体总数	三面涂色数	两面涂色数	一面涂色数	各面无涂色数
2	$2^3=8$	8	0	0	0
3	$3^3=27$	8	$(3-2)\times12=12$	$(3-2)^2\times6=6$	$(3-2)^3=1$
4	$4^3=64$	8	$(4-2)\times12=24$	$(4-2)^2\times6=24$	$(4-2)^3=8$
5	$5^3=125$	8	$(5-2)\times12=36$	$(5-2)^2\times6=54$	$(5-2)^3=27$
…	…	…	…	…	…
n	n^3	8	$12(n-2)$	$6(n-2)^2$	$(n-2)^3$

生：大部分情况我们和第1组都是一样的。只不过在数不同涂色的小正方体个数时，我们发现了一些规律。比如，不管几等分，两面涂色的都分布在正方体的各条棱中间，四等分时，每条棱有4个小正方体，去掉两边顶点处三面涂色的2个，就是（4-2）个，12条棱就是（4-2）×12=24个；五等分时，每条棱有5个小正方体，去掉两边顶点处的2个，就是（5-2）个，12条棱就是（5-2）×12=36个；n等分时，每条棱有n个小正方体，同样去掉两边顶点处的2个，就是（n-2）个，12条棱就是12（n-2）个。

生：再比如，不管几等分，一面涂色的都分布在正方体各个面中间。四等分时，每个面有4×4个小正方体，去掉四周每条棱上两面和三面涂色的，一面涂色的就是（4-2）²个，6个面就是（4-2）²×6=24个；五等分时，每条棱有5个小正方体，去掉四周每条棱上两面和三面涂色的，一面涂色的就是（5-2）²个，6个面就是（5-2）²×6=54个；n等分时，每条棱有n个小正方体，一面涂色的就是（n-2）²×6，也就是6（n-2）²个。

生：对于各个面都不涂色的一定在正方体的中心处，去掉包裹露在外面的这一层，里面堆积起来的应该也是个正方体形状，如四等分时，每行是（4-2）个，每层有（4-2），有（4-2）层，大家能想象出来吗？这样各个面都不涂色的有（4-2）³=8个。五等分时，里面堆积起来的也是个正方体形状，每行是（5-2）个，每层有（5-2），有（5-2）层，这样各个面都不涂色的有（5-2）³=27个。那么n等分时，各个面都不涂色的就有（n-2）³个。最后，我们把总结出来的每条棱n等分时的这些规律，在二等分、三等分时分别进行了验证，都成立，大家看表格就可以了。

师：分享了第2组的研究成果，你有什么想说的？

生：我觉得第2组研究得比较好，和第1组比又有些不同。

师：具体说说好在哪儿，有什么不同。

生：比如，在找两面涂色数时，第1组是先按位置数出每条棱有几个，再乘12计算出结果，找一面涂色数时也是先按位置数出每个面有几个，再乘6计算出结果，填表时也都是直接填最后的得数。而第2组是在观察后找到一些关系，如每条棱有几个两面涂色的，每个面有几个一面涂色的，他们不是直接数出来的，而是用算式来表示的，填表时也是先写算式再算结果。

师：你的意思是说第2组特别会观察，他们在观察中带着思考在寻找一些关系，对吗？

生：对。

师：他们在寻找哪些关系？谁和谁之间的关系？

生：各种涂色数与每条棱的等分数之间的关系。

师：特别好！这些关系如果找到了，那么这里面隐藏着的涂色的奥秘就被我们发现和破解了。

生：可是这些关系好像挺隐蔽的，也不太好找，我就没找到，他们是怎么发现的呢？

师：对呀，他们是怎么发现的呢？反思总结一下有没有什么好的经验？

生：我觉得各种不同涂色小正方体的分布位置很重要，这在前面已经说过了。还有就是观察角度也很重要，在观察中还要不断思考。比如，一面涂色的小正方体是分布在每个面的中间的，而且构成一个方阵，那么每个面上的个数就是方阵中一行个数的平方。再比如，两面涂色的是分布在

每条棱的中间的，那么每条棱上的个数就是一行的个数减去 2。

生：另外，我觉得想象也很重要。比如，各个面都不涂色的那些小正方体是藏在正中心的，而且它们堆在一起的形状也是个正方体，这样就方便分析它们的个数与每条棱等分成几份之间的关系了。

【分析与思考】交流分享研究成果——这是本课的核心环节。这里呈现了两个组的研究，每个组的成员接力汇报，通过对比、评价、补充、质疑、交流，发现其中的规律，形成解决问题的经验。特别是两个组研究过程的异同，相同之处是在借助了前面各种不同涂色情况的小正方体各自分布规律的经验基础上进行探究；不同之处是两者的观察思考角度和研究过程不一样，特别是第 2 组在画图后一边观察，一边想象、思考、寻找各种涂色数分别与每条棱的等分数之间的关系，从中发现规律，以方便表征每条棱更多等分时各种涂色结果的统一性。这是学生在发展空间观念的同时展现出的一种高层次能力和高阶思维，也是学生学科关键能力与核心素养形成的重要展现。最后，学生可以通过反思、总结，再次积累形成探究解决图形问题的活动经验。

片段四：预留问题，延伸思考。

师：淘气在研究正方体表面涂色的问题时，把一个表面涂色的正方体的每条棱四等分，然后沿等分线把正方体切开，可是不小心把切好的积木碰塌了，能不能恢复原状呢？

生：我觉得能恢复。3 个面有颜色的一定是在各个顶点处，2 个面有颜色的应该是在各条棱去掉两头的中间位置，1 个面有颜色的肯定是在各个面去掉四周的中间区域，各面都没颜色的肯定是在看不见的中心处。

师：解决了正方体表面的涂色问题，你还有什么想继续研究的问题吗？

生：刚才我们研究的是正方体的情况，如果是长方体涂色，会是什么情况呢？

师：你能尝试用我们研究正方体的方法研究长方体吗？

（出示如下问题。）

把长、宽、高分别为 3cm、4cm、5cm 的表面涂色的长方体切割成棱长是 1cm 的小正方体。

一共得到 _____ 个小正方体；

三面涂色的小正方体有 _____ 个；

两面涂色的小正方体有 _____ 个；

只有一面涂色的小正方体有 _____ 个；

各面都没有涂色的小正方体有 _____ 个。

长、宽、高若不是3cm、4cm、5cm，是其他数据，结果又会怎么样呢？

师：请你带着本节课研究的经验，在课下继续探究，下节课我们再交流。

【分析与思考】有价值的课堂深度学习，让学生经历从已知到未知的过程，是能够看得见学生能力和思维生长的，其重要表现是学生能够应用学习到的知识经验去解决新问题。这里，解决"积木塌了能否恢复"的问题，实际是对"涂色问题"的逆向思考与应用。课尾为学生预留"尝试用研究正方体的方法研究长方体表面涂色"的问题，是为了让学生带着学习经验去解决新问题，是为了点燃学生继续研究问题的欲望，帮助学生从已知走向未知。

转换维度，让空间观念自然形成

——"蚂蚁爬行最短路线问题"教学尝试与思考

【课前慎思】

空间观念是学生在小学阶段要形成的最重要的学科核心素养。发展学生的空间观念，最重要的是要有充满智慧与挑战的学习载体。而这方面的学习载体除了教材中编排的学习内容之外，还需要教师自主开发学习资源，设计核心学习活动。下面，我以自主开发的五年级"蚂蚁爬行最短路线问题"的教学尝试与思考为例，分析如何在教学中帮助学生转换空间维度，助力学生空间观念自然形成。

【课中践行】

片段一：情境引入，提出问题。

出示下图：

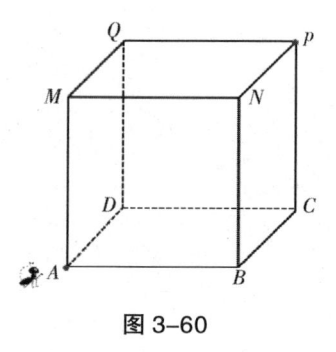

图 3-60

师：有一个正方体纸盒，如图 3-60 所示。一只小蚂蚁想在纸盒外表面从 A 点爬到 P 点。小蚂蚁可以在纸盒外表面的每个面爬行。看到这幅情境图，你最想研究什么问题？

生：我想知道，小蚂蚁怎样从 A 点爬到 P 点？

生：小蚂蚁从 A 点爬到 P 点都有哪些爬行路线？

生：小蚂蚁怎样爬行能使路线相对短一些？

生：有没有最短的爬行路线？

师：大家提出了这么多问题，很有意思，也很有价值。这节课，我们就一起来研究蚂蚁爬行路线问题。

【分析与思考】一个纯数学化的趣味情境为学生创设了"问题场"，以正方体为研究对象，以蚂蚁从一点爬行到另一点为研究内容，在明确爬行规则的基础上，启发学生自主发现和提出想要研究的爬行路线问题。问题能够引领学习者的数学学习，学生自己提出问题，能够促使其有迫切想要研究和解决的兴趣与欲望，既培养了学生的问题意识，同时也为接下来的问题解决做好准备。

片段二：尝探路径，对比论证。

师：好，那我们先来聚焦第一个问题，你觉得小蚂蚁可以怎样从 A 点爬到 P 点呢？能不能试着先给出一条路线？

生：从 A 点沿直线爬到 N 点，再由 N 点沿直线爬到 P 点（如图 3-61）。

（教师在黑板记作：① $A \to N \to P$。）

师：大家按照他的描述验证一下，这条路线可行吗？

生（众）：可行。

师：还有不同的路线，也能从 A 点爬到 P 点吗？

生：从 A 点沿直线爬到 B 点，然后由 B 点沿直线爬到 C 点，再由 C 点沿直线爬到 P 点（如图 3-62）。

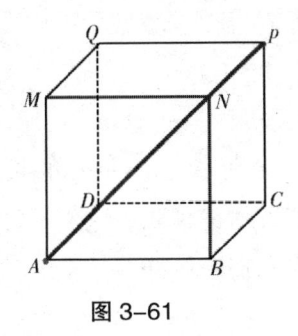

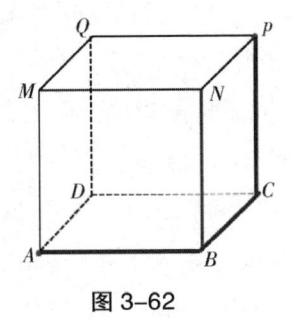

图 3-61

图 3-62

（教师在黑板记作：② $A \to B \to C \to P$。）

生（众）：可行。

师：这两条路线都可行，都可以帮助小蚂蚁从 A 点爬到 P 点，那么哪一条路线相比之下更短一些呢？说说理由。

生：我认为第①条路线更短一些。因为第②条路线都是沿着正方体的棱爬行的，而第①条路线是先沿着正方体的面爬行，后沿着棱爬行的。

师：为什么先沿着正方体的面爬后沿着棱爬这条路线更短一些呢？

生：我感觉是。

师：学习数学，"感觉"是很重要的一件事，但有时感觉可不一定都是对的哦，有时它还可能是一种错觉。能不能试着解释一下，为什么第①条路线更短一些呢？

（这名学生表示困难。）

师：（对这名学生）你需不需要别人帮助你试着解释一下，看看他们怎么说？

（这名学生表示同意。）

生：我是这么认为的，第②条路线沿着棱走，走了 3 条线段 AB—BC—CP，而第①条路线先沿面走再沿棱走，只走了 2 条线段 AN—NP，所以第①条路线更短些。

生：走 2 条线段就一定比走 3 条线段的路线短吗？

生：我来解释一下。大家看第①条路线走的长度是 $AN+NP$，也就是正方体一个面的对角线和一条棱长，而第②条路线的长度是 $AB+BC+CP$，也就是 3 条棱长。都各自抵消其中一条棱长，我们只要比较路线①中的 AN 和路线②中的 $AB+BC$ 的长度就可以了。而 AB 和 BC 是正方体的两条棱，其长度一定比一个面上的这条对角线 AN 长。大家觉得呢？

（有人点头，有人迟疑。）

生：我同意你的想法，我再进一步来说明一下。大家看，AB 和 BC 在底面上，而 AN 在前面上，不太好比。大家再看，$AB+BC$ 的长度其实就是 $AB+BN$ 的长度，因为 BN 和 BC 都是正方体的棱长，它们一样长，这样 $AB+BN$ 的长度一定大于 AN 的长度，因为它们正好构成一个三角形，而在三角形中，两边之和的长度大于第三边（如图 3-63）。

生（众）：同意。

生：他是把不在一个面上的线段转换到一个面上来说明了。

生：我还有补充，我觉得 AN 的长度肯定比 AB+BN 短，因为两点之间，线段最短啊！所以还是第①条路线更短一些。

师：你们的讨论特别精彩！数学学习就是这样，数学学习也是讲道理的，有时为了说明一个结论，需要我们不断运用以前学过的图形知识加以论证和解释才行。

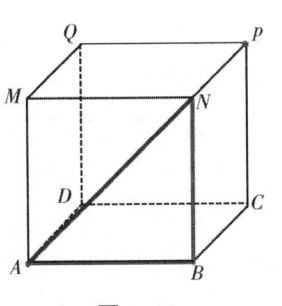

图 3-63

【分析与思考】在初步聚焦爬行路线的问题时，"能不能试着先给出一条路线"引导学生将问题具化思考，尝试自主探究爬行路径。对学生提出的爬行路线，引导学生描述、想象、验证是否可行，同时在对两条典型路线"哪条更短一些"的比较中，激发学生运用已有的知识经验如"三角形三边关系""两点之间线段最短"等进行对比论证。在此过程中，学生需要转换空间，将研究对象转换到一个平面上进行解释、说明，在积累想象的思维经验、发展空间观念的同时，也培养了数学论证的理性思维。

片段三：转换维度，解决问题。

师：除了上述探讨的路线，小蚂蚁还有其他相对短一些的爬行路线吗？

生：$A \to C \to P$。

生：$A \to Q \to P$。

生：$A \to D \to P$。

生：$A \to B \to P$。

生：$A \to M \to P$。

师：这些路线有什么共同特点？

生：一样长，都是爬了一条对角线加一条棱的长度。

师：那这样的路线是不是小蚂蚁要爬行的最短的路线呢？小蚂蚁从 A 点爬到 P 点，有没有最短的路线呢？

（学生思考。）

生：我在想，利用两点之间线段最短来找最短路线，可是又不能直接

把 A 点和 P 点连接，因为小蚂蚁要沿着正方体外表面爬。如果 A 点和 P 点在一个面上就好了。

生：可以把这个正方体纸盒展开啊，展开后就能让 A 点和 P 点在同一个平面上了。

师：这是个好想法！下面请你想象着把正方体纸盒展开，画出展开图。然后帮小蚂蚁找出一条最短路线，并画在展开图中。

（学生操作、思考。）

生：（指图 3-64）将正方体纸盒的上面打开让它在竖直的平面上，这时 P 点与 A 点就都在同一个平面上了，连接 AP 与棱相交于一点 R，根据两点之间线段最短，沿 ARP 画的这条线段最短。大家有什么问题吗？

生：我觉得你表达得特别清楚。我画的展开图形状和你一样，因为这种展开图最容易想到，只不过展开后我画的 P 点的位置和你不同，然后画出的最短路线 AP 的位置也就不同（如图 3-65）。

生：这两种画法应该都行吧，因为正方体展开后，原来 P 点的位置在展开图中既可以在上面的位置，也可以在右边这个面的位置。

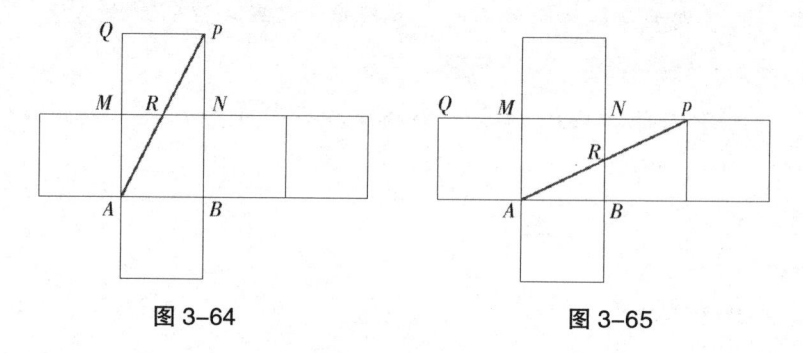

图 3-64

图 3-65

生：可是这个路线真的是最短的吗？

生：是最短的，A 和 P 两点之间线段最短，直接连接这两点没错。

生：也可以借助三角形三边关系来说明。比如，（以图 3-64 为例）从 A 点随便先到棱 MN 上 R 之外的其他一点，再到 P 点的路线一定比 ARP 长。

师：非常棒。其实，解释数学问题有时我们还可以从运动的角度来说明。

PPT 演示：R_1（R 点的运动点）沿着棱 MN 从 M 点运动到 N 点的过程，直观感受线段 AP 最短。（如图 3-66）

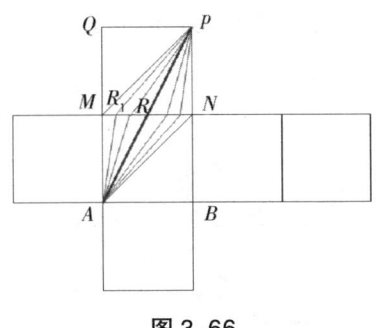

图 3-66

师：从展开图（图 3-66）上看，R_1 运动到与 R 点重合时，线段 ARP 是最短的，可这是在展开图上，如果在正方体纸盒上该怎么画呢？

生：只要想象着把展开图还原回去，把 $MNPQ$ 这个面折回去再变成上面，那么最短路线就是 $A \to R \to P$。

生：可是 R 点到底在棱 MN 的哪个位置呢？

生：我感觉 R 应该是在棱 MN 的中点。

生：对，我认为 R 就是 MN 的中点。因为在展开图中，$ABPQ$ 是个长方形，AP 相当于长方形的对角线，M 和 N 都是两条长边的中点，那 R 肯定也是 MN 的中点。

师：请你在纸盒外表面，把上面展开图中的最短路线画出来。

（学生在正方体上画最短路线，如图 3-67、图 3-68。）

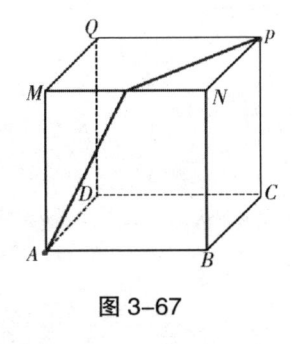

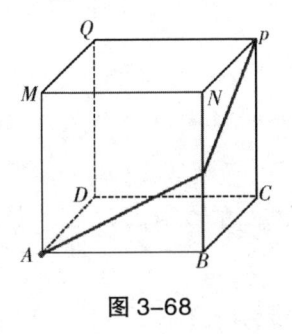

图 3-67　　　　图 3-68

【分析与思考】在前面的路线探讨的基础上，引导学生思考"这些路线是不是最短路线""有没有最短的路线"，启发学生思考寻找最短路线的问题。由于 A 点和 P 点不在同一个平面内，使学生解决问题产生认知障碍冲突，通过生生之间的相互交流、启发，借助"两点之间线段最短"的知识经验，寻求将正方体纸盒展开变成平面展开图，在立体图形与平面图形之间转换维度，基于想象、操作来寻找点、面、线在二维和三维空间中的位置对应关系，这是培养学生空间观念的核心活动。在论证线段"ARP是否最短"的过程中，通过课件演示图形运动，帮助学生直观感受线段ARP最短。同时，如何在正方体纸盒上画出最短路线的问题再次启发学生想象，把展开图折叠还原回去，再次进行二维与三维空间的转换，进而思考论证R点位置的核心问题，最终在立体图形中画出最短路线。整个过程，需要学生在头脑中不断经历二维与三维空间的转换，不断思考图形要素之间的位置对应关系。学生在这些核心思维活动中不断培养自己的空间想象力，让空间观念自然形成。

片段四：运用经验，发散思维。

师：你还能想到其他的最短路线吗？把你想到的都表示出来。可以借助文字、字母、画图等方式。

（学生表示其他最短路线，如下列各图所示。）

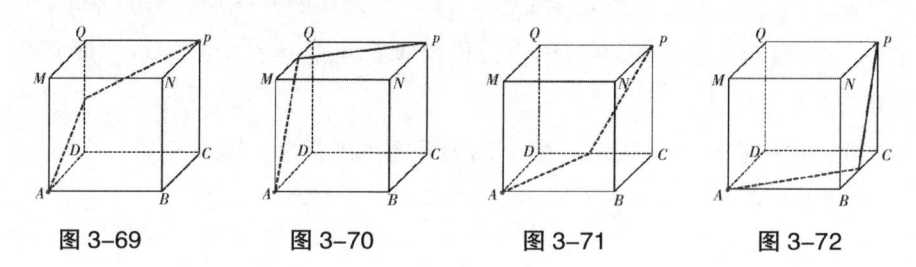

图3-69　　图3-70　　图3-71　　图3-72

生：$A \to MQ$ 中点 $\to P$。

生：$A \to CD$ 中点 $\to P$。

生：$A \to BC$ 中点 $\to P$。

师：在正方体中怎样画，就能让小蚂蚁从 A 点到 P 点的爬行路线最短？

生：只要让小蚂蚁从 A 点开始沿直线连续爬行两个相邻的面就行。

生：只要先从 A 点沿直线爬到两个面相交的棱的中点，然后再从中点沿直线爬到 P 点就可以了。

师：为什么要沿直线连续爬行两个相邻的面？

生：因为两个相邻的面展开后就会在同一个平面上，连接AP就能保证两点之间线段最短。

【**分析与思考**】解决问题的思维路径不止一种，顺着问题解决的思维经验拾级而上，在正方体表面想象寻找更多的最短路线，并用自己喜欢的方式表示、记录、交流、反思，进而形成新的经验。在学生思考其他最短路线的过程中，依旧需要不断地在头脑中进行想象，寻求图形中面、棱、顶点之间的位置对应关系，在发展空间观念的同时也生发学生多角度观察思考的高阶思维。

退回原点：教学的另一种意义

——"尝试与猜测"教学实践与思考

【课前慎思】

"尝试与猜测"是北师大版小学数学五年级上册的内容，我将这一教学内容前置，面向四年级学生执教。本次教学前置的尝试，试图从数学的视界阐释教学的另一种意义：伴随数学知识的发生与发展过程，引导学生在朴素的数学学习中，遇到问题退回原点，静下心来进行未知的数学思考，在自主探究中创造数学学习中更多潜在的可能。

【课中践行】

一、谈话引入，直面问题

师：同学们，关于中国古代的数学名题，有了解的吗？谁能说一说？

生：杨辉三角。

生：韩信点兵。

生：李白买酒。

生：以碗知僧。

师：1500多年前，我国古代数学名著《孙子算经》中记载了这样一个问题……

（出示：今有雉兔同笼，上有三十五头，下有九十四足，问雉、兔各几何。）

生：（脱口而出）"鸡兔同笼"问题！

师：大家都知道啊！这道题目的叙述方式是古代文言文，你们能看懂吗？

生：这里的"雉"是指鸡，"头"就是脑袋，"足"就是腿或者脚，"几何"应该是多少的意思。

师：很准确。谁来具体解读一下这道题目是什么意思？

生：这道题目的意思就是，现在有鸡和兔关在同一个笼子里，从上面数有35个头，从下面数有94条腿，问鸡和兔各有多少只。

二、探究解法，顺应现实

师：你能解决这个问题吗？大家先独立思考，试着做一做。

（学生尝试做。教师巡视，了解学生的作答情况。随后，展示学生的想法，见图3-73。）

兔：（94-35×2）÷2=12（只）

鸡：35-12=23（只）

图 3-73

生：我先假设35只全是鸡，这样有70条腿，少了24条腿，除以2，得到12，就是有12只兔，鸡有35-12=23只。

师：听明白他的想法了吗？

（学生有的明白，有的不明白。）

师：有问题吗？可直接与当事人交流。

生：[走上前，指着算式（94-35×2）÷2]我不太明白这里相除算出的怎么就是兔的只数。

生：35只全是鸡，共有70条腿，少了24条腿，把鸡换成兔，每把1只鸡换成1只兔，就会多2条腿，这样就需要把12只鸡换成兔，才能把少的那24条腿补上。这样就得到12只兔，23只鸡。

生：他假设全是鸡，还可以假设全是兔。每只兔有4条腿，35只兔有140条腿，多出46条腿。把兔换成鸡，每换1只就少2条腿，这样要换23只才能把多出的46条腿抵消。这样就得到23只鸡，12只兔。

师：你们是怎么想到用这样的方法解决问题的？

生：在课外班上学的，这种方法叫假设法。

师：哦？我想了解一下，有多少人曾经在课外班上学过？请举手。

（全班45人，有24人举手。）

生：他们俩说得我有点晕，我似乎明白了，再琢磨琢磨。

师：这个问题中的头和腿的数量有点儿多，我们研究问题时一般可先从简单一些的开始寻找方法进行思考，下面我们把数变小一些。

三、初步建构，感受策略

1. 初步感受"尝试与猜测"，积累"从头开始想问题"的活动经验

（出示：今有鸡兔同笼，上有7个头，下有20条腿。问鸡、兔各有几只。）

师：现在请大家把之前已有的想法暂时清空，回到原点，从头开始想问题。我们能不能先来大胆地猜一猜，鸡和兔可能各有几只？比如，鸡的数量可不可能是8只？

生：不可能。因为鸡和兔一共才有7只。

生：鸡的数量也不可能是7只。

生：但鸡的数量一定比0大。

师：也就是说，鸡的数量应该在一个范围内。

生：大于0小于7。

（教师板书：0＜鸡的数量＜7。）

师：再进一步猜想……

生：如果鸡是2只，兔就是5只。

生：鸡1只，兔6只。

生：鸡3只，兔4只。

生：鸡4只，兔3只。

师：哪个答案猜得对呢？根据什么去验证？

生：算腿数，总腿数要20条才行。

（教师结合学生的回答，在黑板上形成表格，并随机填上数据，见表3-7。）

表 3-7

头 / 个	鸡 / 只	兔 / 只	腿 / 条
7	2	5	24
7	1	6	26
7	3	4	22
7	4	3	20

师：还有其他可能吗？

生：鸡2只，兔4只，总腿数也是20条。

（教师在表格下方板书：2，4，20。）

生：我反对，如果这样，那鸡和兔加起来就是6只而不是7只了。

（教师板书：6。）

生：哦，是这样，我接受你的观点。

师：刚才同学们的争论很精彩，我们既要把欣赏的掌声送给敢于猜想的同学，也要把赞美的大拇指送给敢于质疑的同学。

师：（指着黑板上的表格）问题解决了吗？

生：解决了。

（教师把表格中正确的一组答案圈出来。）

师：回顾刚才研究问题的过程，我们是怎么解决的？

生：猜想出来的。

师：嗯，解决数学问题时敢于大胆猜想很重要！历史上有很多伟大的数学家、科学家在解决问题时都是从猜想这一步开始的。还有吗？

生：先试着猜想，还要对猜想的结果进行验证，然后再把不合理的答案排除掉就行了。

师：哦，看来光猜想了还不行，瞎猜也不行，还需要经过验证才放心。具体说说是怎么验证的。

生：猜想头数时还要考虑腿数，拿腿数去验证，猜想腿数时，还要考虑头数，用头数去验证。

师：太棒了！这就是我们这节课要探讨的解决问题的策略。

（板书：尝试与猜测。）

师：想自己再尝试解决一个问题吗？

生：想。

师：我们再看一个问题。

2. 运用经验，解决问题

（出示：今有鸡兔同笼，上有20个头，下有54条腿。问鸡、兔各有几只。）

（学生独立尝试解决。教师巡视，了解学生的作答情况。之后，展示第一位学生的想法，见图3-74。）

头/个	鸡/只	兔/只	腿/条	
求：	20	?	?	54	✗
	20	19	1	42	✗
	20	18	2	44	✗
	20	17	3	46	✗
	20	16	4	48	✗
	20	15	5	50	✗
	20	14	6	52	✗
	20	13	7	54	✓

图3-74

生：我先从鸡的数量19开始试，鸡是19只，兔是1只，算出总腿数42条，不对；鸡是18只，兔是2只，总腿数是44条，也不对；接着试，鸡是17只，兔是3只，总腿数是46条，还不对。这时，我发现了一个规律，鸡每减少1只，兔就要增加1只，这样腿数就会增加2条。因为腿数是54条，鸡的数量肯定要一直减少，后面再试时我就不用算了，依次写下去，腿数依次加2就行了。写到鸡是13只，兔是7只时，腿数正好是54条，这一组就是正确答案。

（教室里自发地响起掌声。）

师：掌声代表"民意"！请大家仔细观察这份表格，变化的是什么？不变的是什么？

生：鸡和兔的数量在发生变化，腿数也在发生变化。

生：鸡的数量依次减少1，兔的数量依次增加1，腿数依次增加2。

生：在这个过程中，鸡和兔的总数20是不变的。

师：你们观察得真细致。他就是在借助表格列举的过程中，通过观察发现了这样的规律，并借助这个规律找到了正确答案。

生：他是从鸡的数量19开始试，我不是从19开始试的，也发现了类似的规律。

头/个	鸡/只	兔/只	腿/条	
20	10	10	60	
20	11	9	58	-2
20	12	8	56	-2
20	13	7	54	-2
20	14	6	52	-2
20	15	5	50	-2
20	16	4	48	-2
20	17	3	46	-2
20	18	2	44	-2
20	19	1	42	-2
20	20	0	40	-2

图3-75

师：你能具体解释一下吗？

生：（指图 3-75）我先假设鸡和兔平均各占一半，鸡是 10 只，兔是 10 只，算出总腿数 60 条，不对；再试，鸡是 11 只，兔是 9 只，总腿数是 58 条，也不对；接着试，鸡是 12 只，兔是 8 只，总腿数是 56 条，还不对。这时，我就发现，鸡增加 1 只，兔减少 1 只，腿数就减少 2。于是试到鸡是 13 只，兔是 7 只，总腿数肯定是 54 条，就是正确答案。大家听懂我的想法了吗？还有什么问题吗？

生：我和你的想法基本一致。但我不明白试到第 4 次之后已经找到了正确答案，你为什么后面还要接着试呢？

生：哦，后面接着试，我是想验证一下我发现的规律是不是成立，这样比较放心。

生：哦，原来是这样，那我明白了。

师：以上同学的想法怎么样？请大家评价一下。

生：相比之下，我比较欣赏第二种做法。虽然都找到了正确答案，但第一种做法试了 7 次，而第二种做法却只试了 4 次。

师：观察得很细致！为什么会这样？

生：那是因为他们试的起点不同，第一种做法从 19 开始试，而第二种做法从 10 开始试，所以后者试的次数相对少些。

生：所以说，开始猜想时不一定非得从头开始尝试，还可以从中间开始尝试。

（教师展示第二位学生的想法，见图 3-76。）

生：我是这样试的，鸡是 1 只，兔是 19 只，算出腿数是 78 只；增加鸡的只数，鸡是 5 只，兔是 15 只，腿数是 70 只；再增加鸡的只数，鸡是 7 只，兔是 13 只，腿数是 66 只。我发现，鸡增加 4 只，兔减少 4 只，腿数就减少 8 只；鸡增加 2 只，兔减少 2 只，腿数就减少 4 只。这样可以确定，鸡每增加 1 只，兔减少 1 只，腿数就减少 2。题目中腿数是 54 条，还需减少 66-54=12 条，这样还需要增加 12÷2=6 只鸡，最后确定鸡是 13 只，兔是 7 只，为确保答案正确，我还进行了验证。大家听明白我的想法了吗？

图 3-76

生：你的想法很好，连猜带算，通过你的讲解，我明白了前面"假设法"的道理。

生：我很欣赏他的思路，他也是从鸡是1只开始试的，但接下来试的不是2只，而是5只、7只，这样跳跃着试，在试中不断地调整，可以逐步缩小尝试的范围，就可以减少试的次数而快速找到答案。

生：我只试了3次，就找到答案了。

师：给大家展示一下你的方法。

（教师展示第三位学生的想法，见图3-77。）

图3-77

生：我尝试、验证的方法以及发现的规律和前面的同学相同，只不过我是从鸡是15只、兔是5只开始试的，这样只需试3次就行了。

生：他的方法再次说明尝试的起点很重要。

师：大家的分析很有见地！回顾上述问题的解决过程，我们应用的策略是尝试、猜测、调整、验证。请大家再来看两个问题。

四、变式体验，拓展提升

（出示：乐乐的储蓄罐里有1角和5角的硬币共27枚，总值5.1元。1角和5角的硬币各有多少枚？）

师：不解答，说一说看到这个问题你有什么感受。

生："鸡兔同笼"问题！

师：哪里有鸡和兔？

生：1角硬币相当于1条腿的鸡，5角硬币相当于5条腿的兔，共有27个头，51条腿，问鸡、兔各几只。

师：哈哈，这里的鸡和兔长得都有点儿不正常啊！

（学生笑。教师再出示：自行车和三轮车共26辆，共有60个轮子。自行车和三轮车各有多少辆？）

生：还是"鸡兔同笼"问题！

生：自行车相当于正常的鸡，三轮车相当于3条腿的不正常的兔，共有26个头，60条腿。问鸡、兔各几只。

生：虽然素材不同，但是问题的本质是一样的。

生：解决的办法和前面一样，借助表格列举，大胆尝试、猜测、验证，根据规律快速调整，问题也就解决了。

师：说得真好！我们对问题的认识又提升了。

五、回顾过程，归纳总结

师：回顾这节课的学习，你有什么收获？给你带来了哪些启发或感受？

生：以前在课外班学习时就是列几个公式解题。可通过这节课的学习，我知道了"鸡兔同笼"问题还可以借助表格工具来尝试与猜测，从头开始想，还能从中发现一些小规律。这是我在这节课上的收获。

生：这节课我的最大收获是，看问题还可以回到原始去想，还有类似的问题可以归为一类，遇到难解的问题时可以看看以前学过的类似的问题。

生：不只假设可以解决"鸡兔同笼"问题，猜想和枚举也可以解决，我领悟到大胆猜想是最重要的。

生：我最大的启发是，在这以前我一直是用公式解决问题，通过这节课的学习我发现，重要的不是那些没有规律的公式，而是有规律的猜想。

生：我发现尝试与猜测在数学中很重要，比那些公式更简单，更容易记住，在解决没遇到过的难题的时候，没有公式，但可以列表发现规律来进一步找到答案。总结一句：大胆猜想最重要！

师：还有很多同学想发表感言，大家可以把自己的感受写在纸条上，在课下"私信"给我。谢谢同学们积极的参与和精彩的交流！

【学习评价】

为了反映学生在学习"尝试与猜测"之后的学习效果和面对问题时的

真实思考情况，我在一周后的思维评价作业中设计了这样的题目。

在一场 NBA 篮球赛中，姚明开场后不久连连得分，已知他投中 16 个球（没有罚球），共得 36 分。姚明投中了多少个 2 分球，多少个 3 分球？

我和学生约定，解答此题时，尽量详实地写出思考过程，全班 45 人，学生解答情况详见表 3-8。

表 3-8

列表枚举尝试	31 人
假设全是 2 分球或 3 分球	10 人
方程法	3 人
不会解答	1 人

可见，除 1 人不会解答，方程法 3 人中有 1 人解方程出现错误外，其余学生全部解答正确，其中用"列表枚举尝试"解答的有 31 人，约占 68.9%。学生作答典型案例见下面各图。

图 3-78

图 3-79

图 3-80

图 3-81

更为有趣的一个现象是，在另一道稍复杂的路程问题中，全班 45 人中有 11 人用了列表枚举尝试的方法解答。

学生作答典型案例见下图 3-82。

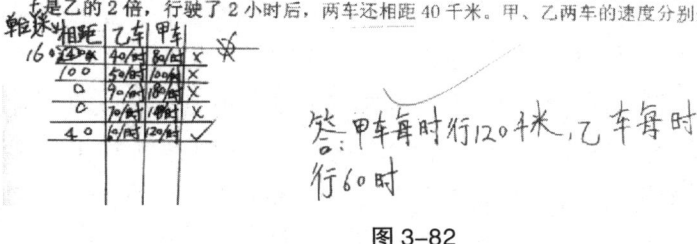

图 3-82

【教学反思】

（一）最原始的，也是最本质的

本次教学前置的尝试基于两点原因：首先，这是一节与外省市的学术交流公开课，在确定教学这节课时已临近期末尾声，五年级所有班级学生已经学习完此部分内容，故只能选择与我所任教的四年级学生一起学习。其次，虽然按正常编排学习时间提前了半年，但四年级学生对"鸡兔同笼"问题并不陌生，他们经常在课前"数学三分钟演讲"中与学伴分享此类问题，并乐此不疲。对此，我头脑中产生了一连串大胆的设想：四年级学生现有的认知基础和学习经验能否帮助他们解决"鸡兔同笼"问题？如果真把这样的问题提前抛给学生，学生的接受度会如何？他们会有怎样的思考、反馈与表现？四年级学生对尝试解决此类问题的生命力到底有多强？会不会创造出另一种生长和惊喜？我很想知道。在整堂课上完的那一瞬，我知道他们重构了另一种可能。

我在想，本课的课题是"尝试与猜测"，解决"鸡兔同笼"问题的策略不止一种，假设法、方程法、"抬腿法"等都可以解决，为什么教材偏偏定位在"尝试与猜测"？在解决问题时，敢于大胆尝试，有根据地猜测、推断，合理地验证，灵活地调整，这些都有助于学生回到原点，从头开始想问题，帮助学生逐步积累数学的基本活动经验。其实，数学的发生与发展过程就是一场"从头到尾"思考问题的活动过程。从这个意义上说，"尝试与猜测"不仅是一种重要的解决问题的策略，也是一种从头开始想问题、研究问题的思想方法，更是数学思维活动经验逐步积累的过程，一

种难能可贵的看问题的角度和数学精神。在某种意义上,"鸡兔同笼"问题只是体现上述策略、方法、过程、经验学习的载体,学生不仅要能求得"鸡兔同笼"问题的解,而且要明白解决这类问题的策略、方法背后的道理,更重要的是要对"此类"与"彼类"数学问题的解决过程有一个更加明晰而深刻的认识。遇到问题就退回到原点,以一种完全放空的、陌生的眼光,敢想、敢猜、敢试,在不断尝试与猜测的过程中发现规律,这是数学学习中思考问题、传递思维的最高境界,是最原始的,也是最本质的。在这样的思考中,我逐步明晰了这节课的目标定位,并在具体实施中得到了充分的体现。正如课尾交流和课后学生给我的"私信"那样,让我更清醒地意识到了本节课的目标定位带给学生数学思维、数学理解及数学思考上的重要价值和深远影响。学生学到了什么?也许很多年以后,很多知识、公式学生都忘记了,但这种"从头开始想问题"的尝试与猜测的解决问题的历程与经验,学生永远不会忘。课堂中,学生把我预设的思考沉淀成了他们对问题的认识以及对数学的联系与想象。

(二)读懂与交流,转变学习方式的价值

我必须直面的一个现实是,四年级学生已经有相当一部分人在课外辅导班学习过"鸡兔同笼"的问题。既然必须面对,那就先顺应现实,顺应学生已有的想法,将学生原有的认识和经验作为教学资源外显出来全班进行交流,这是最具理性的因势利导。我组织学生交流,打破课堂由传统的"一言堂"为"群言堂",引导学生在思维的碰撞中去读懂他人的想法:"听明白他的想法了吗?""有问题吗?可直接与当事人交流。"而我在关键时刻把学生拉回了原点:"现在请大家把之前已有的想法暂时清空,回到原点,从头开始想问题。我们能不能先来大胆地猜一猜,鸡和兔可能各有多少只?"这是为了帮助学生感受"尝试与猜测",积累"从头开始想问题"的活动经验。在后续学生运用经验解决新问题,展示不同思维策略的过程中,我注重引导学生倾听、思考、表达、交流、欣赏、分享、质疑、批判等数学思维习惯的培养,在读懂他人的想法中达成思维的互相碰撞与交流,这就是学习中真正的"习得"。两次对数学问题思考、研究过程的回顾,是为了帮助学生"从头开始想问题",让学生的思维、理解以及对数学的认识走向深入。

从头到尾思考，积累有序思维活动经验

——"我们一起去游园"教学实践与思考

【课前慎思】

"我们一起去游园"是北师大版小学数学三年级下册"数学好玩"单元的一节核心课，也是小学数学"综合与实践"领域的重要内容，对三年级学生而言，其教学难度不言而喻。教材在"游园"的大主题情境下，引导学生解决"租车"的现实问题，让学生掌握列表解决问题的策略，发展有条理的数学思考、综合应用知识分析和解决问题的能力。由此看来，本课承载着学生"活动经验"和"数学思考"的双重要义与价值目标。

那么，如何充分关注学生的学习需求，启发学生自主发现和提出问题，并自主借助表格整理方案、形成策略呢？如何帮助学生从头到尾思考问题，积累有序思维的活动经验呢？如何以"租车"问题为载体促进学生数学思维拾级而上呢？基于这些思考，我对本课进行了教学实践与思考。

【课中践行】

片段一：聚焦问题，关注需求。

师：以我们班为例，提到租车，需进一步考虑哪些问题呢？

生：我认为要考虑乘车的总人数，如我们班有46名同学，再加上两位老师，一共有48人乘车。

生：可以怎样租车？有多少种租车的方法？

师：也就是租车的……

生：方案。

生：还要考虑租车需要花多少钱的问题。

师：也就是租车的……

生：租金。

生：到底有多少种租车方案呢？我还想知道哪一种方案最省钱。

（出示两种车型，如图3-83。）

图3-83

师：现在咱们班有48名师生要租车，该怎样租呢？现在能解决吗？

生：不能，缺少信息。

师：你们需要什么信息？

生：这两种车每辆最多能乘坐多少人？

（出示每辆车"限乘"信息，如图3-84。）

每辆限乘18人。

每辆限乘12人。

图3-84

生：现在能解决了。

师：怎样租车的问题能解决了，租车需要花多少钱呢？能解决吗？

生：不能，还是缺少信息。

师：还需要什么信息？

生：两种车每辆车出租的价钱是多少元？

（出示每辆车出租"价格"信息，如图3-85。）

每辆160元，限乘客18人。

每辆120元，限乘客12人。

图3-85

师：现在能解决租金问题了吗？

生：嗯，可以了。

【分析与思考】 结合"租车"的大情境引发学生思考，让学生在已有的知识与生活经验的基础上发现并提出问题。在"提到租车，需进一步考虑哪些问题"的启发下，无论方案还是租金问题都是由学生自主提出，并拾级而上的。在初步讨论如何解决这些问题时，教师没有直接呈现教材上的相关静态信息，而是顺着学生的思维逐步动态呈现大、小车型每辆车的"限乘""价格"信息，注重关注学生的学习需求。

片段二：初构方案，理清思路。

师：好，那我们先思考第一个问题，你认为可以怎样租车呢？能不能试着先给出一个方案？

生：租2辆大车、1辆小车。

师：这个方案可行吗？说说理由。

生：我认为是可行的。可以根据提供的信息来验证，每辆大车可以坐18人，租2辆大车可以坐2×18=36人，再加上1辆小车12人，正好可以坐36+12=48人。

师：还可以怎样租？

生：还可以只租3辆大车，不租小车。

师：这个方案可行吗？

生：我认为不可行。每辆大车能坐18人，3辆大车可以坐3×18=54人，这和总人数48人不相等，所以不可行。

生：我不同意他的观点，我认为可行。租的车一共可以坐的人数不一定非要和 48 相等，大于 48 也可以。

师：嗯？有不同的声音，什么意思？

生：3 辆大车可以坐 54 人，也就是可以提供 54 个座位数，而一共只有 48 人乘车，座位数完全够了，不但够还超出了 6 个，也就是 3 辆车可以满足 48 人乘车。

师：换句话说，考虑租车是否可行只要满足什么条件就可以了？

生：租车能提供的座位总数等于或者大于实际乘车人数 48 的都行，但不能小于 48。

师：为什么不能小于 48？

生：如果小于 48，那说明座位数不够，有人就无法乘车，那这个方案就不可行。

师：说得真好！租车的方案确定了，那么租金呢？

生：根据租车的方案和每辆车的价格，租金就很容易算出来了。

师：可是到底有多少种租车方案呢？哪种租法最省钱呢？怎么办？

生：把所有可行的方案都找出来，再根据每辆车的价格分别算出租金，最后比较租金的多少就行了，租金最少的方案就是最省钱的。

【分析与思考】能不能解决问题是学生数学核心素养发展的一个重要表现。在初步建构租车方案时，"能不能试着先给出一个方案"引导学生将一个大问题进行具化思考。对学生提出的解决方案，生生之间进行交流、互动、质疑、分享。无论是对于要解决的租车方案问题、租金问题还是最优方案问题做到层层剥茧，有助于学生厘清问题解决的大思路，逐次明晰解决问题的方法、内涵，帮助学生积累"从头开始想问题"的思维经验。

片段三：拾级而上，自设表格。

师：解决问题的思路很清晰！我们初步判断可行方案应该不止一种，可是如果把多种方案很随便地记下来摆在那儿，是不是有点儿太乱了？该怎么整理呢？

生：我们可以画一个表格来帮忙，把能想到的方案按顺序都列举在表格里。

师：这是个好办法！可是该怎么画表格呢？设计表格时要考虑哪些要素呢？下面请同学们先独立思考表格的结构，尝试着画一画，再在小组内交流。

（学生尝试画表格，教师巡视指导。）

生：我是这样设计表格的：一共画4列，第一列和第二列要分别考虑大车、小车各需要多少辆，第三列计算租金，第四列考虑这样租一共可以坐多少人。大家有问题吗？

生：我认为你考虑得很全面。我给你提一个建议，可以把第三列"租金"和第四列"可坐人数"换一下位置，要先考虑可以坐多少人，判断一下前面的租车方法是否可行，可行了才能算租金。

生：哦，有道理！

师：还有补充吗？

生：我觉得在表头每一列里都加上单位，这样在填写表格时只要填数字就可以了。

生：我认为可以在表格前面再加一列，表示"第几个方案"。

（根据学生的回答，将表格设计完善，如表3-9。）

表3-9

方案	大车/辆	小车/辆	可坐人数/人	租金/元
一				
二				
三				

【分析与思考】在初步判断可行方案不止一种该如何整理时，学生想到了借助表格整理。这里，教师并没有将一个完全设计好的现成的表格呈现给学生，而是让学生自主尝试画表格，思考表格中的相关要素，自主设计表格的结构，再交流完善。这不仅关注了学生的学习需求和能力生长，更实现了学生的自主参与和全过程的角色化思考。

片段四：借表理案，感悟策略。

师：下面，请你借助设计好的表格来整理租车方案吧。

（学生尝试独立解决。教师巡视指导，了解情况。然后展示学生的想法。）

生：我一共想到4种方案（指图3-86），第一种是租2辆大车、1辆小车，可以提供的座位数是2×18+12=48个，也就是能坐48人，租金是2×160+120=440元。第二种是只租4辆小车，可以坐4×12=48人，租金是4×120=480元。第三种方案是只租3辆大车，可以坐3×18=54人，租金是3×160=480元。第四种方案是租1辆大车、3辆小车，可以坐18+3×12=54人，租金是160+3×120=520元。这四个方案都可行，看表格中的数据，我发现第一种方案租金最少，只需要花440元，所以，租2辆大车、1辆小车这种方案最省钱。大家有什么问题吗？

（教室里自发地响起掌声。）

方案	大车/辆	小车/辆	可坐人数/人	租金/元	
一	2	1	48	440	√
二	0	4	48	480	×
三	3	0	54	480	×
四	1	3	54	520	×

图3-86

方案	大车/辆	小车/辆	可以坐人/人	租金/元
√一	2	1	48	440
二	0	4	48	480
三	3	0	54	480
四	1	3	54	520
五	2	2	60	560

图3-87

生：你整理的这4种方案我也想到了，而且可坐人数和租金的计算方法也和我一样。但是你漏掉了一种方案（指图3-87），还有第五种，租2辆大车、2辆小车，这样可以坐60人，租金算出来是560元。

生：我认为第五种方案不用列出来了，我们可以和第一种方案比，租2辆大车、1辆小车已经解决问题了，再多租1辆小车，完全是浪费啊！

生（齐）：对啊！

生：而且就算列出来了第五种方案，结论还是第一种方案最省钱啊。

生：我同意你们的说法，可是我还是觉得要把能想到的租法都列出来，万一漏掉了哪种，而漏掉的那种正好是最省钱的方案呢！

生：也有道理。

师：现在大家看看，除了表格里整理出的这些，还有其他要补充的方案吗？

生（摇头）：没有了。

师：还有想发表观点的吗？或者你思考、整理方案时的方法和刚才的有所不同，也可以和大家分享。

生：我和他的结论一样。但我是这样整理的（如图3-88）：先考虑如果租1辆大车，就需要再租3辆小车，这样可坐54人，租金是520元。如果租2辆大车，就需要再租1辆小车，这样可以坐48人，租金是440元。如果租3辆大车，小车就不用租了，可以坐54人，租金是480元。大车数不能再多了，再增加就没意义了。还有一种情况是如果不租大车，就需要租4辆小车，可以坐48人，租金是480元。

方案	大车/辆	小车/辆	可坐人数/人	租金/元
一	1	3	54	520
二	2	1	48	440
三	3	0	54	480
四	0	4	48	480

图3-88

方案	大车/辆	小车/辆	人数/人	租金/元
1	3	0	54	480
2	2	1	48	440 ✓
3	2	2	60	560
4	1	3	54	520
5	0	4	48	480

图3-89

师：他的思考路径与前面有什么不同？这样整理有什么好处呢？

生：他以大车数量为标准，从1辆开始考虑，一辆一辆地增加，这样可以把所有可行的方案都列举出来，不用担心漏掉了哪一种。

生：他的思考很有顺序，不乱。

生：这样整理我觉得很清楚。

生：我建议可以把大车从0辆开始考虑，也就是把第四种方案移到第一种方案的位置，这样思考起来就更有顺序了。

生（齐）：同意！

生：我和他的想法差不多，只不过我是以小车数量为标准（如图3-89），大家能看明白吗？

生：你是以小车数量为标准，从一辆也不租（也就是0辆）开始考虑的，很有序。

生：这样整理方案很全面，没有漏掉哪一种，也没有重复。

生：可是我认为第三种方案没意义，因为已经有第二种方案了，人数刚好是48人。

生：嗯，整理到第三种方案时，如果和第二种比一下，可以把它直接省略掉。

生：有道理，但列举出来也不影响结论。

师：你们的交流和分享很有意义！看来，不论是以大车数量为标准还是以小车数量为标准，从 0 开始考虑，从头开始想问题，怎么样？

生：很有顺序。

生：很清晰，可以把所有方案都找出来。

生：再也不用担心漏掉哪一种。

师：说得太棒了！这就是借助于表格从头开始思考问题的好处。

师：怎样租车最省钱？我们的结论是……

生：租 2 辆大车、1 辆小车最省钱，租金只需要 440 元。

【分析与思考】"借助表格整理方案、形成策略"是本课最重要的核心环节。教师十分关注让学生经历从方案列举的随意、遗漏、重复，到以其中某个车型数量为标准从头开始想问题的过程。学生从某种车型一辆也不租开始考虑，按顺序列举方案的过程，其实质是在发展从头到尾、全面有序地进行数学思考的能力。学生在借助表格列举方案时，从"不全"到"全""乱"到"不乱"的过程中，遇到问题回到原点，有根据地推断、合理地验证、灵活地调整，就是在积累操作、思维的双重数学活动经验，这样的学习体验对学生后续数学学习的长远发展所起的作用不可估量。他们经历的这种数学思考方法、积累的这种数学活动经验，是数学教育能留给学生的最重要、最深远的价值。

片段五：反思沉淀，寻因释缘。

师：请大家回过头来再认真观察一下表格中的数据，对比每一种方案，最省钱的方案有什么特点？

（教室里安静下来。）

生：我觉得不能让车上有空座，也就是那种租车方法提供的座位数要正好等于乘车的总人数。

生：嗯，同意。

生：可是没有空座的方案还有一种啊，只租 4 辆小车也可以满足啊。

生：对啊。

生：我认为除了要考虑空座，还要尽可能多租大车。

师：什么意思？

生：我们对比一下就知道了，最省钱的方案是空座最少的，也就是没有空座，但同时也是大车数里最多的。

师：好像有道理啊。为什么会这样呢？能解释一下其中的原因吗？

（教室里再次安静下来。）

生：我觉得空座要尽可能少，大家想一想，如果空座多的话，就相当于我们花钱租下了这些座位，却在那儿空着没人坐，这不是浪费资源吗？

生：租了座位又没人坐，相当于花了冤枉钱。

生：有道理。

师：为什么要尽可能租大车呢？

生：我们可以比一比这两种车的单价。

师：什么意思？请你具体解释一下。

生：我们先来看小车，每辆120元，限乘客12人，那平均到每个人身上就是 $120\div 12=10$ 元。再看大车，每辆160元，限乘18人，平均到每个人身上就是 $160\div 18=8\cdots\cdots 16$，每个人还不到10元。很明显，大车要便宜一些。

生：哦，明白了！

生：原因原来在这里。

（教室里响起了热烈的掌声。）

师：太棒了！大家不但找到了最省钱的方案，还借助你们的经验和题目中提供的信息解释了为什么这样租最省钱。太了不起了！

【分析与思考】在整理方案、形成策略、得出结论后，又引导学生对结论进行了深度反思。教师启发学生思考"回过头来再认真观察一下表格中的数据，对比每一种方案，最省钱的方案有什么特点""能解释一下其中的原因吗"等问题，将学生带至观察、分析、反思、解释的情境，帮助学生寻因释缘，让学生不但知其然，也知其所以然。面对需解决的问题，只有学生从无意识的经历走向了有意识的反思，方可真正内化为活动经验的积累。

片段六：由个到类，拓展提升。

师：刚才我们借助画表格的方式解决了租车方案的设计问题，想一想，利用列表还能解决生活中的哪些实际问题？

生：租船。比如，我们班去北海公园划船，大船和小船限乘的人数不同，价钱也不同，可以怎样租船？怎样租船最省钱？

生：购物。比如，有的商品完全一样，只是包装不同，价钱也不同，可以怎样购买？怎样买最便宜？

生：订房间。比如，一些人住旅馆，房间不一样，价钱也不一样，可以怎样订房间？怎样订房间最省钱？

生：他们说的都是同一类的问题啊。

师：说得真好！我们对问题的认识又提升了。

【分析与思考】在借助画表格的方式解决了租车方案的设计问题后，启发学生思考"利用列表还能解决生活中的哪些实际问题"，学生由此联想到生活中的"租船""购物""订房"等问题。从某种意义上讲，"租车"问题所体现的方案设计过程、方法、策略、经验的学习可以关联到生活中的一大类问题，目的是帮助学生对"此"与"彼"、"个"与"类"问题的解决过程有更加明晰而深刻的认识。生发关联，广泛应用，这是学生拾级而上又落地有声的能力和思维的真正生长，也是数学学习的重要意义。

总之，我认为，以问题解决为载体，注重问题的目的性、动机性和困难性，关注学生的学习需求，从启发学生自主发现和提出问题、初步制订方案、自觉运用表格、借助表格整理对比，到由结论引发的对问题解决全过程的反思，再到借助表格解决其他问题的广泛关联与应用，能够帮助学生从头到尾思考，积累有序思维的活动经验，有助于学生习得策略、渗透思想，形成经验与共识，而这正是"综合与实践"教学的主旨。

用数据说话

——"好玩的游戏：掷瓶盖是否公平"教学实践与思考

【课前慎思】

数据分析观念是儿童学习数学和回归生活必备的核心素养与关键能力。在学习了"可能性"这个单元后，四年级学生对概率问题已经有了初步的认识，而数据分析观念这一核心素养的培养，绝不仅仅是在情境中会判断随机现象以及事件发生的可能性的大小等简单问题的解决，更不能停留在口头上。要使学生真正理解并通过数据分析体验随机性，最有效的途径就是让他们在真实可感的问题情境中，亲身经历从事数据统计活动的全过程，通过数据的收集、整理、描述和分析，在运用数据解决问题的过程中，让学生自发地去亲近数据、感悟数据，发现数据背后的一些故事、现象和道理。因此，我决定设计一次"综合与实践"活动，让学生亲身经历一次体验之旅——对"掷瓶盖的游戏是否公平"的体验，目的是让学生成为研究者，变无味的解题为一次有趣的探索之旅，让学生真正觉得数据不再是枯燥的、冰冷的，而是生动的、有温度的，进而养成用数据分析问题、表达观点的习惯。

基于以上思考，我确定了本次"综合与实践"活动的三个基本目标：（1）在探究"掷瓶盖的游戏是否公平"的问题中，自主运用所学知识和已有经验，亲身经历数据的收集、整理、描述和分析等统计活动的全过程，从数据的角度客观看待可能性的大小；（2）在猜想、验证、反思、重构的学习活动中获得问题解决的一般数学方法，自发地去亲近数据，进一步感悟"数据是可以说话的"，积累数据分析的活动经验，培养数据分析观念；（3）作为"学习共同体"的一员，在动手实践、合作交流的过程中感受问题解决的乐趣，喜欢数学，喜欢思考，养成用数据分析问题、用数据表达观点的思维习惯。

本次"综合与实践"活动共分三个层次课时完成：方案讨论起始课—实践操作探究课—汇报答辩论证课，以课内外相结合的形式开展，为期3周。以下呈现的是每一层次课时的教学预设、实录片段以及部分学生的作品。

【课中实践】

一、方案讨论起始课

（一）问题情境，引发猜想

出示情境：学校第五届"数科节"魔方争霸赛开始啦！经过数次班赛后，实力相当的甲乙两人成绩并列第一，他们都想代表本班去与其他班级的选手PK。到底该派谁去呢？有人提议：甲乙两人玩掷瓶盖游戏，瓶盖着地时盖面朝上，甲胜，甲去；瓶盖着地时盖面朝下，乙胜，乙去。

师：这个游戏对甲乙双方公平吗？先猜想，再说说你的理由。

生：这个游戏应该是公平的，比如，在掷硬币的时候，正面朝上和反面朝上的可能性各占50%。

生：我赞成他的想法。与掷硬币同理，我觉得瓶盖盖面朝上、朝下的次数应该也一样多，所以我认为这个游戏公平。

生：我反对他们的观点，从质地、光滑度等来看，瓶盖和硬币不同，而且口大的地方一定能站得稳，所以这个游戏不公平。

生：我也认为不公平，从瓶盖的样子来看，瓶盖是圆柱形的，但里面中空，有盖面的一面重，就会先落地，那么盖面朝下的概率就会大。你们觉得呢？

生：我同意后两位同学的观点。因为瓶盖不像硬币那样，它的正反面重量不同，所以有一方会占优势。盖面的重量比反面要重，而且盖子的边缘是有一定坡度的，所以盖面更容易贴近地面，盖面就容易朝下。

生：我也认为这个游戏不公平。而且我猜想应该乙占优势一些，因为盖面朝上有点像降落伞，着落的阻力会很大，很容易翻过来，而盖面朝下的阻力就没么大了。

…………

师：这个游戏是公平还是不公平呢？到底谁猜想得有道理呢？怎么办？

生（齐）：做实验来验证！

（师生明确实验课题，成立实验小组，确定角色分工。）

（二）形成方案，准备实践

师：正式实验前，我们需要做什么吗？

生：需要制订一个可行的方案，让我们的实验比较有计划一些。

师：好想法！那么，一个相对完整的实验方案应该包括哪些部分呢？请小组内讨论讨论。

（学生讨论交流。）

师：下面，请小组汇报讨论的结果，我们一起来分享。

生（潘宇治组）：我们小组认为实验方案首先要写清楚实验的主题、研究的问题，还有实验的材料、实验设想、实验过程与方法、实验数据的记录和整理等。当然还要写清楚通过实验分析得出的结论。

生（徐语谦组）：除此之外，还要提前考虑到实验中遇到的问题、困难，写明实验后的反思，反思小组是怎么克服问题、困难的以及自己的收获和感受，当然还要有实验成员和小组分工。

生（补充）：刚才大家争论了半天，我觉得还应该把自己的猜想也写进去，这样可以等做完实验，分析数据，得出结论来验证自己之前的猜想到底是对还是错。

生（补充）：还有，既然是小组合作，是不是最后应该有个自我评价啊？评价一下自己在活动过程中的表现。

师：同学们想得可真周到！下面，请小组内针对方案的每个部分进行再讨论，最后形成自己小组认为合理、可行又完整的实验方案。

（学生再次讨论交流。）

生：瓶盖有很多种，啤酒瓶盖、矿泉水瓶盖、饮料瓶盖……，我们该选哪种呢？

生：选哪种都行。要不我们选啤酒瓶盖吧？

生：也可以选两种瓶盖，还可以做对比，这样得出的结论会更有说服力。

…………

生：我们要掷多少次瓶盖呢？

生：不能太少！太少了不能说明问题，50次怎么样？

生：50次也有点少，怎么着也得100次以上。

生：那我们可以做200次、300次……，次数越多越好，而且也方便统计数据。

…………

生：实验次数这么多，我们该想想，怎么记录数据方便呢？

生：可以设计一个表格，在盖面朝上或朝下的位置打"√"来记录数据。

生：对，做统计表的方法很好！也可以画箭头记录更清晰，如盖面朝上就记"↑"，盖面朝下就记"↓"。

生：这些过程性的数据我们都可以共享，回头自己再统计和整理这些数据，各自撰写实践报告。

…………

生：实际做实验时会遇到哪些问题呢？

生：瓶盖必须保证完整无损才行。

生：掷瓶盖的人一定要注意每次掷的高度大致相同，落在地面还是落在桌面也要统一。

生：记录数据的人一定要记准确，因为最后我们要拿数据说话的。

生：还要考虑风的影响，要关好窗户，不开空调。

生：大家再想想还有其他要注意的吗？

生：我们在做实验时，要随时拍下关键的镜头，及时记下实践的心得、感受！

生：那我们就把刚才的讨论整理出来，撰写一份简要的实验方案吧！

（根据讨论结果，小组设计实验计划，形成文字方案，教师给出建议，最后确定方案。)

师：请同学们根据今天各组设计的方案在课下完成实验任务。

二、实践操作探究课

（一）实践操作

1. 小组合作，根据实验方案进行实践。
2. 及时记录实验的方法、步骤、关键镜头、过程性数据、问题、困难、心得、收获等。
3. 教师适时引导学生解决必要的问题。

（二）整理撰写实践报告

1. 整理实践中的数据、资料等，过程性的数据组内共享。
2. 独立进行实验数据的处理分析，用列表、画图、简单计算等方式得出实验的结论，并与之前自己的猜想进行对比分析，写出实验过程中的收获、感受、困惑以及进一步要研究的问题。
3. 小组成员反复检查修改，形成比较满意的实验报告。

三、汇报答辩论证课

（一）汇报答辩

1. 小组汇报实验过程，展示实验结果、结论。
2. 全班提问、质疑、答辩。
3. 教师点评，学生评价。

（二）后期完善

小组根据汇报答辩情况，修改完善实践报告。

（三）教学片段

师：同学们，各个组都做了掷瓶盖的实验，实验的过程和结果如何呢？下面，我们请几个组来交流一下。大家可以提问、质疑。

生（刘渊禾组）：我们选取的是啤酒瓶盖，我们认为实验的次数不能太少，所以掷了100次，采用表格记录收集掷瓶盖的数据的方式，整理数据的结果如下：总次数100次，盖面朝上19次，盖面朝下81次，盖面朝上与盖面朝下的比例大约为2∶8，所以我们认为这个游戏不公平，也恰好验证了我们之前的猜想是正确的。

生：哇！盖面朝上与盖面朝下的次数相差这么多啊！

生：从刘渊禾组的实验结果看，这个游戏的确不公平。

生（梁秋传组）：我们选取的是矿泉水瓶盖，掷了150次，我们预想的是盖面朝上75次，盖面朝下75次，结果是盖面朝上47次，盖面朝下103次，盖面朝上与盖面朝下的比例是47∶103，为什么？我们分析其中的原因是，盖子两面的重量不均匀，重的一面容易先着地，所以盖面向下的机会更大。为了说明问题，我们又重新做了一次掷硬币的对比实验，掷了150次硬币，我们预想的是正面朝上50次，反面朝上50次，结果是正面朝上49次，反面朝上51次，正面朝上与反面朝上的比例是49∶51，比较接近各占一半，为什么？因为硬币两面的重量相对平均，所以正面朝上的次数和反面朝上的次数差不多。对比两个实验数据能够看出，掷瓶盖这个游戏是不公平的，设计游戏时应考虑好对双方是否都公平，这样玩才开心！

（教室里自发地响起掌声。）

生：我很欣赏你们组，为了说明问题，你们组除了掷瓶盖，还增加了抛硬币的实验进行对比，这样研究问题我觉得更科学、更有说服力了！

生：我也这么认为，我们组的结果是掷100次，盖面朝上34次，盖面朝下66次，和前面两个组相比，虽然盖面朝上和盖面朝下的次数比例不同，但都说明了这个掷瓶盖游戏不公平。而且你们组运用了表格、画图的方法记录和分析数据，还分析了原因，让大家明白了其中的道理。

生（王钰涵组）：反对！为什么我们组的结论和大家的不一样？我们选取的也是啤酒瓶盖。我们先把瓶盖尽量完好无损地取下来，然后开始用同样的力度掷瓶盖，为了使结果更准确，我、丁忆欧和刘汉唐每人都掷2轮，每轮100次，一共掷了600次，我们的数据结果如表3-10。

表 3-10

人员	掷的次数/次	第几轮	盖面朝下/次	盖面朝上/次
丁忆欧	100	1	50	50
丁忆欧	100	2	47	53
王钰涵	100	1	45	55
王钰涵	100	2	57	43
刘汉唐	100	1	53	47
刘汉唐	100	2	56	44

生（王钰涵组）：你们发现了吗？盖面朝上和盖面朝下的次数都接近50呢！好像这个游戏对甲、乙双方又公平了。我们进一步把这些数据综合整理一下，把盖面朝上和盖面朝下的次数加起来。

盖面朝下：50+47+45+57+53+56=308（次）

盖面朝上：50+53+55+43+47+44=292（次）

308-292=16（次）

在总共600次的实验中，盖面朝上和盖面朝下的次数仅差了16次，已经很接近了，已经算公平了吧？所以我们认为这个游戏是公平的！

生：这是怎么回事呢？你们组的实验数据记录有误吧？

（一石激起千层浪！同学们议论纷纷，各抒己见。）

生：差16次也是"差"啊，盖面朝下的次数还是多。

生（王钰涵组）：可是从总体上来看，盖面朝上与盖面朝下的次数都接近300啊！而且相差的次数16和实验的总次数600相比，是不是相差很小了呢？

生：王钰涵组的实验次数和数据如果再多些，或许结果就会不一样。

生：可是王钰涵组做的实验次数已经够多了啊，比现在其他组的实验次数都多。

生：我想是不是实验过程受到了什么影响，比如，瓶盖的材质、抛掷的时候每次的高度、抛的角度、是不是有风等都会影响实验结果。

生：我觉得一个组的实验结果还不能说明问题，这样吧，我们现场调查一下，不管做了多少次实验，盖面朝上和盖面朝下次数相差很多的组请举手。

（全班共45名学生，分成15个小组，其中有13个小组举手。）

生：王钰涵组的情况也许是个例，从大多数组的实验数据得出的结论来看，这个游戏还是不公平的。你们认为呢？

生（齐）：同意。

（王钰涵组还是表示不满意。）

生：我来说说我的想法。我们组做了400次实验并记录了数据，本来觉得正面和反面的次数应该差不多，但一统计才发现，盖面朝上185次，盖面朝下215次。这让我想起了有一次上网查资料时看到的信息，一位科学家做了成千上万次的抛硬币实验，把所有数据结果统计出来，发现正、反面的概率接近相同，如果实验次数再多，上亿次、上百亿次、上千亿次的话，正面、反面朝上的概率会无限趋近相同，所以反复实践才能发现规律，才能更客观，才能说服人。我想我们的实验次数还不够多，还应该再多些！

生：嗯，有道理！王钰涵组的情况应该是个别情况。我们抛硬币的结果说明，正面、反面朝上的机会大约各占一半，但不是每次实验都是这样，如本单元"不确定性"那节课上，我抛了10次硬币，有8次都是正面朝上。因为每次掷出去的结果都是无法确定的。

生（王钰涵组）：嗯，我们觉得有道理，我们组同意大家的观点，从大多数组的实验数据得出的结论来看，掷瓶盖这个游戏应该是不公平的，课下我们决定再做一回实验看看，我们决定掷1000次，回头再和大家分享实验结果。

…………

师：刚才大家的质疑、互动和碰撞非常精彩，有些同学的思考也特别有价值！根据答辩过程中大家提出的建议，请每个小组每个人继续调整、完善自己的实验报告，给自己交一份完美的实验"答卷"！

师：本次综合与实践活动到此就结束了，我特别想知道，这次活动带给了你什么？请用一两句话谈谈你的收获和感受。

生：很多时候，从看似简单的现象中推理得出的结果不一定正确，一定要通过做更多次数的实验来进行检验，以得到更多的数据。

生：这次掷瓶盖的实践活动很好玩，我发现，实验次数要尽可能多，越多越能说明问题。另外，我觉得数据真是太有用了，数据能帮助我们说明很多问题，让我们在对待一些问题时不那么急躁，大家在数据面前都冷静多了。

生：通过实验数据发现可能性的规律，数据很重要，采集数据要认真。数学猜想能够帮助我们深入思考，实验是证明猜想的有效办法。通过200次的掷瓶盖实验，我发现了数学规律，虽然很累，但是很值得。我相信很多有趣的数学问题都是这样被发现和解决的。

生：在这次实验中，我的猜想错了。通过这次实践，我学会了研究数学问题的科学方法，懂得了实践出真知的道理，要去实践，一定用数据说话，不要想当然。

…………

【教学反思】

"掷瓶盖游戏"既是学生熟悉的、真实的概率统计题材，又是学生好奇的、可操作的、具有挑战性的课题。以此为依托，开发统计活动的资源，挖掘统计活动的内涵，有助于学生自发地去亲近数据、感悟数据，在"综合与实践"中发展学生数据分析观念的核心素养。通过此次活动，我获得了以下几点启示。

第一，发展数据分析观念，让学生亲身经历问题解决和统计活动两个完整过程，积累数据分析的活动经验很重要。

数据分析观念的发展离不开问题解决和统计活动两个完整过程。可以说，数据分析观念就是在问题解决的过程中逐渐形成并发展的。学生发现问题和提出问题后，需要设计解决方案，在分析问题的过程中需要收集数据、整理数据和描述数据，最后通过分析数据做出判断和预测，并解决问题。这其中学生又自然经历了统计活动的完整过程，也就是数据建模的全过程。以本课为例，每年一届的"数科节"魔方争霸赛是每个班级的"高手"都想参加的，以此为背景，围绕着"掷瓶盖决定谁去是否公平"这个问题引发学生的猜想和争论，这个过程本身就是学生发现问题和提出问题的过程。要解决此问题，就需要设计解决方案——通过真实的"掷瓶盖"实验论证，这就需要学生自发地收集、整理、描述数据，进而通过分析数据做出判断，得出结论。学生在这两个过程中知道生活中有些事情是需要通过调查、统计的方式来预测和判断的，进一步体会数据中蕴藏着信息。让学生经历以问题解决和数据建模数学发生、发展的完整过程，体会相应的统计思维方式，积累数据分析的活动经验，这是数据分析观念发展的重要诉求。

第二，发展数据分析观念，让学生亲近数据、建构数据感很重要。

数据分析观念的发展，数据是核心。如果学生不亲近数据，数据分析的统计意义如何彰显？因此，这需要帮助学生创设真实可感的问题情境，让学生制订解决问题的方案后自主、自发地经历收集、整理数据的过程，用自己的方式方法记录、描述数据结果，进而分析、运用数据，发现数据背后的规律，根据发现的规律去解释生活中的一些现象。比如，在"掷瓶盖是否公平"这个课题实践中，学生做了大量的投掷实验，发现样本足够多时，数据分析的结果趋于某种规律的稳定，即盖面朝上的次数与盖面朝下的次数相差很多，进而说明这个游戏不公平。同时，学生在本课中也更多地关注游戏、实验等蕴藏的随机现象的活动过程，从中逐步感受随机现象的另一特点——不确定性（王钰涵组的数据结果深刻地说明了这一点）。学生在整个统计活动实践中全程、深度参与，自发地去亲近数据、感悟数据、理解数据、运用数据，从而建构了"数据感"，促进了数据分析观念的发展。

第三，发展数据分析观念，让学生感悟数据分析的核心价值很重要。

一句"我越来越喜欢数据了"便是学生最真实的表达。爱上数据，爱上思考，爱上探究，说明学生真正体会到了数据的作用。学生经历从收集数据到统计推断的全过程，从数据的视角看待可能性的大小，进一步感悟"数据是可以说话"的，培养了理解和把握生活现象的能力，逐步养成了通过数据分析问题、用数据表达观点的习惯，而这些正是数据分析的核心价值所在。从要解决的实际问题开始，以统计是否解决了问题结束，体现了问题解决的全过程，既使学生体会了数据分析的价值，又使学生学会了数据的收集、整理与表示的方法，将数据的呈现理解为一种信息交流的方式。让学生在有意义的学习活动中，潜移默化地感悟这样的价值，对于发展数据分析观念十分重要。学生长此以往地经历这样的"综合与实践"活动，就能养成"用数据说话"的习惯，尊重事实，从整体上客观、平和地去看待事物，进而促使思维方式发生转变。我们所培养的学生应该持有求知、求是、求真、求实的精神特质。数学教育除了追求数学学习的深度，还应该寻找数学学习的宽度，即从学科教学的生长走向教育学意义的生成，最终指向儿童作为一个完整的人的核心素养的达成。我想，这才是数学教育最重要的价值。

后　记

林林总总：就这样日益丰盈

当我写这段后记文字的时候，心绪是无比复杂的。过去这一年对于我来说，是非同寻常的一年。当遭遇了一番不顺遂的事情之后，想要保持初心依旧潜心投入课堂、思考教学，着实是一件艰难的事。然而，处身教育，面对学生，目视生命，我不敢有丝毫懈怠，因为我内心饱含着对生命的敬重，对学生的热爱。

今天转了一下午的旧货市场、杂货店、菜市场，买到了水槽、杯子、气球、乒乓球、玻璃珠、土豆、红薯等。回到家用细线把土豆和红薯捆吊起来，再利用家中的废纸箱花了一个多小时制作了一对教具，以备下周学校数学核心组活动——"体积与容积"公开课，现场与学生一起实验演示之用。不禁感慨：精心设计、创造自己的同课异构课真心不容易！但不知何故，与世事周旋、为人事纠葛，有时深感已无力安心从教的我却依旧乐此不疲，只因为，我还爱着课堂，爱着数学，爱着学生。

短春的清白之年里，我默默地注视着窗前的风信子，自去年开败了之后，我便把风信子的根包儿埋入了土里，整整一年，前不久才把根从土里刨出来，去掉腐皮，重新栽入盆中，浇水施肥。看它现在孕育着能量，正在破土而出，多美。生命真是奇妙啊！于是我瞬间想到了那个充满力量的美丽的中文词汇——蛰伏。是的，历经了夏、秋、冬漫长的蛰伏之后的生命一定会绽放得更精彩。花如是，人生如是，一个人的教学专业成长亦如是。

如约而至，专著能够得以出版，终归是愉悦的事，说明自己的课堂教学与思考、数学教育研究与实践还是很有价值的。这部著作仿佛就是自己的孩子，与我一起经历过那些变换的岁月，那些曾经的挫败和荣耀后，慢

慢地长大了。十年前，我抱着过渡一下的心态走进了北京的基础教育圈，不想这一过渡既已十年有余。我想寻找一片内心的净土，然而，在这个如烟的时世里，教育也并非净土。这么多年过去，由于各种原因我几易单位，经历过欺骗、压制、排挤、折磨、自我怀疑、痛苦、失去和忘却，专业发展曾一度从巅峰转向低谷再到蛰伏而受到影响，但无论工作环境如何否泰浮沉，我始终对数学、儿童、教育保有一颗初心，始终带着回归教育现实的使命感进行着俗世里异常珍贵的精神坚守。十多年里，上过那么多课，做过那么多研究，写过那么多文章，仅仅是守住初心，就足以撼动自我了。回想起那些课堂的"现场与背后"，那些寒峭兀坐的教学写作时光，那些隐居黑夜让花火住进心里的日子，如果有人问我在那些蛰伏的日子里负担有多重，我会回答："不重的，像一座秋山的落叶。"十年潜研，就如同一部独自行走的数学教育心灵史，亦如一道被切碎折断的光，这是一个人默默探索的十年，也是一个人寂寞成长的十年，更是一个人砥砺奋进的十年。

作为教师，我们每天都在思考吗？我想说，有思考的教学行程是美好的。教学中的一点一滴都很宝贵，要相信教学反思的力量，因为宁静往往都是向内而寻的。于永正先生说："认真写三年教学反思的人，必定成为有思想的教师，说不定还能写出一个专家来。"我信。木心先生说："写作是一字一字地救出自己。"我更信。

有时，研究一节课要历经漫久岁月的洗礼方可成为个人教学史上的经典。比如，我在教学"比的应用"一课时，就历经了前后七年的对比与思考。七年，一节课；一节课，七年。我对数学的很多想法，这些所有浓缩出来的理论思考全部产生于自己一遍又一遍的课堂实践，这个过程或许只有自己知晓。十年躬耕，那些"现场与背后"是无法用语言表达的，辛苦的是自己，受益的是学生，这是我对全人数学与裂变课堂拥有足够自信心的源泉。

有时，记录一篇文要对问题进行漫长时间的聚焦、困惑、质疑、思索、调研、实践、求证、反思和明辨，进而积淀成为教师个人的基本教学活动经验。比如，《从度量的角度整体把握数的运算教学——以"全景"视角观照小学数学运算课程》一文，对于教学中的一个问题，因为困惑，所以内省，因为内省，所以尝试，这是一种力量。有时，关于一些问题我思考得还远远不够，曾经"迷"于当下，"陷"入其中，但"独立思考"过，"亲自实践"过，想明白一些，就离数学的本质更近了一步。

有时，做完一项学生调研后，需要持续思考学生的"错误"，几年后才开始将其下笔成文，目的是让学生日后新的学习真实发生并走向深入。比如，《寻数史之源，叩核心本质——"认识负数"前测调研与教学思考》一文就源于 2012 年，融于 2014 年，汇于 2016 年，刊于 2017 年。好的是，伴随着长久的持续性思考与独白，还能从中重新看到一些新东西。几年后再看它，最不同的是有了时间沉淀的记忆，我想这是作为一篇教学研究成果最幸运的部分。

有时，这种思考不是重复，不是背离，是创造新可能。林林总总，就这样日益丰盈。

这本书记录的就是这样的思考。也可以说，这一切不过是记录了自己的那份与众不同的极简的教育生活罢了。它不完美，但完成比完美更重要。而比这更重要的是，一个人专业的成长和精神的富有已令我足够骄傲，因为这会积极影响并成就我的学生。我知道惊喜从来不是单向地存在。

还记得几年前就已毕业，现就读于北京科技大学的我的一个学生——林凯风，他在高考前夕曾在我的朋友圈留言，与我交流：

"董老师，您把小学数学及其教学研究得这么极致，也是够厉害了。老师，您的数学课深深地影响了我，直到现在。但我一直有一个疑问，您觉得小学数学这六年的目标是什么呢？是教会更多的知识？还是在现有阶段考出更好的成绩？抑或是培养一种数学的素养和思维？当然这三种兼得是最好的，但是学生不是天才，老师也不是圣人，如果偏重某一个的话，更应该偏重哪方面呢？我感觉三种都有各自的弊端：学更多的知识的话，很容易打不好基础，多而不精；考出更好的成绩的话，我认为在这个阶段就被迫应试，是不是为时尚早，而且意义不大？如果偏重素养的话，在这个快节奏功利的社会，对于小升初来说很明显不吃香啊！综合利弊，您觉得哪个才是最好的选择呢？谢谢老师，祝您一切安好！"

不得不说，这着实是整个基础教育界都很难回答的、尖锐的热点问题，我的学生提出了当下万千学生心中对数学学习价值的困惑。他能够产生这样的发问，让我欣慰。思如潮涌，我的回复如下：

"凯风，你能提出这样深刻的问题已足见理性、睿智与清醒。这也是一直以来困惑着我的问题。基础教育六年，我们的数学到底给学生留下什么才是最重要的？首先，这样一个信息爆炸的时代正在'惩罚'那些知识单一的人，所以一个人知识的广博，从某种意义上决定着他未来的立世气度与选择空间的可能性，任何时候都不为过。然而必须清醒的是，获取知识有太多自主的渠道和路径，它的时间与空间都在无限延伸，如果把知识的获取完全寄希望于课堂是悲哀的。另外，知识多未必不精，现在很多人都在努力发展自己的'斜杠'人生，就是最好的证明。

"其次，正如你所说的，在应试教育环境下，在一次重要考试可以成就或折断一个人未来更多可能性的现实中，谁敢对考出好成绩掉以轻心？从小到大我就是这样过来的，我的那些戏剧化的求学经历是中国当代教育变迁的一个真实缩影，而我不得不承认的是，'恶魔'应试改变了我一生的命运。所以，在不能改变环境的情况下只有改变自己，努力适应，寻求平衡，但不要扭曲和违背自己内心世界的秩序就好。与此同时我们必须要正视的问题是，不是所有人都能学好数学，这是现实，我们不能用理想化的美好想象去苛求现实，不同的人会获得不同的发展，这才是对人的差异的尊重。

"最后谈一点，现实中我是个极悲观的乐观之人，这话听起来有一点矛盾。我对中国的数学基础教育还是保持乐观的态度，尽管它目前存在着诸多的不尽人意，但走向是好的，在中国，很多教师都在另辟蹊径，努力尝试改变，我亦如此。在我看来，数学教育留给一个人最重要的不是那些知识与技能，知识和技能学过之后不用可能要不了多久就全忘了，比如，大学学过的那些高等数学中微积分的内容有些我现在已经记不起来了，要解决一道题必须先翻书，夕拾朝花，温故而知新。其实，数学学习留给人一生不忘的是一种飞翔的想象力、一种超理性的数学的思维方式和一种沉淀已久、锋芒毕露的理性精神，让人终生受用，这是学数学和不学数学的人的最大不同。还有一点，数学是培育人的内心世界特质的学科，就是那种求知、求是、求真、求实的精神特质，遇到问题不急不躁，遇到人生的艰难不气不馁，以客观平和的心态面对一切世事变化。数学如是，人如是，世间一切如是，找到平衡为最佳。愿我对问题的狭隘认识多少能够帮助到你，并解开你心中的一些困惑。明年此时，期待你的好消息。祝你一切顺利！"

　　作为教师，要做那个让学生在心里扬了帆的人。

　　在这世界上，没有一条道路是重复的，教学也是。人不能抗拒大海的湮没，但可以选择自己的群岛。白岩松说："回头的地方越清晰，向前走得恐怕就会越坚定。"而我回眸过去，是为了更清醒地立足现在，亦是更长久地放眼未来。

　　我想要感谢一些无与伦比的数学人智慧，从刘徽到 Morris·Kline，从 J.L.Martin 到 Keith J. Devlin，从张奠宙到史宁中，从华应龙到贲友林……仅仅是穿行在那些伟大、迷人又美妙的一缕智慧的光线里，就足以令我高山仰止，质疑我再做任何努力的意义。

　　好在时不时总有一个声音响彻耳畔，如作家七堇年所说，"世上虽已有了喜马拉雅，但乞力马扎罗的雪，依然是美丽的"。

董文彬
二〇一九年四月于北京